帮助银行找方向

黄志凌　著

中国金融出版社

责任编辑：刘　钊
责任校对：潘　洁
责任印制：丁淮宾

图书在版编目（CIP）数据

帮助银行找方向（Bangzhu Yinhang Zhaofangxiang）黄志凌著．—北京：中国金融出版社，2018.4

ISBN 978－7－5049－8919－2

Ⅰ.①帮…　Ⅱ.①黄…　Ⅲ.①商业银行—银行管理—研究　Ⅳ.①F830.33

中国版本图书馆 CIP 数据核字（2017）第 049222 号

出版发行　中国金融出版社
社址　北京市丰台区益泽路 2 号
市场开发部　(010)63266347，63805472，63439533（传真）
网 上 书 店　http：//www.chinafph.com
　　(010)63286832，63365686（传真）
读者服务部　(010)66070833，62568380
邮编　100071
经销　新华书店
印刷　北京市松源印刷有限公司
尺寸　169 毫米×239 毫米
印张　18.5
字数　302 千
版次　2018 年 4 月第 1 版
印次　2018 年 4 月第 1 次印刷
定价　58.00 元
ISBN 978－7－5049－8919－2

目 录

01　“好银行”是怎样炼成的[①]（代序）

将自己供职的银行打造成一家公认的“好银行”，是每一位银行家的追求与梦想。什么样的银行才算是一家“好银行”？立足国际宏大视野，回看百年金融史，从无数成功与失败的银行案例中，我们可以洞见“好银行”背后的线索和逻辑。只有在商业模式中植入平衡机制并成功塑造了比较优势的银行，才能在金融风暴中屹立潮头，续航远行。打造“好银行”，平衡机制是基础，比较优势是关键。只有深刻理解“好银行”的科学内涵，有效规划“好银行”的实践路径，才能更好地实现打造中国“好银行”的梦想。

一、“好银行”商业模式中的平衡机制

因视角不同，在不同机构和人群眼里，“好银行”的标准不尽相同：监管要合规，股东要盈利，管理层要激励，员工要福利，交易对手看风险，一般民众看服务，不一而足。做一家公认的“好银行”，需要在商业模式的探索中，努力平衡以上所有视角并找到均衡点，并围绕这个均衡点经营发展，形成可持续发展的商业模式。平衡理念与银行实际业务情景相结合，通过价值标准、战略制定、组织体系、风控机制等融入银行经营管理活动，将成就“好银行”的商业模式和竞争优势。

（一）商业价值与社会责任的平衡

“好银行”不仅仅为股东创造利润，还为客户、员工、合作伙伴乃至整个社会提供价值，把历史使命和社会责任作为银行价值取向的最高准则。历史经验已经并将持续证明，基业长青的企业必定是一家具有社会责任感并将其成功嵌入企业战略、组织架构和整个经营活动的企业。

---

① 参见《中国银行业》，2015（4）。

“好银行”的标准很多，为什么要把承担社会责任放在第一位？第一，银行与其他企业并无不同，都是社会结构中的一部分，都需要在一定的社会规则下进行活动，都需要受法律和道德规范的约束。一旦银行的行为超越了法律或道德的界限，必然会危及其他社会群体的利益，从而影响社会整体的发展，这样的银行自然不能称为“好银行”。第二，银行与其他企业确有不同，由于经营性质的特殊，银行与几乎所有的社会群体都有或多或少的联系，这就造成了银行的行为对其他社会群体有很大的影响。正是由于银行有着超出其他行业的社会影响力，因此银行必须肩负更多的社会责任，这是一个“好银行”的历史使命。

然而，并非所有的银行都是以社会责任作为其发展过程中考虑的首要因素，特别是当经济利益和道德标准产生矛盾时。2008 年爆发国际金融危机的原因之一，就是美国部分金融机构在企业社会责任方面的缺失。为追求自身利益，美国部分房屋贷款机构盲目提供抵押贷款给信用较差的购房人，投资银行又将次贷包装成金融衍生品出售，致使风险日益增加，最终造成危机发生。当然，不考虑社会责任而片面追求经济利润的金融机构最终也是要付出代价的，曾经叱咤风云的雷曼兄弟的轰然倒塌就是最好的例证。联合国副秘书长诺伊林海泽曾指出[①]，金融危机的核心是资本市场信心的崩溃，而要重获公众的信心，企业必须将焦点从短期的盈利考虑转移到企业责任和道德建设上，以构建长远的、永续发展的价值观。面对危机和生存压力，企业在积极应对的同时是否需要履行和拓展企业的社会责任呢？答案是肯定的，唯有在危机中勇敢承担社会责任，才能有助于提升企业形象、社会公信力和品牌价值，增强企业在未来发展中的核心竞争力。

一家“好银行”的社会责任包括多个层面：一是诚实守信、合规经营、依法纳税，这是一家“好银行”起码的社会责任。二是稳健经营，确保自身不破产。由于商业银行具有很强的外部性，其破产行为将对社会经济产生巨大甚至是致命的冲击，而确保不破产则是银行最重要的社会责任。三是努力主动配合国家经济战略和政策导向，维护宏观金融体系稳定和金融安全。一个“好银行”更重要的社会责任，是在日常经营活动中积极贯彻国家经济战略：对高耗能、高污染的项目说“不”；合理运用信贷杠杆，保证金融资源的合

① 徐晓蕾：《金融危机面前的企业社会责任》，新华国际时评，2009-04-04。

理、公平、有效配置；不断完善服务质量、服务方式；不断进行金融创新，更好地满足市场需要，同时努力减少市场系统性风险，保持金融市场稳定。四是支持社会公共事业，扶助弱势群体。我们经常在各类银行的年报中看到的，某银行为希望工程捐助了多少款项，某银行为地震灾区援助了多少物资，都是银行社会责任的表现，值得大力赞赏和推广。对于中国大型商业银行而言，还应有更高层面的社会责任，就是“进一步增强服务国家建设能力、防范金融风险能力、参与国际竞争能力”，努力打造国际一流银行，实现金融强国目标。

（二）战略定位与经营定位的平衡

战略定位是以长远的观点对银行未来发展方向进行定位，关注的是银行可持续的经营优势、核心能力、竞争优势基础。经营定位则是以现实的观点为银行当前运行确定市场位置，关注的是银行如何把握市场机会和如何保持优势地位，以及目前的业务水平及经营业绩。防范定位失误，关键是要把握业务实际、市场走向和客户需求变化，从当前经营优势中寻找并探索未来的战略优势和定位。

合适的战略是银行成长、发展、壮大的原动力。一个“好银行”在不同阶段的战略定位应当在当前是适宜的，而且是适度超前的。确定发展战略，有三个基本原则需要遵循：一是要有潜在的市场空间。小银行关注局部、区域性的市场，大银行则需要获得规模经济、范围经济和风险分散的好处，必须专注于有相当规模或高成长性的市场。二是良好的风险收益结构。有些市场规模虽大，但潜在风险过高，风险收益配比不平衡、不协调，不能成为潜在的战略选项。三是有基础，包括现实基础或者经过资源投入后可以培育出来的能力基础，不存在难以逾越的根本性障碍。

国际一流商业银行都在积极推动国际化战略。但是，国际化也是一把“双刃剑”。尤其是对于通过并购手段实现的国际化，不同企业文化、管理模式等能否有效整合，业务、财务协同效应能否充分发挥，风险管理控制能力能否相应提高，都将决定国际化战略的成败，一次并购失败可能会给银行带来致命打击。中国大型商业银行通过国际化来拓展业务布局是必然选择，但考虑到银行目前风控水平和管理能力的限制，以及后金融危机时代国际金融市场的多元化、复杂性和高风险，银行应在外延扩张与内涵发展方面实现平衡，根据目标客户群合理选择国际化路径，审慎确定国际化战略。

（三）业务发展和风险控制的平衡

银行是经营风险的金融机构，国际一流银行并不必然是规模最大的银行，但一定是风险控制最好的银行。同时，风险控制也是一把“双刃剑”，控制过严会失去业务机会，管理过松会造成严重后果。“好银行”必须善于平衡业务发展和风险控制。

过度强调银行资产规模，容易造成资产规模膨胀与资本金的不对称性，增加运营风险。全球银行业曾一度以资产规模论英雄，以此为导向，在20世纪80年代初到90年代末的繁荣时期，银行业曾出现收购兼并潮。然而，在接下来的金融危机中，那些资产规模庞大而貌似强壮的银行，一再出现挤兑甚至倒闭。2008年国际金融危机再一次将“资产规模越大越好”的神话完全击碎，该年度苏格兰皇家银行、德意志银行在全球银行业资产规模排名前两位，而该年苏格兰皇家银行全年亏损370亿美元，成为英国银行业有史以来数额最大的亏损，德意志银行则全年亏损39亿欧元。在复杂的外部环境中，若基础不牢，再庞大的资产规模，也只不过是纸糊的灯笼，经不起多大的风雨。

过度追求银行资本和资产收益，容易导致流动性风险，不利于长期健康经营。片面追求收益率的结果，使得银行越来越变得不择手段，忽视了自身的风险管理机制和风险承受能力，甚至对整个金融市场与经济形成了越来越难以消化的系统性风险。2008年国际金融危机打破了“收益率越高就越好”的神话。国际金融危机前的2006年，花旗银行集团的ROA和ROE分别高达1.28%和18.54%，到2008年，该两项指标则大幅下降至－1.36%和－21.97%。2007年雷曼兄弟公司的ROA和ROE分别为0.61%和18.67%，但却在接下来的金融危机中宣布破产。

（四）金融创新和稳健经营的平衡

创新是企业进步的灵魂，是一家“好银行”持续发展的关键。面对复杂多变的经营环境，银行要想长期保持快速、平稳发展，就必须发扬创新精神，金融创新对于银行犹如水之于生命。但水可载舟，亦可覆舟，在鼓励创新的同时，不能丢弃稳健经营的原则。

从银行经营角度出发，可以将金融创新活动分为产品创新、管理创新和服务创新。产品创新是银行金融创新的核心，对银行增加收入、赢得市场、扩大利润和积累资本具有非常明显的影响。管理创新包括在战略决策、制度安排、机构设置、人员准备、管理模式等方面的创新，以达到提高银行效率、增强银行竞争力的目的。服务创新是指在金融产品趋于同质化的情况下，通过改进及提升服务，打造差别化、个性化、综合化服务体系，努力形成具有自身特质、区别于竞争对手、难以轻易模仿的服务优势的过程。

金融创新是“好银行”在激烈竞争中立于不败之地的利器，那些耳熟能详的“好银行”都非常注重金融创新。20 世纪 60 年代，美国的银行主要是通过定期存款融资。对存款人来讲，定期存款收益较高，但是到期前不能支取，否则就会损失利息。花旗银行推出了一种两全其美的工具——可转让定期存单，这种存单可以在市场上买卖，存单持有者在到期前需要现金时，不是找银行支取，而是拿到市场上转卖给第三方。这种新工具的出现，极大地激发了人们进行定期存款的积极性。花旗银行的这一创举给整个美国银行业带来了巨大的影响，被称为“美国银行业的一场革命”。作为创新的回报，花旗银行在很长一段时间内都保持了充裕的流动性以及较高的盈利水平。

金融创新固然是推动金融发展、经济繁荣乃至社会进步的主要动力，但是也要清醒地认识到金融创新是一把“双刃剑”。在法律和道德的标准下进行金融创新，可以使银行提高收益、降低成本、增强竞争力，保持或朝着“好银行”的方向发展。但是，如果银行超出了法律或道德的标准而“过度创新”，就会给银行自身以及金融行业乃至整个社会带来危机甚至灾难。1997 年的亚洲金融风暴、2007 年的美国次贷危机、2013 年中国市场的流动性恐慌，都能看到“过度创新”的影子。

（五）治理架构和经营模式的平衡

良好的公司治理集中体现为有效权力制衡和激励约束机制，通过对利益相关者的责任和权利进行科学匹配，实现银行良好运作和科学管理，促进银行价值最大化目标实现。良好的组织架构不仅可以有效降低成本，提升各部门协同效应，更重要的是，可以在银行体系内部构筑若干“隐性防火墙”，将危机损失概率降到最低。因此，行之有效的治理结构是保障“好银行”运作的基本条件，当外部或内部环境发生变化时，可以迅速做出调整。国际金融危机的教训表明，优化商业银行内部治理的目标不仅在于保护投资者的利益，而且在于减少市场系统性风险和保持金融体系的稳定。

20 世纪 80 年代中期以来，国际银行业开始推行流程再造，实质是建设流程银行，在银行内部建立垂直、扁平化的组织结构，使各种业务和风险信息在银行内部畅通无阻地流动，提高业务和风险管理的市场敏感度。以花旗银行为例，该行于 2002 年开始运用矩阵式管理架构进行重组，重组的中心内容是细分市场。以其全球消费者业务集团为例，集团内部分设业务管理部门和职能管理部门，这种矩阵式结构由“纵轴”产品线条和“横轴”职能部门线条组成，轴心是客户群。“横轴”职能部门为团队提供具有不同背景的专业人员，“纵轴”品牌经理被赋予一定权利，可以充分获取不同部门的相关信息，从而避免人力资源重叠、信息运用效率低下等问题，实现以较小成本更加灵敏地对市场变化做出反应。上述矩阵式组织结构在充分考虑业务个性化特征条件下，将整个银行所有机构和业务连成一个整体，共同服务于价值最大化目标。

中国的大型国有银行自股改上市以来，按照良好公司治理机制“三会分设、三权分开、有效制约、协调发展”的要求，设立了股东大会、董事会、监事会和高级管理层相互平衡制约的现代股份公司治理架构。实践中，应该看到商业银行治理结构存在一些带有共性的问题，比如股权结构的高度集中和国有股（法人股）的委托—代理问题仍然严重，董事会存在一定的职能和结构问题，激励机制发挥作用欠佳，决策效率偏低等。从组织架构看，目前中国几大商业银行均为基于直线职能式管理架构的总分行体制，实行的是部门银行而非流程银行。在银行经营规模迅速扩大、内部分工日趋复杂的背景下，采用总分式管理架构的银行各职能部门、分支机构间沟通与协调难度不断增加，部门利益冲突不可避免。总分支结构有利于决策推行，事业部制管理有利于整体协调，如何融合两者优势，突破从“部门银行”到“流程银行”的转换瓶颈，国际先进银行已经进行的尝试可以提供某种借鉴。

二、金融危机祸在失衡

在国际金融危机爆发之前，国际银行业（除个别偏好立场坚定的银行外）的发展模式几乎趋同：通过大量复杂、高杠杆倍数的金融工具来驱动资产和收入的快速增长，比速度、比规模、比地盘、比多样（综合）、比新奇、比套利，塑造出了一种完全不同于传统存贷业务的全新业务模式，呈现“杠杆化”发展态势，并最终酿发金融风险。

作为融资中介，银行传统的业务模式概括起来有两个特征：一是吸收短期存款，发放长期贷款，即“短存—长贷”；二是发放贷款后一直持有，直至贷款到期，获取稳定利息收入，即“发放—持有”，核心是“以存定贷、存贷平衡”。20 世纪 80 年代中期以来，金融创新日渐活跃，金融竞争日趋激烈，商业银行开始突破原有发展模式，积极向非传统业务转型，呈现出“杠杆化”发展态势，2000年以后至国际金融危机前期呈加速趋势。

第一，资产负债失衡。资产高速增长伴随着存贷比的日益恶化，负债结构日趋短期化并大规模使用回购等杠杆性融资工具。2000年到国际金融危机前，银行业处于稳定持续的增长通道中，部分大型银行实现了30%～40%的年均增长。同时，贷款存款比率不断攀升并高位运行。

同时，回购业务操作中，银行通过将购买的证券资产进行质押回购操作，获得资金后再行质押，循环往复，少量资本就可以撬动大规模资产。同时，质押回购业务期限很短，以隔夜居多。2001年以来，质押融资方式占比不断上升，到2008年达到顶峰。纽约联邦储备银行的数据显示，全美银行业在国际金融危机前购买的国债、公司债券、资产支持证券中有接近50%是通过隔夜回购融资的方式实现的，而大型银行该比例约达到了70%。

第二，资本和风险失衡。通过资产证券化和信用违约互换等大规模使用，银行原有资产负债表的资产及风险大量剥离到表外，“发放—持有”模式逐步向“发放—卖出”或“发放—保险”转向。在不增加风险资产、有效缓解资本充足压力的前提下，将利息收入转化为费用收入，并带来银行盈利模式等一系列深刻变化。自20世纪90年代以来，美国银行业非利息收入呈现稳步增长趋势，大型银行非利息收入自2000年以来基本保持在全部收入的一半左右。支撑非利息收入的，主要是投资和经纪、自营交易、投资银行、股权投资、资产证券化、保险等非传统、多元化的经营领域。

衍生交易的大行其道，大幅加剧了银行业风险和收益失衡。名义余额和风险敞口大幅上扬，其中以利率类和信用类衍生合约最为显著。2000年以来，衍生交易呈现出爆发式增长态势，结构日益复杂，其中90%为场外交易，2005年后市值（当前敞口）大开大合，考虑潜在敞口后的风险更为显著。大型银行既是衍生交易的参与者，也是做市商，衍生交易敞口更为集中。

第三，金融创新过度。除了大量复杂度高的衍生产品创新外，以规避监管为动机，银行旗下对冲基金和结构性投资实体（SIV）大量出现，影子银行规模迅速膨胀。2002年以来，很多银行为实现在资本既定下运作大规模资产需要，创设了大量表外融资实体，通过发行短期商业票据融资方式购买或持有各类金融工具。从会计准则和监管角度，发起银行不需要视其为自身资产而保有额外资本。商业银行通常需要为这些表外实体提供流动性支持、备用信用证（SLBCs）等信用增进安排。2008 年花旗银行披露其表外业务中有超过 8000 亿美元资产为上述特殊目的实体持有，其中，一部分 SIV 通过在货币市场融资后大量持有住房抵押贷款证券。2008 年，随着美国房价暴跌，许多 SIV 无法偿付到期负债，部分发起银行出于声誉考虑，将 SIV 资产和负债全部转入表内。2007 年，汇丰和花旗银行先后分别将 350 亿美元、490 亿美元表外 SPE（特殊目的实体）资产入表。

第四，激励与约束失衡。国际金融危机前，金融监管的不平衡和不完全扭曲了金融机构之间的利益关系、盈利能力和风险承受能力，部分金融机构千方百计地逃脱监管束缚，造成“监管性套利”活动泛滥，监管漏洞使银行得以通过衍生交易、影子银行业务等方式规避监管。国际金融危机反映出全球金融体系和金融监管的一系列缺陷，全球范围内各国政府和监管机构对国际金融危机形成和监管失效原因进行分析，对金融监管定位进行了反思，并出台了一系列包括美国的沃尔克法则、欧洲的金融交易税以及《巴塞尔协议Ⅲ》（Basel Ⅲ）等新的金融监管框架安排。在微观层面上，主要是强化金融机构个体监管，对银行施加了更为严格的监管要求，包括资本充足率和流动性标准、薪酬激励限制。在宏观层面上，主要着眼于防范系统性风险和维护金融稳定。正如伯南克所说，“美联储需要重新定位，由一个主要开展特定金融机构集合的监管者向一个关注金融系统整体稳定的机构转变”。除了监管机构自身定位转变外，美国还成立了专门的金融稳定监管委员会，并赋予其更大范围的监管权限。该机构通过业务、规模、杠杆、交易对手联系的广泛性和对短期资金的依赖度等特征，有权对任何有可能影响金融稳定的机构实施监管。

国际金融危机后，出现银行再平衡趋势，向“好银行”的本源回归。国际金融危机以来，许多人将欧美银行业经营转型的新动向总结为“去杠杆化”“去国际化”和“回归传统业务”三个方面。仔细分析，所谓去国际化、回归传统业务只是部分银行在危机中的不得已而为之的断臂自保，二者均是临时性的举措，不能据此判定未来银行业将回归传统业务和本土业务。去杠杆化、回归其自身原本的“禀赋”优势业务才是实质，追求平衡基础上的比较优势成为全球好银行的“新常态”。

国际金融危机爆发后，随着全球经济增长的泡沫被挤出，日益严厉的金融监管和资本金要求导致金融衍生品交易的空间和土壤环境恶化，欧美银行业开展了大规模的去杠杆化活动，以尽快修复其资产负债表。花旗、瑞银、美国银行、巴克莱等金融巨头进行了广泛的业务重组，限制高风险业务规模，退出了那些未能持续满足其资本回报要求、操作复杂、存在有可能对未来收益产生影响的长尾风险领域。国际金融危机之后几年间，全球信用衍生品、大宗商品、股票衍生品和债务资本市场交易量均出现了两位数的下滑。

国际银行业的去杠杆化举措，并不意味着其未来的转型方向是以利差为主，回归到存款、贷款和结算等传统业务，也不意味着衍生品等产品将从商业银行里消失。从美国银行业看，2008 年后，整个银行业贷款占资产的比重持续下降，从 2008 年初的近 60% 下降到 2012 年底的 52%，超大型银行贷款占比均在 50% 以下；非利息收入的增长速度依旧远远快于贷款利息和投资收入，并成为近年来美国银行业净利润增长的主要动力来源。花旗银行、富国银行和美国银行三家代表性银行的净利息收入占总收入的比重，在国际金融危机前后相对比较稳定，保持在 50% 左右。这些超大型银行盈利模式多元化、中间业务与表外业务比较发达、商业银行业务与投行业务混业经营等特征依旧没有改变。

国际大型银行危机后在实施去杠杆化策略的同时，根据其自身业务禀赋，围绕重塑核心竞争力进行转型布局。以瑞银（UBS）为例，国际金融危机后瑞银关闭了多数固定收益产品交易，回归到以金融产品销售、特定资讯服务、投资顾问服务以及财富管理等最具竞争力的核心业务，把投行业务变成为瑞银庞大的财富管理业务提供支持的配角，通过业务重组，瑞银实现了资本和资产负债密集度的大幅降低，成为一家“轻资产”银行。美国银行在剥离墨西哥、爱尔兰等全球多地高风险贷款组合避免了破产危机之后，即着手实施了营销策略、组织架构以及渠道策略调整等多项变革措施，重振美国银行零售业务这一核心业务和传统强项。在业务重组和转型中，欧美银行业适应信息化时代的变革以及客户金融需求多元化的大趋势，通过打破价值链和提高专业化程度，创新和发展其优势业务，提高市场竞争力。

三、市场价值是“好银行”的试金石

资产规模、盈利能力、资产质量等评价指标只能反映银行某一方面的能力，不能全面反映银行的综合实力和竞争力。市盈率等市值指标是一种长期趋势性判断，隐含了不同银行在盈利能力、产品定价、风险管控以及公司治理等可持续核心竞争能力方面的差异，代表着市场对一家银行商业模式的综合认知。简言之，市场价值是“好银行”的试金石。

（一）市值是银行综合实力和竞争力的市场化体现

市值指标中最为常用的市盈率（PE）指标，是指在一个考察期（通常为12个月）内，股票价格和每股收益的比例。同一行业的上市公司的股票，市场可能赋予不同的估值水平，隐含了不同企业在盈利能力、风险管控、产品定价能力、公司治理、优势项目等反映可持续核心竞争力方面的差异，同时也隐含了市场预期和情绪上的差异。市值虽然并非一项集成指标，但能够全面反映银行经营和长期趋势的方方面面。

市场价值包含众多信息，是银行过去、现在和未来的综合体现，尤其是对银行未来趋势的市场预期。市场价值应是一个长期趋势性表现，虽然存在某一时点、区间的失衡或失真，还有特殊条件下的人为操纵缺陷，但长期看是真实的。正如巴菲特所说，“从短期看，股市是一个投票机；而从长期看，股市是一个称重机”。

银行市值长期、持续、健康的增长取决于银行发展战略、行业地位、经营水平、治理机制等方方面面，而不是一朝一夕的事情，需要长远的眼光和战略思维，需要长期的规划和统筹安排。

（二）市值的意义优于规模价值和内在财务价值

资产规模、盈利能力、资产质量、国际化程度，以及理财能力、信用卡、存贷款、投资银行业务、网点数量等业务和物理数量方面的指标，都仅能有限反映银行某一方面的能力和优势，不能全面反映银行的综合实力和竞争力。如果片面追求这些指标，会使得银行脱离正常经营轨道，并带来灾难性后果。而银行估值则反映了市场对银行综合实力的评价，是市场对银行各项经营能力的长期趋势性判断，更适宜作为“好银行”的评价标准。同时，市场价值是市场参与者集体意志判断的产物，是供求关系均衡的体现，完全由投资者的买卖决定，数据易于获取，并且相对客观公正、公开透明。

市场价值反映其内在价值，市场价值的提升对于银行有积极的正面影响：一是关注市值有利于促进银行优化公司治理结构，进一步理顺银行、大股东以及中小投资者的关系，只有市值才是市场各方共同追求的目标；二是促进银行努力经营、强身健体、增长内功，以求获得市场认可；三是有利于银行客户拓展和发展；四是有利于银行资本扩张和再融资，促进银行做大做强；五是有利于抗击多种风险，促进银行健康运行；六是有利于树立银行的企业形象、信誉和影响，是一种无形的广告。麦肯锡公司所做的调查研究显示，良好的公司治理越来越被国际资本市场和全球投资人看作是改善经营业绩、提高投资回报、走向国际化的一个重点。在财务状况类似的情况下，投资者愿意为“治理良好”的亚洲企业多支付20%～27%的溢价，为“治理良好”的北美公司多支付14%的溢价。

在国外，上市公司很早就开展了市值管理，投资者关系管理在欧美证券市场有40多年的发展历史，汇丰控股、GE金融是成功实施市值管理的代表性企业。汇丰控股自上市以来，没有采取送股、拆股等方式降低股价和提高流动性迎合中小股东，而是将股本基本保持不变，股价保持在较高水平，这实际上是市值管理的策略——通过优化股东结构，吸引长期投资的机构投资者而非普通投资者来稳定股价。

（三）银行高估值的背后是好的商业模式

综观国际上享有盛誉的领先银行，其市盈率等市值指标也远领先于同业，最重要的原因是盈利模式的稳定性和可持续性，而背后的支撑力量正是其商业模式中的平衡机制和比较优势。

国际一流银行的盈利模式多元化程度高，同时居于全球金融交易产业链的最上游，在产品研发、风险控制、交易与销售等关键领域具有绝对优势，这种近乎垄断的地位将为其带来源源不断的超额收益，市场认知度高，并集中反映在股价上。综观在全球享有盛誉的大银行，都有其竞争优势领域，而且这些竞争优势是其在过去数十年中不断创新培育形成的。例如，一提到富国银行，马上想到的是其社区银行和交叉销售的商业模式，这一模式的成功之处在于可以带来较低的存款成本、高收益率的小微企业贷款、业务持续增长以及较高的风险定价水平，正是以上因素推动富国银行成为一家“好银行”。花旗银行则以产品创新和客户全生命周期管理而被人称道，花旗银行是全能型的以客户为导向的银行，其产品设计和销售全部根据客户财务需求量身定制，这一理念贯穿在产品设计、销售和服务中，成为花旗银行的核心理念和发展动力，其实质就是将风险管理服务融入到融资服务之中。

股改上市后的一段时间以来，我国大型国有银行规模和利润增长很快，资产收益率（ROA）、股本收益率（ROE）和成本收入比也基本上与花旗、汇丰等国际一流银行比肩，但估值水平明显低于美国的银行同业。整体上看，中国银行业以利息收入为主的银行业务结构、以规模增长为主的盈利增长模式制约了估值的提升。从治理结构、管理架构到风控机制等诸多方面都存在改进空间，战略定位不清晰，同质化竞争严重，需要在体制优化、流程再造等方面深入调整，以适应市场变化。从市场角度看，规模大、盈利能力强的银行却不一定称得上是“好银行”或者“国际一流银行”，二者的差异就在于规模和盈利背后的商业模式差异。因此，在迈向“国际一流银行”时，我们需要反思当前的商业模式和长期竞争力问题。

02　全球银行业发展战略的重检与启示

——国际金融危机前后主要金融机构行为变迁的比较

国际金融危机前，全球银行业的发展模式几乎趋同，在战略上追求规模扩张、国际化和综合化。危机的爆发使秉承这种模式和理念的大部分银行遭遇前所未有的冲击，也使全球银行业面临行业性的信任危机。危机后，全球大部分银行都在进行不同程度的战略调整与反思，这种反思与调整对中国银行业具有一定的启示意义。

一、国际金融危机前全球银行业持续进行战略扩张

从大周期角度而言，金融危机之前的全球经济保持了很长一段时间的快速发展。在战后废墟的基础上，从欧美经济的持续复兴到日本的崛起，再到新兴经济体的发展，支持了全球经济从第二次世界大战后到国际金融危机前的较长期的稳定增长。伴随经济持续繁荣，以及美欧日等发达经济体扩张策略推动的经济全球化发展，银行业也进入了快速扩张和全球发展的时代洪流之中，在发展战略上呈现出明显的趋同性。

（一）全球银行业基本都推行了以并购为主、规模扩张的快速发展战略

美欧日等发达经济体的银行业在经济向好的支撑下最先走上快速扩张之路。以美国为例，国际金融危机前美国银行业总资产一直保持增长，20 世纪七八十年代的资产增速长期在 10% 以上，积累了大量资本。为实现规模的跳跃式增长，银行纷纷开始进行大规模的战略性并购。据统计，从 1995 年初到 2007 年初的 13 年间，有 104 个国家（或地区）的 1189 家银行并购了 2415 家银行，交易金额达到 14310 亿美元，其中发生在美国与欧洲（英国除外）的并购平均约占 3/4。这种并购和强强联合帮助很多银行在较短的时间内实现了资产负债规模的快速壮大，提升了市场地位。如花旗银行的前身是纽约城市银

行，通过几次成功的并购，20 世纪 90 年代由一家区域性小银行变成了美国第三大银行。由瑞士银行公司和瑞士联合银行两大金融巨头强强联合而生的瑞银集团，迅速成为瑞士最大的银行。可以说，国际金融危机前的全球绝大多数银行都在推行以并购为主的快速扩张之路。

（二）大型银行纷纷推行国际化战略，致力于扩展国际金融市场，在全球范围内寻求更高的资本回报

20 世纪 80 年代以后，世界贸易迅速发展，国际直接投资迅猛增长，国际金融危机前的世界贸易总额接近 30 万亿美元，外国直接投资流量超过 1 万亿美元。金融也犹如全球制造一般，资金开始在全球范围内进行流动与配置。波澜壮阔的经济全球化发展以及国际金融的发展推动大型银行选择了全球扩张的战略。全球排名靠前的大型银行基本都实施了国际化战略，发展成为跨国金融集团。例如，花旗集团在全球 100 多个国家开展业务，2006 年净收入的 44% 来自海外，成为名副其实的花旗帝国。渣打银行更是从成立之初就推行国际化战略，90% 以上的业务集中在亚非拉等新兴市场国家和地区。

这些银行的国际化战略带有深刻的国家战略烙印，尤其是日本和美国。当美国和日本的企业和资本大规模走向世界其他各国的时候，其银行的国际化步伐也明显加快。统计显示，1991 年全球最大的 15 家银行中 9 家在亚洲（主要是日本的银行），到 1996 年，15 家大银行中北美的银行从 1 家扩大到 9 家。而欧洲经济一直相对平稳，所以欧洲银行的全球化进程明显慢于美国和日本，并且主要是在欧洲经济体内进行并购重组。

（三）在金融日益脱媒趋势下，全球银行业在业务上不断拓展创新，大型银行更是推行综合化、全能化的业务发展战略

随着金融需求的日益多样化，证券、保险、基金、信托等非银行金融机构不断发展，传统商业银行的生存空间受到挤压。为应对金融脱媒的压力，在业务战略上，银行开始进行多元化经营，不断扩展业务领域，致力于成为能够提供全面金融服务的综合化全能银行。同时，政策与法律上的松绑也为银行的综合化发展提供了可能。美国的《金融服务现代化法案》确立了混业经营的合法性，英国、日本也陆续取消了对分业经营的限制，而欧洲大陆一直都采用全能银行模式。因此，大型银行纷纷加大了对证券、保险等机构的并购力度，迅速成为大型综合化金融集团。例如，德意志银行通过收购英国的摩根建富，加强了国际证券业务，并通过收购美国信孚银行，提高了在美国投资银行中的地

位，同时创建自己的保险公司，以补充商业银行和投资银行业务，成为立足欧洲、覆盖全球的“一站式”全能银行。这种融合加快了业务拓展，除了传统的零售与批发业务之外，投资银行、资产管理、金融交易等新兴业务大举发展，甚至成为某些银行的核心业务。如瑞银集团通过多次成功的收购将投资银行业务、资产管理业务、财富管理业务打造成为具有全球领先优势的三大核心业务体系。

在综合化与全能化战略发展的后期，新兴业务的发展有愈演愈烈之势。随着全球范围内的大规模并购及多层次资本市场的发展，投资银行和金融交易迎来发展的重大契机。一些银行更是实现了从传统商业银行向投资银行的战略转型，如瑞银、高盛、雷曼等皆以投行著称。尤其是在金融市场最发达的美国，银行的业务和产品已经在传统商业银行的基础上大大创新，经过各种技术叠加演算后的复杂金融衍生产品层出不穷。银行开始广泛涉入债券、股票、金融期货、期权、权证以及其他衍生金融产品交易市场，套利计算日益复杂。除了代客交易以外，银行也大量进行自营交易，巨额资金在极其复杂的模型和工具指导下进行大规模的交易。

总之，在经济金融的全球化发展中，成功银行的范例被广泛复制，逐渐成为全球模式。绝大多数银行都接受了以“扩张”为核心的战略思想，“大而全”的发展战略成为危机前全球银行业的主导战略。

二、金融危机给全球银行业带来前所未见的冲击和变革

2008 年，从美国开始席卷全球的国际金融危机给全球银行业造成前所未有的打击，并带来了深刻的变革。

（一）金融危机的爆发打断了全球银行业长期以来的扩张步伐

首先受到冲击的是美国，金融危机的爆发使银行业的资产、利润增速大幅下滑，美国银行业的总资产增速由 10% 左右变成了负增长，这是美国自 20 世纪 70 年代以来首次出现的现象。银行业的收入也由国际金融危机前 15% 的最高增速下降到 -15% 左右，整体利润大幅下滑。全球银行业也受到冲击，据统计，全球 1000 家大银行 2008 年税前利润总额从上年的 7808 亿美元降至 1150 亿美元，降幅达 85.3%；资本回报率从上年的 20% 降为 2.69%，资产回报率从上年的 0.87% 降为 0.12%。未来几年，除了亚洲和拉丁美洲的银行，其他

地区银行的净资产收益率可能无法恢复到2007年之前的水平。而且在国际金融危机之后的几年间，全球信用衍生品、大宗商品、股票衍生品和债务资本市场交易量均出现了两位数的下滑。全球银行业的增长趋势被彻底打断。

后危机时代，全球经济环境发生了转折性变化。美国经济持续增长乏力，欧洲多国被债务危机缠绕，日本经济倒退，新兴经济体增速全面下滑，全球经济呈趋势性下降。从周期性看，全球经济已经进入周期性低谷。目前依然没有出现能够将全球经济带出低谷的经济新动力，经济低迷将持续，短期内难以全面恢复。受到国际金融危机及其后续影响的冲击，大多数西方银行业市场一直表现不佳，不但盈利能力很低，而且在可预见的未来也难以获得显著提高。宏观经济基本面再难以支撑全球银行业的快速扩张，全球银行业的发展开始变轨。

（二）全球银行业的格局发生深刻变化

在欧美等国际金融危机的重灾区，一大批银行破产倒闭，美国的四大投行倒下两家，欧洲多家银行出现巨额亏损，面临法律意义上或者经济意义上的破产。从英国《银行家》公布的2008年1000家大银行的利润看，美国银行业亏损额最大，上榜的159家银行合计税前利润为-911亿美元；其次是欧盟27国的258家上榜银行，合计税前利润为-161亿美元，其中英国15家上榜银行合计亏损512亿美元。亚洲（日本除外）银行业在1000家大银行中一枝独秀，193家上榜银行合计税前利润达1461亿美元，占1000家大银行总利润的127%。这种情况与国际金融危机发生前形成鲜明对比。欧美政府即使动用政府力量进行了大幅度的救助也难改欧美银行在全球地位的滑落。而与欧美银行业的整体下滑相比，新兴市场国家银行则整体有所上升。

银行业开始了新一轮的大洗牌，全球银行的资产规模与利润排名情况发生重大变化。从2009年英国《银行家》杂志公布的情况来看，全球最具盈利能力的前五位银行均来自中国和西班牙，已不见老牌大银行的身影。总资产排名前25强中，美国4家，欧洲14家，亚洲7家，其中4家来自中国。加拿大、澳大利亚、西班牙以及少数北欧小国的银行业也脱颖而出。过去这些国家银行的稳健业绩往往淹没在主要美欧国家大银行的风光业绩后面而不被关注。事实上，标普银行指数表明，最近10年英美银行业股票价值是下降的，而加拿大、澳大利亚、西班牙3国银行业则在上升。2013年金融稳定理事会（FSB）确定的29家“全球系统重要性银行”[①] 中，16家来自欧洲，8家来自美国，5家来自亚洲（其中中国2家）。全球银行业的格局更显均衡。

同时，一些长期遵循着“保守、本分”发展战略的银行异军突起。一直恪守本土零售业务的富国银行在国际金融危机中表现优异，竟然一度成为全球市值最高的银行，其市值比美国银行、高盛和摩根士丹利加起来还要高。富国银行成为银行业中的“黑天鹅”，它打破了长期以来银行业单一的成功范式，也动摇了对银行“大而全”发展战略的盲从。

（三）全球银行业遭遇行业性的信任危机

国际金融危机发生后，全球范围内对银行业尤其是大型银行的发展提出广泛而尖锐的质疑与批判。

第一，国际金融危机后，为拯救濒临崩溃的金融体系，欧美等国家和地区纷纷通过议案，动用纳税人的钱救助濒临倒闭的银行以及岌岌可危的金融体系，引来了民众强烈的批评与指责，认为金融危机是由金融体系自身内部问题导致的，银行不顾自身安危投机到高危险的领域，利益由金融体系独占，而出了事情却由整个社会来兜底。不能让银行“大而不能倒”裹挟了政府与整个社会。

第二，国际金融危机源自金融体系内部，进而将全球经济带入下行。因此很多人将金融体系判定为此次全球性经济危机的罪魁祸首。对华尔街的批判中甚至有观点认为，经济的金融化的结果使美国的金融业获得了至高无上的权力，其结果是实体经济裹足不前。而随后IMF一项研究认为，一个国家的金融领域规模过大会影响经济发展，并加剧经济不稳定性，这更是引起了对银行扩张的合理性的质疑。

第三，对银行业长期以来的高杠杆率、过度泡沫和复杂交易的全面质疑。杠杆率高企使得快速扩张的规模与业务已经远远脱离了资本的支撑。高杠杆化造成了规模虚拟化，资产规模看似庞大，但泡沫可能迅速蒸发。各种复杂衍生金融的发展使银行离实体经济越来越远，很多银行的主要交易对手不再是实体企业与个人，而是各种金融机构。从某种角度而言，整个金融市场更像是各类金融机构对赌的一个大赌场。市场风险、信用风险被忽视，更加关注的是计量与模型下的当期交易敞口与风险，而忽视远期的实体风险。而且这种衍生交易

① 自2011年起，金融稳定理事会每年发布全球系统重要性银行名单。

使金融市场极具传染性，缺乏抵抗力。最初的金融产品经过不断的组合以及证券化，在各类金融机构间不断地被打包出售，不仅导致银行对基础产品的风险点难以识别和控制，而且通过不断证券化及不断转手交易使很多金融机构的资产都牵连缠绕在一起，一旦某项资产或某个产品出现风险，就会迅速传染至上下链的所有产品持有者，难以有效地隔断和隔离，最终导致系统性风险的大爆发。

第四，对“好银行”标准的重新认识。无论是英国《银行家》杂志还是其他机构对银行的排名，很多都将花旗、汇丰等全球知名银行作为“标杆银行”，而且将资产规模、当期收益等作为首要的指标进行比较，因此导致对银行好坏的评判标准基本等同于规模的比拼，认为越大的银行就是越好的银行，片面地追求银行资产负债扩张。而国际金融危机的爆发使人们开始质疑这样单一、当期的评判标准，富国银行不是规模最大的银行，却成为全球市值最高的银行，得到了投资者的认可。

面对这些质疑与批判，政府及监管部门开始全面反思。洗澡水脏了自然是要泼出去的，但孩子是不能一起泼出去不要的。针对银行大而监管弱的问题，全球范围内迅速达成了对银行业有史以来最强的监管新框架，并实施强制监管。

三、国际金融危机后全球银行业进行了广泛的战略重检与调整

在充满不确定性、盈利能力持续下降的背景下，全球银行都面临着进行根本性变革的多重压力。诸多推动力量混合在一起，为银行业的彻底重塑创造了条件。全球银行业都在进行不同程度的战略重检与调整，调整经营管理模式，重新规划布局成为各大银行的策略导向。

（一）调整经营模式，缩减集团规模

遭受危机重创的众多银行开始实施收缩战略，不少银行推行“瘦身计划”。花旗集团一分为二，划分为专注于传统银行业务的花旗银行（Citi Corp）和侧重其他非核心业务的花旗控股（Citi Holdings），从一个具有2.4万亿美元资产规模的金融集团，“瘦身”成一个只有1.4万亿美元资产的银行机构，2010年又出售了菲布罗商品交易部门。苏格兰皇家银行在2010年通过减持、出售部分资产，将资产规模减少了约5000亿英镑；劳埃德银行、巴克莱银行

也宣布部分出售旗下基金管理公司。法国农业信贷银行通过了一项调整计划，目标是在2012年底削减500亿欧元的债务和350亿欧元的风险加权资产，主要措施包括在企业及投资银行业务、专项金融服务和法国零售银行三条业务线中减少流动性消费和风险加权资产，主要方式是停止某些业务活动，从某些国家撤出，在资产负债表内使存款增长等，从而改善其偿付能力和流动性比率。

当然，也有些银行开始实施增长举措，寻求获得核心市场增长。如富国银行、JP摩根大通银行、美国银行、桑坦德银行、毕尔巴鄂比斯开银行（BBVA）和劳埃德银行集团等，通过2008年以来进行的大量兼并活动，获得了新的增长。

（二）展开广泛的业务重组

大批银行都关闭了自营交易部门，或减少投资银行业务。一些银行采取选择性的业务组合重组，包括减少或重新调整自身国际业务，或调整不同业务细分市场和产品组合之间的平衡。瑞士银行由业务覆盖“银证保”各领域转为仅专注于财富管理、投资银行和资产管理三项核心业务，压缩交易性资产。苏格兰皇家银行在全球范围内精简银行和交易业务，同时围绕零售、企业及商业银行业务以及财富管理等最为关键的核心业务进行重新设计。花旗集团进行了核心银行业务转型，将更多的资源集中到优势业务中来，对非优势业务和亏损业务则实施缩减策略，在全球范围出售部分投资组合和业务。花旗集团首席执行官潘迪特在2009年报致股东的信中坦言：“我们的核心使命不是做金融超市或影子银行，我们的所作所为，都要从一家真正的银行的基本功能出发，即存款、机构信贷、个人贷款、客户交易服务。”根据FDIC的数据，自2010年起，花旗银行的净利息收入占营业收入比重缓慢上升，2012年前三个季度达到60%以上的水平。

（三）大力推动成本降低

国际金融危机前，美欧大型银行平均成本收入比为67%，而且随着银行不断扩张，总成本持续增长，造成了很大的经营压力。国际金融危机后，与以往采取的战术性成本削减措施相比，大多数银行采取更为彻底的结构性转型方法，压缩固有成本。重点是采取措施压缩销售成本、简化流程和运营模式，将更多职能工作外包给第三方提供商，将采购作为服务的业务流程，以及开发实用的服务模式等。如花旗集团将其离岸业务流程外包业务出售给塔塔集团，意大利联合信贷银行转向“轴辐式”分行模型，苏格兰皇家银行推行端到端的平台简化计划等。

（四）全面强化风险管理

2012年，一份基于全球69家银行及6家保险公司的高管访谈调查显示，58%的受访者在近12个月增加了对风险文化的关注；87%成立了独立的风险委员会；77%正在或已经完成对跨业务风险的深度识别与评估；75%在近12个月开发了新压力测试方法，49%将压力测试结果融入战略决策制定。以个别银行为例，在国际金融危机中表现突出的富国银行在国际金融危机后依然成立了董事会风险委员会，整合证券等市场风险于一体，在风险管理基础设施上的持续投入使其规模较并购美联银行前更大更复杂。2010年，富国银行还对风险资产评估实施了近200次测试。摩根大通在“伦敦鲸”事件后，开始强调董事会及高管层的风险治理机制，风险委员会定期汇报经营活动的预期风险敞口变化，增加与监管机构探讨风险管理相关议题的频率和深度，定期评估对风险偏好、合规控制、风险文化的执行情况。加拿大皇家银行在国际金融危机后加快制定了一套银行层面的综合风险偏好框架，并不断促进风险偏好与公司的经营战略、人员、流程、基础设施等良好结合。

四、后危机时代全球银行业的战略反思与选择

面对新环境，全球银行都在迫切地寻找着新方向、新道路、新动力，实施有效转型。虽然目前还没有找到广泛公认的新模式，但对于有些战略问题已经形成初步共识。

（一）金融回归服务实体经济本源

金融与经济的关系问题不仅是某一家银行，而且是全球银行业都应该思考的最高层次的战略方向问题。虽然全球银行业经过近几十年的发展日益强大，甚至对于整个国民经济而言，某些大型银行已经拥有了“大而不能倒”的地位，但金融与经济的关系始终是水与舟的关系，水可载舟，亦可覆舟。金融无论多强大，其根基仍然在经济，金融应该服务于实体经济的发展。国际金融危机前的全球银行业发展战略过度追求数字意义上的资产规模扩张和金融交易自身的繁荣，一定程度上远离了实体经济的基本面，造成了严重的金融空心化现象，最终被实体经济刺破泡沫。

回归实体经济发展，满足真实的金融需求是全球银行业在整体经营战略上

始终都应该关注和思考的问题，是宏观与微观的平衡。无论是国际金融危机前扎根零售与小贷的富国银行，还是国际金融危机后回归存贷款等基础业务的其他银行，都是在经营战略上对实体经济的再拥抱，是大的战略方向选择。金融机构作为一个顺周期行业，无论是全球化战略，还是经营模式的调整，或者是集团规模的缩减，都应顺应实体经济发展的趋势。

（二）正视盈利能力持续走低的现实

根据埃森哲公司的分析，银行盈利能力的持续走低，反映出持续压制该行业的一些不利因素。当前，很少有美国和西欧的银行能够实现高于其资金成本的净资产收益率，而且这一局面短期内也很难得到改善。如今，随着对资本有着更高要求的《巴塞尔协议Ⅲ》逐步实施，特别是具有全球系统重要性的金融机构开始采用相关标准，只有实力最强的银行方能实现或保持这种绩效。

因此，银行需要直面这种现实，正视盈利能力将长期低位运行的压力，而且要在新的监管资本水平下，致力于重建盈利能力，给投资者带来经济回报。为了实现管理层目标，很多银行纷纷采取迅速行动，调整结构并提高业绩。

（三）寻找并定位最适合自己的市场优势

犹如世界上没有完全相同的两片树叶一样，全球各家银行的资源禀赋也是不同的。一家成功的银行从创建到不断发展壮大的过程中，在客户、产品、服务、渠道、区域等某些方面总会形成自身特色，进而发展成为竞争中的绝对优势或相对优势。战略理念的关键就是培养长期、可持续、不易被竞争对手复制的竞争优势，形成明显领先于同业的核心竞争力。在经济向好时，银行有时会迷失在各项业务的快速增长中，尤其是大型银行趋向于全面均衡发展的战略。但当经济大潮退去，能够抵挡衰退、立足市场的核心竞争力往往就是其长期经营形成的特色与优势。当然，这种竞争优势是动态的，特别是在市场发生深刻变化时，我们需要对战略优势进行重检，包括原有的优势是什么，这些优势目前是否还存在，近年有没有出现新的优势，优势变化的原因是什么，当前亟待巩固和培养什么样的竞争优势等。

国际金融危机后，全球银行业都在进行战略重检，其中共同的一点就是优势重检。在明确自身核心优势的基础上，进行新一轮的战略取舍，对非优势业务和区域进行战略收缩，调整业务结构和区域布局，集中优势资源。国际金融危机后银行的战略转型目标之一就是找到并确立最适合自己的市场优势，明确市场定位，并重建与此相应的业务结构、客户结构和区域配置。这是一个从战略优势到战略取舍再到战略定位的逻辑路径。

国际金融危机后的全球银行业在“大与强”“全而精”之间似乎更多地选择了后者，可以像花旗、汇丰那样“大而强”，但不能“大而不强，全而不精”，这与国际金融危机前银行业对规模、速度、区域和业务的过度求大求全相比，是某些银行在战略上的一个重大转折，从扩张转向精耕。但也有银行是采取逆势扩张战略的，如富国银行、美国银行走的是一种“精而强”的“另类”战略路径。但是，任何新战略都是立足于自己竞争优势上的选择。

（四）重建去杠杆化后的经营模式

国际金融危机之后，长期扩张模式下的高杠杆化经营模式已经不能适应经济和战略的重大转变。新资本监管要求强迫银行快速去杠杆化，2012 年 4 月，国际货币基金组织（IMF）预测，欧洲银行需要补充 26 万亿欧元，或在现有降幅基础上进一步减少总资产的 7% 以满足新的资本目标。同时，银行业还面临着恢复《格拉斯—斯蒂格尔法案》的威胁，可能会出现要求全金融经营模式进行部分分拆的情况。《多德—弗兰克法案》的“沃尔克法则”和英国的“围栏”规定正迫使银行对业务模式进行重组。

绝大多数银行都将面临更小的资产负债表规模、更多的资本、更少的交易，以及更低的收入的困境。在习惯了依赖规模扩张效应以后，如何在去杠杆化后找到新的经营模式是对大多数银行的重大挑战。而且，在资本、规模、经营模式后面，更为本质的是如何在去杠杆化前提下重建持续盈利能力。要想使收益率保持或恢复到危机前的水平，大多数银行必须对经营模式进行新一轮的战略转型。有些银行专注于“精简而高效”的流程再建，有些银行选择性地更新自身的特定业务领域，还有一些则整体性地重新开发引擎，以再造新模式。但无论如何转型，共同的目标都是建立适应未来发展的正确经营模式，应对银行面临的盈利挑战，找到新环境中资本利用最有效的方式。

（五）重构风险预判体系与管理体制

无论是社区银行还是跨国金融集团，专业银行还是全能银行，尽管具体形态不断演化，但风险管理始终是银行经营管理的核心。国际金融危机对全球银行业风险管控能力进行了一次彻底的考验，大多数银行包括全球领先的一些银行在危机中都暴露出了严重的问题。为什么这么多年来银行风险体系建设还是没能预判危机的发生？为什么这么多国际知名的大型银行在危机中集体倒下？国际金融危机后，全球银行业在战略调整上无法回避的一个问题就是对风险管控体系的彻底重塑。

一方面是来自监管部门对系统性风险的反思与强制。监管部门对全球银行业实施有史以来最严格的资本监管与其他风险监管标准，其合理性在于金融风险的传染性。就如一个人生了病，如果是头疼脑热之类的疾病，是不能强制就医的；但如果是传染病，会危及他人乃至整个社会稳定时，就必须强制就医。对于银行业而言，尤其是全球系统性重要银行而言，当其可能发生的风险会危及整个金融系统的安全时，监管部门就有了防治和干预的理由。这是国际金融危机后《巴塞尔协议Ⅲ》在全球范围内迅速出台并得到强制实施的内在共识。由于监管环境的变化，全球银行业不得不提高对风险管理的重视，并将其上升到更高的战略层次进行重构。

另一方面是来自银行对自身风险管理体系的反思与改造。国际金融危机前，风险问题很大程度上是经营管理上的问题，很多银行在战略层次上对此关注不够。但实际上，方向正确与否的战略风险是最具颠覆性的风险，银行最大的风险就是战略风险。在某种意义上，银行的风险问题本身就是个战略问题，短期和长期的战略目标本身就意味着不同的风险选择与风险管理。与同行业相比，富国银行是通过精简资产负债规模与经营规模降低市场风险的，正确的战略选择使富国银行成功地避开了国际金融危机。在风险体系的建设中，首先应该考虑的是如何避开大的战略风险，如对经济周期的判断、规模与效益的取舍、业务与风险的平衡等战略性问题，在此基础上，再构建与规模、业务相适应的风险管理架构与制度。国际金融危机前，很多银行在风险管理体制方面普遍存在以下问题：董事会、高管层成员的风险管理专业能力不足；每个业务线（事业部）仅负责管理自身部门的风险，缺乏部门之间的沟通；过度放权使得风险控制被忽略。国际金融危机后，全球大多数银行都对自身的风险管理体系进行了从上到下的改造，包括风险文化、风险团队、风险偏好、资本管理、压力测试、风险模型等，而且加强了对战略的指导。

附　银行业战略调整的特点

一、战略调整五大特点

2007 年美国次贷危机的爆发，不仅引发了前所未有的国际金融危机，也导致了一场前所未有的银行革命。透过次贷危机之后国际主要银行的一些战略调整动向，我们似乎可以感受到全球银行业都在进行积极的战略调整，并呈现以下特点。

第一，资本重组与强化杠杆管理是逻辑起点。次贷危机爆发后，多数国际主要银行都遭受了巨额损失。筹措资金、补充资本、处理不良资产、剥离高风险业务成为国际主要银行应对危机的首要工作。因此，它也成为国际主要银行战略调整的逻辑起点。也就是说，国际主要银行的战略调整，前期具有应对金融危机的性质。但即使如此，由于次贷危机深刻地改变了国际银行业的监管理念，以《巴塞尔协议Ⅲ》为代表的国际银行业改革提高了国际银行业的资本要求，并建立了杠杆率标准，增强对银行表内外资产总规模的资本约束。由此，资本重组与去杠杆化就不仅具有应对危机的意义，而是具备了长期趋势的含义。

第二，财务绩效与营运效率是主要着眼点。股东价值最大化是银行经营的价值基础，以净资产收益率（ROE）为核心的财务绩效是银行经营所关注的最关键指标。与过去相比，次贷危机后的国际银行业对财务绩效以及营运效率表现出前所未有的关注。其原因不仅在于坏账损失大幅度提高了银行的成本以及次贷危机、欧债危机降低了银行的营业收入增长，更为重要的是，次贷危机后国际银行业的经营环境发生了结构性的变迁——国际银行业改革的消费者保护不仅降低了相关业务的收费水平，也提高了银行卷入诉讼的概率，增加了银行的诉讼支出成本，而高风险高收益业务的限制条款则降低了银行的潜在收益水平。正因为如此，国际主要银行的 ROE 水平从 20% 以上降低到百分之十几甚至百分之几，已经成为一种常态。

第三，资源配置的核心化与经营的再特色化是关键举措。次贷危机后，强化核心业务、强化经营特色成为国际大型银行全球战略调整的关键举措。以汇丰银行为例，传统上汇丰银行是以贸易融资见长的批发银行，其零售银行主要是针对特定市场的环球私人银行业务。在国际金融危机前，随着国际经济的蓬勃发展，汇丰扩张了其在全球的零售和财富管理业务。但国际金融危机后，汇丰全球战略调整的核心就是其全球零售与财富管理业务的削减以及对联系发达市场和新兴市场全球网络经营特色的强化。汇丰的全球战略调整揭示了次贷危机、欧债危机以及国际金融改革后，面对更为严峻的盈利压力，国际主要银行强化资源的集中配置、强化独特竞争优势的战略趋向。

第四，监管改革是业务发展“去交易化”的重要制度背景。国际金融改革影响最为深远的莫过于美国《多德—弗兰克法案》中的“沃尔克规则”以及英国的“围栏”改革。国际金融危机之前，与交易相关的收入在美国银行业的收入中占有较大的比重，如果全面、严格执行《多德—弗兰克法案》中的“沃尔克规则”，将对美国银行业的盈利能力、收入结构、行为模式产生深远的影响。与之相似，英国的“围栏”改革，也试图通过建立隔离零售银行和投资银行融资联系的“围栏”，来限制银行的投机活动，保护储户的利益，从而解决“大而不能倒”问题。显然，监管改革是业务发展去交易化战略调整的重要制度背景。

第五，分行竞争力、客户基础和客户关系再次成为战略关注的方向。分行竞争力、客户基础和客户关系是传统银行战略的核心。但在国际金融危机之前的很长时期内，随着国际主要银行商业模式的变迁，客户开拓和产品分销能力的重要性，逐步为市场交易能力和产品创新能力所取代。在此情况下，分行竞争力、客户基础和客户关系一度退出了国际主要银行的战略视野。但次贷危机的发生，证明了“脱实向虚”的高风险交易模式的不可持续性。国际金融危机爆发之后，伴随着交易业务的萎缩，传统银行业务的重要性开始凸显，资金的成本及其稳定性、利差收益率、交叉销售再次成为影响银行核心竞争力的关键因素。在这种背景下，分行的竞争力、客户基础和客户关系再次成为银行战略的核心。

二、四大发展趋势

国际银行业战略调整的新特点，同时彰显了国际银行业发展的一般趋势。

首先，稳健的资产负债表，微观审慎与宏观审慎并重的资产负债管理。次贷危机的发生，客观上要求银行业重组资本、重建资产负债表。但金融改革以及银行行为的改变，使其具有了长期的趋势意义。第一，《巴塞尔协议Ⅲ》新增了留存超额资本要求、系统重要性附加资本要求、逆周期超额资本要求，并对合格资本进行了更为严格的要求，强化了股本的价值。在新的资本监管要求下，国际主要银行具有了更为充足、更高质量的资本。第二，随着监管改革的推进，银行表内表外的资产都被纳入了监管的范围，信用风险以外的操作风险、市场风险也被纳入资本的监管体系中，银行大量配置表外高风险资产的激励被削弱，银行具有更为稳健的风险资产配置。第三，次贷危机的发生，暴露了过度依赖批发融资的弊端。次贷危机后，《巴塞尔协议Ⅲ》通过“净稳定资金比例”指标督促银行改善负债结构，提高融资的稳定性。在此情况下，国际银行的存款负债比例开始上升，同业业务所实现的负债比例则开始降低。第四，作为资本充足率的补充，《巴塞尔协议Ⅲ》增加了杠杆率指标，意图通过它来控制银行资产规模（包括表内资产和经转换后的表外资产）的扩张。第五，次贷危机后，面对宏观经济波动，监管机构通过压力测试等手段，对大型银行的资本规划以及资产负债管理进行督导和管理，从而将宏观审慎监管传导到银行的资产负债管理当中。银行如果能将应对复杂监管转变为自己的竞争优势，将是借机转变成高绩效银行的高明之举。

其次，以绩效为导向的集约化的发展方式。营运效率与财务绩效成为次贷危机后国际主要银行经营发展、战略调整的主要着眼点，且具有长期趋势意义，标志着国际银行业发展方式的重大转变。21世纪以来，欧美银行业高企的ROE水平支撑起银行业普遍粗放的发展方式。庞大的资产规模，缺乏有效整合的并购，组织体系的迅速膨胀，机构职能的重叠，员工队伍的臃肿，个性化业务流程的高额支出，成为这时期欧美主要银行运营发展的基本特征。但是，随着金融危机的爆发，支撑上述发展方式的既有盈利模式瓦解。粗放发展方式所蕴含的规模之弊、运营之弊就暴露出来了。在此情况下，以绩效为导向的集约化的发展方式就成为国际主要银行改善经营管理的努力方向。第一，绩效成为企业经营管理的第一出发点，规模增长不再是单纯的战略目标，而是从属于绩效，实现规模与绩效的统一；第二，面对增加营收乏力的现状，国际主要银行都将削减成本，尤其是削减运营成本作为提高绩效的主要手段。收缩经营规模、机构重组、裁员、流程再造成为削减运营成本的主要思路。

再次，以专业化为基础的全能银行业态。伴随着20世纪90年代的金融自由化浪潮，国际主要银行纷纷走向混业经营之路。次贷危机后，一些银行削减非核心业务、缩小经营规模。但是值得说明的是，它并没有改变欧美银行业基本的经营业态，即全能银行仍然是欧美大型银行基本的行业形态。扩展既有业务板块功能、补齐业务功能短板的并购仍然没有停止——欧美大型银行的综合化之路并没有因为次贷危机而停止。但与国际金融危机前不同的是，强化核心业务板块的资源配置成为国际金融危机后国际主要银行战略调整的关键举措。与之相似，特色化经营也反映在类似的战略调整之中。一方面，全能银行强化自身核心业务板块的资源配置；另一方面，它在核心业务内部以及非核心业务内部进一步实施细分业务板块经营的特色化。资源配置的核心化、经营的特色化事实上体现了国际主要银行业不同经营层面的专业化倾向。简言之，重拾专业化是国际主要银行重要的发展趋势，专业化基础上的综合化是欧美银行业的基本业态。根据奥纬咨询的研究报告，银行需要在“债券型”战略和“股票型”战略间做出抉择。

最后，传统商业银行商业模式的回归。次贷危机前，欧美银行的商业模式日趋投行化（发起—分销），甚至是对冲基金化（购买—套利），银行的行为日趋具有投机性。次贷危机后，国际银行业的商业模式出现了向传统银行回归的趋向。具体表现在：（1）银行的经营理念重新归于稳健，高风险高收益、对冲套利的交易理念被摒弃，以服务赚取收益的理念得到回归。（2）随着高风险自营交易业务的萎缩，传统的存贷业务和“手续费和佣金”业务重新得到重视。作为应对利率市场化和金融脱媒的业务选择，赚取“手续费和佣金收入”的资产管理业务重新得到重视。银行的盈利模式由“以交易收入为主”的模式重新回到“存贷利差＋手续费和佣金”模式。（3）随着传统存贷业务的重新崛起，资金成本和稳定性、利差收益率、交叉销售实现的单一客户价值贡献重新成为银行核心竞争力的构成要素。低成本的存款，尤其是储蓄存款的价值重新得到重视，零售银行的战略价值进一步凸显，而对市场的精耕决定了竞争的成败。（4）随着业务结构和盈利模式的转变，分行、客户基础、客户关系重新成为战略的核心。埃森哲的研究报告指出，美国到2020年传统的全服务型银行将从500余家减少至300余家，市场份额将从80%缩减到50%，新的竞争者将攫取相当市场份额。传统的全服务型银行或走创新之路，或走超大规模之路均可实现高绩效，但银行需要做出选择。

三、关于六大发现的讨论

长期ROE水平下降，其影响因素既有周期性或短期性因素，也有长期性和结构性因素。其中，金融危机造成不良资产增加、诉讼费用飙升、资本损耗加大，经济缓慢复苏，以及世界范围内不同地区经济发展差异是主要的周期性或短期性因素。而消费者保护、资本及质量要求提高、自营交易的限制性条款则是主要的长期性、结构性因素。面对难以恢复的ROE水平，国际主要银行通过外生性战略来应对危机的挑战，它们包括成本控制战略、规模缩减战略以及地区资源配置调整战略。但面对长期的结构性因素的调整，在通过外生性战略渡过难关后，国际主要银行纷纷通过内涵性战略的实施来迎接挑战。它们包括分行战略、专业化战略、特色化战略、提升资本效率战略、提升营运效率战略。这些战略的实施，带来了国际银行业的系统变革。国际银行业的主流商业模式、业态形式、发展方式、资产负债管理方式正发生着深刻的改变。银行要对自己所处的经营环境有清晰的认识，要从内心深处认可自己不是不可取代的，要清晰自己到底想去哪里，也就是说要把自己转型成什么，并据此制定战略和举措，一步一步地去实现。

2014 年，埃森哲根据对全球 600 家金融机构高级管理人员所做的调查，发布了 2014 年高绩效银行报告。该报告就国际金融危机 6 年后金融服务业特别是银行业的现状，总结了 6 个主要发现：

发现 1：全球银行面临日益复杂的金融环境。银行要承接并消化金融危机带来的后续影响，同时还要面对本土以及全球监管者的挑战。监管当局对资本充足的严格要求，迫使银行不得不对自己的业务模式以及战略抉择进行重新思考。同时，来自股东的压力，迫使银行应对异常挑战的市场环境的同时，还要不断提升收入、增强市场占比以及保持盈利率。银行内部的运作体制和技术手段更加剧了这种复杂性。当问到受访金融服务企业首席财务官，他们面临的最大挑战是什么时，有 46% 的受访者表示银行复杂的内部系统使他们不能有效地获得满足监管的要求及支持业务决策；有 44% 的受访者表示，他们难以同时满足所有利益相关体，包括监管者、董事会、评级机构的不同要求。

发现 2：银行的组织结构和治理机构仍然呈“孤岛”形式，特别是在财务、风险以及运营这三个关键领域。这给有效应对跨业务领域的监管要求提出了很大的挑战。目前，仅有 12% 的受访者表示在其所服务的企业已经建立企业级的监管报表中心，但该比例在 2 年后将上升到 48%。

发现 3：许多银行的数据缺乏整合，且一致性较差，但有强烈的提升意愿。目前有超过 40% 的受访者表示他们所服务的企业仍然需要手工加总风险敞口，不同数据源的数据无法整合，数据的颗粒度不够细。但该比例在 2 年后将下降到 11%。

发现 4：银行负责财务的高级管理人员表示，人才的匮乏是他们满足新的监管要求的巨大障碍。

发现5：在长期关注成本控制之后，银行开始把注意力转向增长。目前，有超过40%的受访者表示，其所在机构的关注点是成本控制，但这一比例在2年后将下降到13%。

发现6：如何转型对银行而言仍然是切实的挑战。无论是监管者还是股东都对银行转型提出了很高的要求，但是银行仍然困惑于不能量化转型的成效。

奥纬咨询也进行了相关的研究。他们认为，在后危机时代，欧洲银行业将面临三大主要挑战：一是发展战略的挑战，即采取债券型发展战略或股票型发展战略。所谓债券型发展战略，即银行将向股东提供低的但是稳定的资本回报。其战略措施包括：降低经风险调整的资产规模从而降低资本需求；清理资产负债表，降低不良额；创建一个轻型银行，减少监管管辖地。其结果就是最大限度地向股东分红。采取该策略的银行将逐渐向“公用事业”方向转型。股票型发展战略则是加大对未来增长的股本投资，强化盈利能力，包括投资新的业务领域和新的市场。股票型银行要说服投资者同意将大部分盈利转化为投资。有些银行希望采取“混合型”战略，即在国内市场采取债券型策略，在国外市场采取股票型策略，这些银行要警惕投资者对其战略不清晰或不能兑现战略成果的惩罚。二是降低杠杆率以及减少对政府支持的依赖的挑战。在国际金融危机以后，银行资产的转移主要发生在银行体系内部，资本充足率较好的银行利用危机提供的机会从市场上购买优质、低价信贷资产。对于这些银行，核心是由充足的资本进行资产扩张；而对资本充足率不好的银行，则是在补充资本和消减资产规模之间做出抉择。降低对政府支持的依赖则涉及使用何种融资方式补充股本以及如何通过调整法律结构，适合新的监管要求。三是投资正确性的挑战。在后危机时代，成本管理在欧洲银行已经进行了数年，但成效有限。究其原因，银行应该溯本求源在运营模式上明晰如何通过有限投资提升自己在核心领域的竞争力，而将非核心业务外包出去。从“拥有”转向“租赁”对大多数银行而言，是文化的转变，但只有通过这一转变才能真正实现有规模、可持续的成本节约。大多数欧洲银行在过去数年在监管及合规领域进行了巨额投资，领先银行已开始投资未来。对欧洲银行业而言，来源于投资的挑战是如何保证将有限的股本投资于最具成长性的领域。

03　中国银行业：真实的状态与真正的挑战

2007年，震撼世界的次贷危机改变了全球银行业版图。中国银行业的地位凸显，5家大型银行入围全球银行业市值20强，两位数的ROE水平领先于全球，炫目的成绩赢得一片赞誉。但好景不长，自2015年以来，一些媒体披露中国银行业不良贷款飙升、基层员工“排队辞职”、境外投资者抛售中资银行股，国有四大行净利润增速几乎进入“零”时代，再加上“存款保险制度”和系统性重要银行的监管制度安排，让大型银行提前制定了“生前遗嘱”。昔日的赞誉转瞬间化为担忧与质疑——中国银行业到底怎么了？中国银行业的真实情况如何？经济下行是中国银行业面临的真实挑战吗？我们通过对这些问题的回答，来深入探索未来中国银行业的转型发展方向。

一、探寻真实的银行必须多角度观察

了解真实的中国银行业，不仅要用数据说话，还必须通过数据看变化。通过纵向历史的视角、横向即时的视角、纵向未来的视角，我们可以更全面了解真实的中国银行业。纵向观察：此银行已非彼银行，我们不能用彼银行时期的印象、标准、规律来判断现实的银行；横向比较：数据背后的真实地位是与国际领先银行相比，在管理基础、经营技术、风险文化等方面仍然存在较大差距，所以不要被短期财务指标领先、排名靠前所蒙蔽；展望未来：全球银行都在找方向，银行业分化是基本特征。

（一）全面进步的中国银行业

改革开放以后，中国银行业把握历史机遇，以《商业银行法》（1995年）为基础，推进“自主经营、自担风险、自负盈亏、自我约束”的商业化改革，剥离不良资产，引进战略投资者，实现股改上市，由此发生了脱胎换骨式的巨变和飞跃。第一，从“技术破产”边缘到拥有良好的资产质量和竞争力。截至2015年上半年末，工商银行、农业银行、中国银行、建设银行资本充足率分别达到14.17%、12.95%、13.69%、14.70%，不良贷款率已从高峰时的30%左右（一逾两呆口径）下降到2017年6月底的1.74%（五级分类口径）。主要大型银行的ROE、ROA均处于国际先进银行正常水平。第二，银行服务功能在广度和深度上不断延伸，从主要服务于国有企业和部分居民，到服务于各类企业和广大城乡居民。客户通过银行服务拥有的金融资产总量、获得的金融服务种类和数量越来越多。第三，从行政化走向市场化、商业化，改变过去分支机构"准法人"管理格局，强化统一法人管理并建立起现代公司治理体系。第四，银行经营意识和文化理念有了质的提升，逐步建立起服务意识、资本约束理念、成本意识、价值创造意识［经济增加值（EVA）、风险调整后收益（RAROC）］。第五，基础管理水平和技术手段不断提升，建立了较为完善的政策制度体系，依托计算机、网络、现代通信、数据库等现代IT技术，实现了银行业务经营管理手段、渠道、工具和机制的重大变革，培养了专业化的经营管理队伍。

（二）差距明显的中国银行业

在看到上述巨大进步的同时，更应看到，中国银行业在经营管理方面与国际先进银行相比还存在明显的差距。其一，政策制度"一刀切"，主要还是延续传统的红头文件管理模式，很多政策制度没有充分考虑市场的变化和不同地区差别。其二，业务流程粗线条，缺乏合理的分工和制衡，既存在交叉重叠的环节，也存在管理真空地带，很多不相容岗位职责没有分离，既不利于对客户的服务，也带来效率耗损和风险隐患。其三，技术工具仍相对落后，量化管理技术工具落后成为提升管理精细化程度的主要瓶颈。其四，信息数据基础薄弱，数据分散、缺失、标准不统一、利用不充分等问题还比较普遍。其五，创新能力不足，客户很多合理需求无法得到满足。其六，对系统性风险认识不足、管控能力不够。对于经济波动情景下银行资产组合风险的相关性、风险压力测试等，还缺乏深入研究，缺少风险识别、评估工具以及分散、缓释、转移等主动管理的机制。

（三）蜕变分化中的中国银行业

在相当长的时间里，中国银行业主要银行的发展态势呈现趋同的基本特征。但是，随着经济增速、经济运行方式、经济结构、银行制度、金融体制的剧变以及业态创新、同业竞争的加剧，中国银行业不再是铁板一块，分化将成为中国银行业最鲜明的特征。第一，由于风险偏好不同、资产配置结构不同，银行之间风险暴露不再同步，不同银行发展质量的差异将逐步显露出来，“水退去时，方知谁在裸泳”。第二，不同银行在不良资产处置、系统性风险防范、成本控制等领域的能力不同，策略选择也存在差异，同样的外部冲击造成的影响也将大相径庭。第三，当前的经济下行，既有周期性因素，更有结构性和趋势性因素。不同银行对这三个因素的应对，将决定不同银行在盈利能力、核心竞争力、可持续发展能力上的差异。以“重塑盈利能力，培育个性化的核心竞争能力，实现可持续发展”为目标的战略管理的价值开始凸显。洞悉挑战、战略分化成为银行间发展态势分化的起点。

二、银行不良资产风险暴露的压力判断

不良资产余额、不良率的水平及发展趋势，一直是评价商业银行资产质量进而衡量风险程度的关键指标之一。中国经济进入新常态后，关于中国银行业的风险程度问题受到很多的关注。

（一）不良压力巨大

自2011年第四季度开始，银行业不良贷款额持续上升，自2012年起不良率也出现反弹，2015年银行业不良率为1.67%，2016年不良率为1.74%。[①]总体来说，不良贷款风险暴露增加与经济增速趋缓造成的企业违约概率上升有关。从历史数据分析看，GDP增长率与银行不良贷款额增长间呈现明显的负相关，相关系数为-0.47（GDP增速下降1个百分点，不良率上升0.47个百分点）。特别是GDP从8%跌至7%以下的过程中，不良贷款额表现出逐步增长的趋势。

（二）压力尚可承受

2014年以来，银行业不良贷款不断增加，不良率持续攀升，引起一些评级机构和市场分析人士的担忧，考虑到庞大的银行业贷款总量，各种运用历史经验或者困难行业加总数据分析的悲观预测不断见诸媒体。有观点认为，随着不良贷款的持续攀升，商业银行将受到巨大冲击，部分银行将出现技术性破产甚至银行业整体将面临危机。我们认为，商业银行在经营过程中必然面临各种

---

① 中国银行业更详细的季度运行情况数据，可浏览中国银监会网站，www.cbrc.gov.cn。

风险，必然会形成一定的风险损失。其中，预期损失通过拨备和净利润来覆盖，而且二者此增彼减；非预期损失只能由资本来覆盖，资本水平超过非预期损失，表明有业务扩张空间，如果已经计提的拨备与净利润不足以覆盖预期损失，则只能消耗资本。一家银行一旦出现被迫用资本来核销风险损失的时候，就意味着面临较大的破产风险，而一旦资本消耗殆尽，原则上就是技术上破产了。因此，判断某一银行到底有多大的破产压力，可以先按照监管要求量化银行风险总量，再用预期损失与银行资本之间的距离来衡量。不难看出，这个安全距离是由已经计提的拨备和净利润决定的。距离越远压力越小，距离越近压力越大，如果距离为负值，则表明银行资本受到侵蚀，一旦资本消耗完毕，则表明银行处于技术破产状态。这是我们观察、分析银行破产压力大小以及是否能够承受的业务逻辑。

从 2015 年数据看，中国银行业整体的资本充足率、资本回报率、拨备覆盖率均处于国际先进银行水平，这是银行业承受较高不良贷款额度冲击的基础。

按照银行业目前的盈利状况和拨备保有水平，不仅有能力消化一些金额相对较大的个案风险，即便是在极端情景下不良贷款增加 2 倍左右，也不会出现侵蚀银行资本的情况。首先，依靠贷款损失准备金覆盖预期损失。理论上，在拨备覆盖率达到 100% 时，完全可以确保对不良贷款的风险覆盖而不会侵蚀资本。其次，如果已经计提的存量损失准备金还不足以覆盖新的不良贷款损失，还可利用目前的利润空间来抵补不良贷款损失。在现有盈利能力不变的条件下，若额外动用 50% 的净利润空间作为财务成本进行抵补（当前国内商业银行资产总额已超 150 万亿元，按 1.1% 的资产利润率计算，50% 净利润约合 8000 亿元），我国商业银行可容忍不良率可再增加一个百分点，达到 4% 左右。最后，若在极端情景下，需要采用 100% 水平的净利润空间抵补不良贷款损失（约合 1.6 万亿元），不良贷款率的容忍空间将在 5% 左右，仍然不需要动用资本来抵补损失。以上仅是保守估计，实际上，大部分不良贷款均存在一定比例的现金回收，在实际业务操作中已经计提的拨备大约可以覆盖 1.3 倍的不良贷款。

（三）问题不敢忽视

虽然经过商业化改革与发展，银行业资本充足，资产质量稳定，总体情况良好，但通过近期爆发的各种风险事件，也暴露出银行业风险内控方面存在着一系列亟待解决的问题。

一是一些银行的考核机制驱使分支机构过度关注短期利益。股份制改造强化了银行经营的利润导向，对提升银行业经营效益发挥了积极作用，也导致了部分银行在业务指标制定和绩效考核安排中过于强调速度、规模，对质量、效益的关注相对不足；过于注重短期利益，对风险滞后性的关注不够。这就助长了一些基层机构“冲时点”、抢份额的冲动，甚至办理一些“违反常识，违背逻辑”的业务。例如，有的基层机构为完成存款、中间业务收入任务，不惜默许甚至协助一些客户编造虚假资料，开立无真实贸易背景的票据。这种无视风险套取短期利润的行为一旦变成经营模式，就会形成业务发展中的“泡沫”，进而演变成巨大的风险损失。

二是在层级制下大中型银行分支机构的资产和业务规模快速扩张，管理能力难以适应。与股改前相比，银行业务规模、经营范围迅速扩大，管理复杂程度明显增加。但层级制管理模式几乎没有发生任何改变，一级分行被称为“小总行”，一些重要分支机构的经营管理能力对于银行的整体构成了举足轻重的影响。尤其是一些大型银行的部分一级分行的资产规模超过万亿元，有些二级分行的规模也超过千亿元，但其管理能力与其发展速度和资产规模相比很不匹配。比如温州、无锡地区的大型银行二级分行资产规模都在千亿元左右的水平，但管理架构与管理能力难以与如此庞大的资产规模相匹配，不仅自身的不良资产在行内居高不下，也对全行的资产质量产生重要影响。

三是分支机构的执行力参差不齐，整体内控亟待加强。国际金融危机之后银行业的风险暴露尽管与一些行业性因素相关，但风险事件呈现部分地区、少数机构的“点”状分布，同一银行内部不同分支机构之间在政策遵循程度和制度执行力方面存在较大差异，表明整体的内控能力亟待加强。从领先银行的实践上来看，风险内控的有效性既取决于先进的IT系统，也取决于垂直独立权威的风险内控体系是否健全。目前，大部分银行风险内控体系的垂直独立与权威性不足，多数银行也难以依托信息管理系统、业务处理系统实现风险信号实时监测和管理要求的刚性控制。分支机构的政策制度执行力参差不齐，总行监控、检查的及时性、有效性以及威慑力不尽如人意。

四是风险化解能力不足，不良资产处置技术亟待提高。保持银行业良好资产质量，既要靠风险管控来减少不良资产生成，又要靠有效“处置”来防止风险不断积累。20世纪80年代，日本银行业不良资产迅速增加，但其心存侥幸、拖延处置，结果付出了“失去的二十年”的惨痛代价。与此相反，也是20世纪90年代，美国爆发储贷协会危机，在政府主导下及时着手处置，有效控制不良资产传染，较快化解了系统性风险。与国际同业相比，我国银行业在不良资产处置上还面临一些不足。例如，我国法律对银行债权的保护力度不足，信贷违约后难以收取押品，法律程序冗长且判决常常不能有效执行；在不良资产核销方面受限制较多，不利于提高处置效率；银行信贷资产绝大多数一直持有到期，缺乏能够为信贷资产（包括不良资产）增强流动性的信贷二级市场，不利于通过金融体系分散转移风险。从实践看，一笔贷款从出险到处置完成平均期限均在两年以上，处置效率较低。一旦出现宏观经济剧烈波动，银行业风险暴露速度可能高于处置进度，没有得到及时处置的不良资产积累在银行体系内部，对保持银行业资产质量稳定造成不利影响。

（四）管控亟待强化

面对风险急剧暴露势头，亟须采取有力措施加强公司治理和内控机制建设，提高风险的识别、安排和化解能力，从源头上确保银行业资产质量稳定。

第一，进一步完善公司治理，优化绩效考核机制。积极借鉴金融稳定理事会（FSB）发布的监管指引要求，提高风险管理体系的独立性和权威性，以防止银行经营出现战略性偏差。同时，基于银行长期价值最大化考虑优化绩效考核机制，充分考虑银行风险的滞后性，减少对短期业绩指标的关注，将风险调整后的回报率等指标作为绩效考核的核心内容。

第二，加强银行体系内部的垂直管理和监督检查机制建设。要想最大限度降低层级管理体制下分支机构有选择地执行总行政策制度的内部控制风险，必须在一家银行内部统一风险偏好，建立风险管理垂直报告路径，提高风险识别与处置的及时性和有效性，充分运用授权、考核、检查、机控等手段，加强政策制度的纵向执行力，有效贯彻统一法人意志。此外，在业务流程、工作机制和岗位职责的设计上还应充分考虑不相容岗位的相互制衡，最大限度控制操作风险。

第三，强化IT系统的风险识别与管控能力。面向客户端和交易对手的任何业务，都必须通过IT系统实现；银行IT系统建设既要考虑业务处理效率的需要，也要高度重视风险内控需求，将政策制度、业务流程、远程监测、参数管控、信号预警、风险评估等管理要素嵌入信息系统，提高风险实时监测和管理控制能力。

第四，创新风险资产处置方法，提高处置有效性。一是建立信贷二级市场。无论是好资产，还是坏资产，都可以通过信贷二级市场进行交易，以此提高银行信贷资产的流动性，改变简单持有到期的传统经营模式，为提高银行组合管理能力提供条件。二是赋予银行核销不良资产的自主权，同时在银行集团内部构建“好银行”与“坏银行”的经营机制，及时地将“坏资产”从银行资产负债表中清理出去，由专业人员在专业“坏银行”机构里进行专门管理，以提升不良资产价值和提高处置效率。也可以考虑通过内部“撇账”的方式，将满足一定条件的不良贷款移交给“坏银行”实施专业化处置。风险有效化解后，还可以再移交回“好银行”经营。三是引进欧美等国家和地区惯用的抵押品“止赎”机制。发生信贷违约事件后，银行无须通过法律诉讼程序即可取得押品，以提高押品处置效率，有效缓解诉讼难、判决难、执行难的困境，加大法律对债权人合法权益的保护。四是阶段性允许银行通过剥离不良资产、债转股等方式开展债务重组。这种政策措施在经济下行期和经济结构转换时期具有重要现实策略意义和深远的发展战略意义。

三、银行业的真正挑战来自于自身能力

2014 年以来，中国银行业盈利能力、资产质量开始持续恶化，市场充斥担忧情绪。中国银行业面临的真正的挑战在于：（1）过于庞大，挑战管理者的驾驭能力；（2）业务与组织结构日趋复杂，考验银行监管能力；（3）银行高度趋同、相关性过高，对于如何在宏观上预警、应对系统性风险提出了现实要求；（4）过于官僚化的国有银行管理文化，阻碍银行专业化能力提升。

（一）规模思维

规模挑战指的是以规模为导向的逻辑循环给中国银行业带来的深层次问题。

1. 以规模为导向的发展方式为经济下行期的困境埋下伏笔

由于利率管制，规模扩张就等同于盈利的增长，规模扩张就成为中国银行业的第一要务，由此也带来很多问题。一是致使大量资源投向非核心业务，银行业务的单位绩效下降。二是容易带来成本中心的膨胀，冗员沉积，人浮于事。三是容易带来组织职能的混乱与冲突，冲击银行的运行效率。四是削弱了培育风险识别、利率定价等内涵性能力的动力。五是一些机构为了释放市场规

模、追求短期财务表现，悄然降低风险底线，改变风险偏好。六是风险资产的无序扩张加大了对资本的消耗。

2. 庞大的银行规模加大了经济下行期管理和调整效率

经济周期风险多孕育于经济发展的繁荣期，银行经营一般要早于经济景气转折前进行调整，而一旦经济下行期延拓发展，相应调整力度就需要逐步加大。但庞大的规模往往异化银行的行为，使银行体系“不作为”“假作为”“难作为”。一是官僚主义“不作为”。庞大的规模使行政成为组织运行的基本形式，权力成为组织内部的价值载体，银行的企业属性弱化。二是形式主义“假作为”。庞大的企业规模滋生以文牍主义为特征的形式主义，以文件贯彻文件，以大量务虚的非核心职能工作占据本职工作时间。三是尾大不掉“难作为”。庞大的体系和规模、冗长的层级链条使横向体系庞杂、纵向管理层级高耸，组织间行事相互掣肘，管理信号失真，市场响应速率下降，风险管理失控。

（二）结构同质

结构挑战指的是经营定位同质化给中国银行业带来的深层次问题。

1. 业务相似，结构趋同，经营定位高度同质化

各家银行仍然以传统存贷款业务为主，中长期信用特征仍然明显，能源重化工、基建、房地产、金融是关键业务领域，中心城市、大型公司类客户是资源配置的重点。除个别银行外，国内各主要银行专业特色不明显，四大国有控股银行的传统专业特色日益削弱。几乎相同的经营定位导致银行业具有雷同的业务模式、同质化的盈利模式和相近的服务水平。

2. 经济上行期使得经营定位同质化的银行具备生存发展的空间

进入 21 世纪，中国形成了以城市化为主线的经济运行逻辑，投资的自循环是其基本特征。地方土地财政与融资投入到大中城市基础设施建设中，而基础设施建设差异则造就了地区、城乡级差地租的扩大；级差地租的不断扩大为房地产价格膨胀提供了客观基础，而房地产价格的上涨又为地方政府土地财政与融资提供条件；基建投资和房地产投资又带来能源重化工产业的投资膨胀。上述体系的不断循环和强化造就了中国过去十多年的经济繁荣，也为中国银行业带来相应的金融服务需求。同时，经济超高速增长所带来的增量市场膨胀掩盖了各银行间在存量市场上的竞争关系，也弱化了对银行专业能力的要求，经营定位领域的战略管理也似乎变得无足轻重。

3. 经营定位同质化在经济下行期致使银行业风险积聚、竞争加剧、盈利遭受挤压

投资的自循环造就了经济的繁荣，但随着房地产市场供求关系的转变以及地方政府债务的积累，上述逻辑就变得不可持续，在几个关键节点孕育着风险：一是居于逻辑循环中心的房地产下行调整；二是能源重化工产业产能过剩；三是地方政府融资平台和地方政府债务。由于经营定位高度趋同、相关性过高，中国银行业面临的挑战就更为突出。不仅如此，高度集中于投资信用的业务结构在经济运行周期调整中，使银行业由过去的最大化获利变成受负面影响最深。另外，随着经济景气转入下行期，市场增长放缓，同业竞争开始激化。不良暴露、需求结构调整、竞争加剧，几种因素相叠加，使重新构建盈利能力成为中国银行业面临的巨大挑战。

（三）新金融挑战

新的金融形态挑战指的是互联网金融给中国银行业经营业态带来的深远影响。

1. 第三方支付、互联网银行、其他互联网金融是新型业态的主要形式

第三方支付是最早、最为成熟的互联网金融形态，其发展有两个主线：一是第三方支付不断深化支付业务的深度，占据网络支付的大块市场，并积极开拓线下移动支付市场；二是第三方支付在支付业务基础上不断扩展衍生业务功能，蚕食跨行电子转账、互联网理财等市场，逐步银行化和银联化。中国人民银行《支付机构网络支付业务管理办法（征求意见稿）》明确了第三方支付回归支付业务本源的定位。但新政对主要第三方支付的影响有限，因为主要第三方支付已经完成转型升级，互联网银行就是方向。以腾讯微众银行、阿里巴巴网商银行为代表的互联网银行是另一种互联网金融形态，它直接对传统银行的经营模式和服务方式产生影响。成熟的互联网银行，一般应该具备几个基本元素：远程开户，在线服务，基于大数据的风险管理和精准营销。目前远程开户并未完全实现，微众等银行的运作也刚刚开始，成熟的互联网银行还在探索和发展之中。另外，P2P、众筹等其他互联网金融业态发展也很迅速，尽管行业里鱼龙混杂，但监管正不断完善，相关业态将逐步走向正轨。

2. 嵌入社会生活、生产环节，全程在线服务，基于大数据的风险管理和精准营销是新型业态的基本特征

一是互联网金融将金融服务嵌入互联网便民服务、互联网社会管理、电子

商务以及虚拟社交平台之中，实现金融服务的泛在性和增值性。二是实现开户、在线申请、在线审批全流程互联网化。三是依托便民服务、社会管理、电子商务、虚拟社交积聚的客户交易数据，实现风险管理技术和模式创新。四是通过大数据管理，针对特定客户，实现金融服务的主动精准推送。

3. 互联网金融用业态创新启动了长尾市场，创造了新的业务蓝海

互联网金融的服务对象主要是个人和小微企业，相对于传统银行的经营体系，互联网金融的主要客户具有长尾特征。对于传统银行来说，长尾市场既缺乏足够的吸引力，也缺乏开发相关市场的能力。但互联网金融通过创新，将相关市场改造为极具潜力的蓝海市场。其一，互联网金融用互联网平台（便民服务、电子商务、虚拟社交等）将零散客户加以聚合；其二，用“小额”“短期”“无抵押”等服务产品迎合零散客户的便利性需求；其三，用在线服务解决“长尾客户”服务成本过高问题；其四，用互联网平台的大数据管理辅以“小额”和“短期”所实现的大数效应来降低风险，解决个人和小微企业财务信号失真、缺乏抵押的问题。

在经济金融环境发生深刻变化、经济下行压力不断加大的形势下，银行面临严峻挑战，同时也迎来了很多机遇，这对银行管理者的驾驭能力、银行专业化能力、银行的抗风险能力提出了进一步要求。“明者因时而变，知者随事而制”，面对困惑，商业银行只有深化变革，加快转型创新的步伐，深刻理解真正意义上的商业银行，拓展“肥尾客户”市场，敏锐把握优质客户需求、跨界经营的必要与正确方向，启动全面深化商业银行改革，回归商业化和专业化，方能更好地实现可持续发展，真正成为具有跨国竞争力的国际一流银行，在挑战中实现转型，在变革中实现涅槃。

附1　股改以来大型银行风险管理的进展[①]

2005年10月，建设银行在香港上市，拉开了国有大型银行股份制改革的序幕。五年来，国有大型银行的风险管理体系发生了脱胎换骨式的变化，面貌焕然一新，促进了银行核心竞争力的提升以及各项业务的跨越式发展，并成功经受住国际金融危机的考验，赢得了国际银行同业的尊重。在诸多变化中，笔

① 原文刊载于《中国金融》，2010（14）。

者认为有几个方面突出亮点：

亮点一：先进风险文化的形成和银行软实力的提升

文化体现一个企业的软实力。现代银行作为经营风险的企业，风险文化是银行企业文化的基本范畴，是银行软实力的重要体现。股改以来国有大型银行风险管理体系的发展创新历程，实际上也是先进风险文化形成的过程。建立现代银行风险管理架构，实现从“形似”向“神似”的超越，风险文化是内在驱动因素。

——从被动的风险规避向积极主动的风险经营转变。在重组改制之前，不良贷款是长期困扰国有大型银行的难题，因此，风险管理重点主要是消化不良贷款，通过规避风险来减少损失。在特定历史背景下，这种风险文化取向以及相应的管理策略为控制不良贷款增长、提高资产质量做出了重要贡献，但客观上也带来业务经营和风险管理相脱节的矛盾。股改后，随着对现代银行经营规律认识的深入以及市场化机制的建立，国有大型银行对风险的认知发生了根本性转变，意识到“风险”不等同于“损失”，而是银行价值创造的源泉，只有做到主动选择、合理承担、科学安排风险，才能实现银行的利润增长和可持续发展。积极主动的风险经营理念主要体现在以下方面：一是风险管理原动力来自银行内部，其出发点和终极目标是价值创造；二是追求风险调整后的收益最大化，而不是风险最小化，强调风险收益的平衡；三是突出风险偏好为核心的风险管理战略导向，在统一风险偏好指引下，按照“能够承担、擅长管理、可以获利”的原则主动选择经营对象（目标风险）；四是从过去被动“持有”、事后处置转向积极主动的风险安排（包括风险定价、风险转移、风险对冲、风险分散等），丰富风险应对手段，增强价值创造能力。

——风险管理从内控导向转向“以客户为中心”。过去银行更多的是从内部控制的角度出发来考虑和设计风险管理制度、流程和解决方案，“风险控制”是风险管理的主要内容，这在一定程度上忽视了客户体验，也难以满足客户多样化的金融需求。股改以来，国有大型银行逐步树立了“以客户为中心”的风险管理理念，注重客户端分析和风险识别，强调对客户风险的把握，注重将风险管理措施有机融入客户服务方案中，在为客户创造价值的同时，实现银行风险管控和价值创造的目标。

——确立现代银行资本约束理念。过去国内银行业基本上没有资本约束、资本消耗的概念（在不良贷款剥离和国家注资前，有相当长一段时间内国有银行处于事实上的“无本经营”状态)。重组改制之后，资本的概念得到确立，银行在开展业务过程中开始考虑资本消耗因素、资本承受能力。具体地说，在整体把握上，有多少资本做多大的事情；在具体管理中，开展任何涉及风险的业务都要考虑资本消耗的问题，在资源配置、业务计划、客户营销、风险管控、绩效考核等方面体现资本约束的要求。

——形成“全员参与”的风险文化和共同价值观。过去风险管理往往被认为只是风险管理部门的事情，风险管理与业务发展很大程度上是割裂（乃至对立）的。股改以来，“全员参与”的风险理念逐步成为共识，前中后所有员工在流程各个环节和岗位上都负有相应的风险管理责任，风险管理不再是某些部门或者某些人的事情。“全员参与”有力促进了前中后台风险共识以及共同价值观的形成，形成风险管理合力，大大提升风险管理的有效性。

亮点二：风险管理架构的完善和“三道防线”的确立

银行是经营风险的企业，其风险管理架构既是公司治理的重要内容，也是开展风险经营的组织载体。股改以来，各大型银行迅速建立起了规范的现代公司治理和风险管理架构，形成了“三道防线”的风险管控机制。

——完善现代银行公司治理结构。在公司治理层面明确董事会、管理层、监事会在银行风险管理中的责任，建立有效制衡和监督机制，形成独立垂直的内部审计体系；健全风险信息披露制度，增强透明度，主动接受外部监督。良好的公司治理为银行整体风险管理架构的确立奠定了坚实基础。

——形成垂直集中的风险管理体制。股改之后国内大型银行普遍建立起垂直集中的风险管理体制，打破传统层级管理模式下的条块分割格局，拉直风险报告线路，整合风险管理资源。垂直集中的风险体制契合现代银行风险管理的内在规律，确保了整个银行风险偏好的统一，以及风险政策、风险信息的顺畅高效传导，提升了整体风险管控力。

——确立以“三道防线”为主体的全面风险管理机制。近年来，国内大型银行普遍建立了风险管理“三道防线”。前台经营部门作为第一道防线，负责具体的风险识别、承担和安排；中台风险管理相关部门（包括风险管理、信贷审批、法律合规等部门）作为第二道防线，负责风险政策制定以及风险监测和管控；内部审计等部门作为第三道防线，负责对风险管理有效性的独立审计，履行再监督职能。银行以“三道防线”为主体，形成分工协作、有效制衡的全面风险机制，实现了风险的全流程、全方位的管理。

亮点三：风险管理基础的强化与专业化建设的推进

与国际先进银行相比，国内银行普遍存在风险管理基础薄弱、专业化水平低下等突出问题。股改以来，各大型银行投入了大量的资源，加快推进技术工具、政策制度、业务流程、数据仓库等方面的基础建设以及风险管理专业队伍的培养，夯实银行可持续发展的基础。

——技术工具的研发。近年来，国内大型银行加快了风险管理技术工具的开发和IT系统建设，通过深化运用转化为生产力。例如，开发了覆盖各类客户的信用风险评级模型和配套系统，引入了经济资本、经济增加值（EVA）、风险调整后回报（RAROC）等先进计量工具，完善了风险限额（如客户风险限额、行业风险限额）等组合管理工具，建立了风险压力测试体系，等等。风险管理技术工具已经广泛运用到银行风险偏好、综合计划、绩效考核、信贷政策、风险定价、信贷审批、风险分类、风险监控预警等各个领域，为银行经营管理决策提供有力支持。

——政策制度的完善。通过系统的梳理和完善，国内大型银行逐步建立健全了覆盖信用风险、市场风险、操作风险、流动性风险、法律风险、声誉风险等各类风险的政策和制度体系，规范业务管理，明确风险边界。有的银行还将相关管理政策制度内嵌到业务系统中，通过IT的刚性约束，最大限度杜绝过去常见的“打擦边球”“闯红灯”等有章不循的现象，大大增强了风险管控力和政策执行力。

——业务流程的优化。近年来，国内大型银行非常重视流程银行的建设，有的银行还引入六西格玛、精益管理等先进技术实施流程再造，取得了显著成效。立足于客户需求梳理优化业务流程，将风险管理有机融入业务流程中，提高流程效率和风险管控效力。例如，通过在信贷流程中建立“平行作业”机制，客户经理和风险经理同时从不同的角度对风险进行审视和管控，在确保风险管控效果的基础上大大提升了流程效率。

——数据管理的强化。数据质量不高、管理基础薄弱是长期以来国内银行面临的共同问题。股改后各大型银行针对薄弱环节，加快整合数据资源，建设数据仓库，规范数据质量管理，建立专业化数据集市。有的银行还基于渠道整合、客户管理、产品服务与业务操作、管理决策、应用环境五个层级，建立架构合理、便捷高效、功能集成的数据平台，为业务经营和风险管理（特别是风险计量）打下良好的基础。

——专业队伍的培养。近年来，国有大型银行高度注重风险管理专业人才培养和梯队建设，培养了一大批风险管理、信贷审批、研究分析以及计量技术专家，建立了不同层次、不同业务领域的专家团队或专家库，形成相对稳定的风险管理专业化团队。同时，国内大型银行在与境外战略投资者合作的过程中，通过组建项目团队、跟岗培训、经验分享等途径，实现知识转移，培养银行亟须的专业技术人才。

亮点四：全面风险管理能力的打造与核心竞争力的提升

风险管理文化理念、体制机制、基础管理的进步，有力促进国内大型银行全面风险管理能力和核心竞争力实现质的提升。

——风险识别能力。识别风险是有效管理风险的前提。过去国内银行往往对自身开展业务所承担的风险缺乏准确、前瞻的认知，有的甚至在形成损失后才意识到风险。近年来，国内大型银行风险识别能力有了明显提高。例如，实现从事后报告向事前主动挖掘风险信号转变，识别风险源并做出甄别判断，揭示客户潜在风险，及时发现风险变化。

——风险计量能力。对于现代银行来说，风险无法计量往往意味着无法做到有效管理。以往国内银行的风险管理基本依赖专家经验判断，风险计量基本上是空白。近年来，国内大型银行通过积极借鉴国际领先银行的实践经验，立足于自主研发，基于自身积累的数据，初步建立了一整套风险计量体系，在信用风险、市场风险等关键领域实现了计量技术与专家经验的有机结合，大大提升了风险管理的科学性和有效性。

——风险选择能力。对风险的取舍直接体现一家银行的管理水平和风险偏好。近年来，国内大型银行基于股东意愿、资本实力、监管要求、发展战略、业务特长等因素，逐渐形成了自身的风险偏好，包括愿意承担的风险总量、种类、结构以及目标风险轮廓等；同时，基于风险偏好和发展战略，建立了包括行业、区域、产品、客户等多维度信贷政策体系，厘清风险边界，明确风险选择的标准。

——风险安排能力。风险安排是银行根据一定的标准吸收风险并将其内部化的过程。风险安排是银行实现价值创造的过程，是风险管理的核心。近年来，国内大型银行主动安排风险的意识和能力都有了显著提升。银行根据不同类型风险的不同特征，采取不同的管理策略、交易结构，利用风险转移、风险补偿、风险缓释和风险对冲等一系列机制和手段，主动安排风险并由此获取风险溢价。

——组合管理能力。长期以来中国银行业风险管理主要针对单一客户/单笔交易的风险。实际上，银行资产组合的风险并不是每一笔资产风险的简单相加。在相关性、分散化、风险对冲、转化等多种因素作用下，以单一风险加总的视角已经无法解释组合风险的性质和大小。近年来，国内大型银行在组合风险管理方面开展了卓有成效的探索，积极运用计量工具进行组合相关性分析，通过信贷结构调整、资产转让、证券化等手段主动调整组合结构，提高整体资产组合的抗风险能力以及风险调整后资本回报水平。

思考：存在的差距和未来发展方向

虽然国内大型银行的风险管理有了长足进步，但是与国际一流银行相比，在很多方面还存在明显差距。例如在表外业务方面，目前国内银行的风险管控能力明显滞后于表外业务的发展，还存在管理不规范、风险敞口计量不准确，管控手段缺乏等问题。再如海外机构风险管理，目前主要还是依靠属地监管以及自我约束，基本上游离于银行整体风险管理体系之外，管理基础薄弱，与国际化大银行的地位不相匹配。另外，在并表管理方面，近年来国内大型银行相继组建了包括投资银行、租赁、信托、基金、保险、村镇银行等多种类型的附属机构，这些新设机构风险差异较大，且容易造成跨行业、跨境的风险传播，银行集团层面的并表管理亟待加强。此外，在内控体系建设方面，虽然近几年大型银行取得显著进展，但是内部操作风险和案件仍时有发生，发案环节大多集中在一些基础流程环节，表明银行内控体系尚不健全。针对上述薄弱环节以及新形势下银行风险管理面临的新问题新挑战，各大型银行正在不断深化改革、推进创新、补齐“短板”，全面提升银行的风险管理能力。

值得关注的是，近年来国内各大型银行都开始着手准备实施《巴塞尔协议Ⅱ》（Basel Ⅱ）的相关工作。这不仅仅是为了满足监管要求，更是银行自身风险管理的需要。《巴塞尔协议Ⅱ》不仅对信用、市场、操作风险提出了全面管理的制度安排和技术路径，还对流动性风险、集中度风险、结算风险、战略风险，以及银行账户利率风险、交易账户信用风险等银行面临的主要风险类型也都给出了相应的管理措施（国际金融危机之后巴塞尔委员会又发布了一系列优化完善的文件，对风险管理相关薄弱环节进行了针对性完善）。总的来看，《巴塞尔协议Ⅱ》可以说是现代银行全面风险管理体系建设的规划图，实施新资本协议是国内大型银行推进全面风险管理体系建设的一条很好的路径，只要立足于自身实际掌握好、运用好，可以少走很多弯路。应该说，以实施《巴塞尔协议Ⅱ》为契机推进全面风险管理体系建设，是国内大型银行风险管理下一步的发展方向。

附2　中国经济趋势与银行业面临的挑战

虽然面临下行压力，但中国经济增速始终稳定在合理区间内。市场力量逐步增强，经济增长方式持续转换，产业结构进一步优化，一系列有利条件将支撑中国经济实现平稳运行。经济增速换挡，经济结构、发展质量、增长动能等各方面均在深化调整，中国经济已经升级。杭州G20会议达成的一系列共识，进一步描绘和阐释了中国经济"新常态"若干内涵，从中足可洞见中国经济增长趋势和变革方向。有理由相信，经济增长新通道正在形成。中国银行业将面临全新的经营环境，挑战与机遇并存，应该抓住时间窗口，顺势而为，主动调整转型。

一、经济增速的挑战

经历了上行期和震荡期后，中国经济未来一段时期内将在6%～7%的增长通道横向运行。增速换挡回落，将对银行既有的资产质量管控机制和盈利模式形成挑战。

2008年的国际金融危机之后，中国经济告别了持续多年的高增长，经过短暂剧烈波动（2008～2011年），于2012年跌破8%的"新世纪的习惯保底线"后，进入7%～8%的横向通道，2015年进一步压迫7%的"社会心理底线"，显示出中国经济确实存在较大下行压力。然而，通过对中国进入21世纪以来经济增长轨迹进行分析，可以发现经济运行已经呈现出一些基础性变化，经济结构转型与增长方式转换成效已然显现。从结构上看，产能过剩、高污染、高能耗行业和低端制造业等增长趋缓甚至萎缩，计算机通信行业、再生资源利用、核电行业和高铁等高端制造业增长速度多年来持续超过GDP增速。传统产业和新兴产业此消彼长，意味着新旧增长动力正在逐步转换，新常态下经济运行的重要特征已然显现。在稳增长和调结构的总体政策取向下，可以预期未来将进一步强化市场机制，着力通过深化改革、推进结构调整和产业升级、大力发展中高端制造业，提升整体经济水平。未来几年，中国经济增长将会围绕7%线横向运行，中国经济增长已经步入新的轨道。

漫长的经济调整期必然反映在银行的经营上，对依靠经济增速的盈利模式、资产质量管控机制形成较大压力。相关性分析显示，中国大型银行的盈利水平、资产质量与GDP增速高度相关。经济环境变化是决定客户违约率的最重要变量，银行的资产质量与宏观经济呈负相关。经济较长时期运行在6%~7%的增长通道，银行不良资产率预计也会在2%~3%区间。随着经济增速下行，从2014年开始，银行业资产质量出现持续恶化，不良率开始反弹，2015年迹象更加明显，2016年以来不良贷款反弹的压力进一步加大。在资产质量恶化的同时，关注类贷款占比、拨备覆盖率等资产质量相关性较大的指标也在同步恶化。不良率在上升、不良额在增加、拨备覆盖率在下降，侵蚀银行业利润和内源性资本再生能力，导致银行吸收风险能力下降。不良贷款已经成为困扰、阻碍银行业发展的一个重要因素。

在新常态环境下，传统产业/行业增长内生动力不强，新兴行业尚在襁褓之中，社会总体投资和融资需求弱，压迫利率低位运行，同时利率市场化和金融脱媒也将进一步压迫银行利差。进入2016年，收益率曲线“四低”（收益率绝对水平、期限利差、信用利差、息差）状态依旧，银行提升资产回报的难点和痛点仍在。中短期趋势上，信用风险仍处于上升期，高杠杆和债务压力倒逼利率保持低位，决定无风险利率下行趋势尚未逆转，长期市场利率抬升概率较小，息差收窄也是必然趋势，银行业整体出现了“增产不增收”的情况。长期看，在利率市场化不断加快的趋势下，利差不断缩小将会对银行利润增速带来严重影响。未来收入靠什么来支撑，也将是银行面临的一大困惑。

二、产业结构的挑战

产业结构调整转型进一步加快，经济结构升级态势明显，此消彼长之间，对银行存量风险退出机制和增量机遇把握能力提出挑战。伴随着经济进入中速增长轨道，中国经济运行各领域都在发生深刻变化，传统产业和新兴产业此消彼长，中国产业已经迎来大变局。

第一，从三大产业比较看，第三产业投资增速持续快速增长，对GDP的贡献率已超第二产业，经济转型升级的成效显现。2015年，第三产业增加值占国内生产总值比重达到50.5%，比上年提高2.4个百分点，高于第二产业10个百分点。2016年以来第三产业投资继续保持快速增长势头，1~7月第三产业投资增速10.87%，比第二产业高7.3个百分点。特别是高技术服务业、科教文卫等领域投资保持良好的增长态势。

第二，从工业内部看，高技术相关产业逐渐成为经济增长新动力，制造业从中低端向中高端转型升级速度加快，表明产业结构升级步伐已经启动。2015年高技术制造业增加值增速大幅高于整体工业增加值增速，计算机、通信设备制造等高技术企业利润快速增长，反映出产业结构调整的趋势。2016年高技术投资增速进一步加快，在全部工业投资的比重较上年同期上升0.7个百分点。

第三，六大高耗能行业投资增速继续回落，高能耗及产能过剩行业微观指标低位运行。钢材、水泥、平板玻璃产量增速持续下滑，部分增速由正转负，产能过剩行业持续处在去库存的过程中。纺织、鞋帽类产品出口下行，传统劳动密集型产业出口增速放缓，显示了我国低端产业产能过剩，说明经济转型还将持续。

处于经济升级环境下的银行业，将同时面临存量风险如何处置、增量机遇如何把握问题，机遇与挑战并存，选择压力前所未有。一方面，未来几年中国经济会面临更为沉重的去产能、去杠杆、提高经济效率的中期挑战，过程中银行业不良资产还将有一定幅度的上升。在经济增速下行和内外需收缩的压力下，产能过剩行业的信用风险正在加速暴露。虽然近年来各银行从产能过剩行业退出的力度在不断加大，但化解长期积累形成的过剩产能难以一蹴而就，不少银行已陷入进退两难的境地。常用的“疏堵结合”下，“堵”虽然阻止了信贷资金流向产能过剩行业，但资金链的断裂很可能导致过剩行业的信贷风险大面积爆发。银行在监管规则和灵活处理产能过剩行业信贷方面的操作空间不断缩小。另一方面，高端装备制造业、高科技行业持续快速发展，在GDP增速中占比不断提升。高端装备制造业以高科技为引领，处于价值链高端和产业链的核心环节，决定着整个产业链综合竞争力的战略性新型产业，是现代产业体系的脊梁和推动工业转型升级的引擎。能否把握这些新兴行业规律与趋势、理解其中的特殊金融需求、是否有能力提供相应的金融服务，对银行寻找新的业绩支撑和长远竞争优势至关重要。当前，国内金融开发技术较低，金融工具和品种单调，缺乏自主创新能力，利用金融创新获取利润和占领市场主动权的能力较差。要适应经济转型升级趋势，银行需要深化客户关系管理内涵，把握行业技术变革趋势，提升客户全生命周期的金融服务能力。

三、发展模式的挑战

经济增长日益向内涵式发展转型，与经济发展质量紧密关联的民生、社保、医疗、环保等方面取得显著进步。银行在面临业务蓝海的同时，也要面对绿色金融提出的新挑战。

从发展内涵看，当前7%增速的内涵和质量与以往不可同日而语。从单位GDP能耗看，2011年以来，我国能源利用效率不断提高，单位GDP能耗持续下降，表明我国经济发展产业结构优化，节能降耗工作取得新进展，经济增长方式开始向内涵式发展转型。从社会经济质量看，现在7%增速产生的发展质量比过去要高得多，社保、医疗、自然资源、产业结构等方面都在优化。2013年以来民生领域的财政支出增速逐年提高，社会保障覆盖人群进一步扩大，大气主要污染物排放和江河流域污染状况出现好转势头，74个重点城市空气达标天数明显上升。从社会财富或实物经济的角度看，7%的增速也产生了更大效益。虽然经济增速从10%以上下降到7%以下的水平，但由于产业结构优化，就业水平、居民收入水平都没有受到影响，城镇就业率稳步提升，居民收入水平快速提高，社会财富积累效应增加得更快。从统计局公布的数据看，城镇居民的不动产、金融资产规模在快速扩大。以同等口径分析，当前居民财富的积累速度比过去还要高一些。最近几年我国的社会消费品零售总额增长率基本保持稳定且一直处于上升趋势。2014年社会消费品零售总额超过25万亿元，是2003年的5倍，比2009年翻了一番。居民人均可支配收入也是快速增长，从2008年国际金融危机前的15781元增长到2014年的28844元。国际金融危机后，全球主要经济体没有一个国家居民人均可支配收入像中国这样快速增长。

作为一个正处于深化进程的新兴市场，中国市场深化所带来的银行发展红利刚刚开始释放，后续势头还很强劲。特别是与经济发展质量密切相关的养老市场、医疗市场、教育与文化市场、体育与旅游市场等都是刚刚开始形成，距离市场的深化、成熟还差得很远。居民人均可支配收入快速增长给银行提供了充足的、大量的市场机会。医疗与养老、休闲与体育、教育与培训等民生领域金融服务需求巨大，但传统银行业的“存、贷、汇”业务难以适应，创新与转型事关银行的生存与发展。

在教育市场方面，2012 年全国教育经费收入达到 27696 亿元，年新增额超过 3800 亿元。中国还是全球最大的培训市场，基于自身劳动技能提升的需求，白领教育投入、农民工教育投入大幅增长，在这方面投入的趋势、速度远远大于、快于、高于对子女教育的投入。中国教育这一巨大的市场已经引起了国际投资人的关注。美国很多银行，与教育相关的业务收入在整个业务结构中占着非常重要的比重，而我们现在占的比重很小。从国际发展规律看，我们必须要关注教育市场。

在养老市场方面，中国现在年龄超过 60 岁的老人已达到 2.6 亿人，预计到 2025 年可能要超过 4 亿人。中国的养老模式是政府、社会、家庭共同养老，家庭养老占主要地位。我国有大量的白领阶层，中等收入阶层都会为自己的养老准备大量的财产。2025 年，如果我们养老人口达到 4 亿人，每个人准备 100 万元养老金，这就是 400 万亿元的养老市场。即使每人准备 50 万元养老金，也是 200 万亿元的市场。美国、欧洲大的银行都把养老市场作为重要的业务市场。

在旅游市场方面，近几年居民旅游花费开始快速增加，2014 年出国消费 1 万多亿元人民币，人均旅游花费超过 840 元，是 2000 年的 2 倍多。未来中国的旅游市场还会进一步发展，由过去的简单旅游向度假方式发展。根据国际经验，旅游市场是和金融服务密切相关的，国内银行业为旅游业提供的服务无论是从数量上还是从质量上看都有巨大提升空间。中国经济正进入结构调整期，向绿色经济转型，在开拓和深耕上述各项业务“蓝海”时，银行必须确立绿色信贷理念，兼顾市场竞争与社会责任，促进节能减排，支持大气污染防治、水源保护等重大生态工程建设。据估算，中国未来预计每年需要约 2 万亿元规模的绿色投资，用于支持中国可持续发展的经济结构转型，而财政最多只能提供 15% 的资金，85% 以上绿色投资需要民间投资资金的补给。绿色金融旨在运用金融手段推动绿色投资，建立绿色金融体系势在必行。

四、发展趋势的挑战

经济增长动能转换，对银行长期以来的信贷偏好和客户选择形成挑战。

国际金融危机以来，中国经济在经历了短暂的剧烈波动之后从2012年步入6.5%~8.5%的增长通道，经济增长动能也发生了较大变化。从供给侧来看，服务业在国民经济中占比持续攀升，成为推动经济增长新引擎。观察第一、第二、第三次产业对GDP的拉动及贡献率，近年来工业对于GDP的正向影响力正在逐渐减弱。2012年第一季度工业拉动GDP 3.9个百分点，对GDP的贡献率达到48.8%；2015年第四季度工业拉动GDP下降2.1个百分点，对GDP的贡献率下降到30.4%。与此同时，服务业对GDP的贡献不断上升。2012年至2015年，服务业对GDP的拉动增长了0.4个百分点，服务业对GDP的贡献率增长了12.5个百分点。从需求侧来看，最终消费支出对GDP的贡献率持续高于投资和净出口。近年来，"三驾马车"中投资与出口对经济的贡献度逐年下降，消费逐渐成为推动经济增长的最大动力。未来中国消费市场具有广阔的发展空间，消费增长潜力巨大。近年来，中国一线城市居民消费需求结构已接近发达国家水平，二线和三线城市居民的消费偏好正向一线城市靠拢，农村居民消费需求结构也日益城市化。居民消费支出已经由生活必需品为主向半生活必需品和非生活必需品转移，居民消费结构持续升级。消费结构升级是迈向消费驱动型经济模式的关键，中国消费结构变化数据显示了消费驱动力具有可持续性。

"服务+消费+创新"三维驱动的经济增长模式已初见端倪。经济动能转换意味着中国银行业将面临与西方商业银行日益相似的经营环境，下一步小企业必将"登堂入室"成为银行主要客户群。一方面，多数大型企业特别是制造业企业的扩展已达临界水平，未来企业盈利能力和竞争力提升的主要路径是产业技术升级，长期看技术水平对企业经营竞争能力和信用风险的影响将趋于上升，规模因素的影响将显著弱化，相应将大大减少对银行信贷资金的需求。同时，随着直接融资市场的发育壮大，大型公司客户日益转向资本市场，进一步降低对银行信贷资金的依赖度。另一方面，从发达国家转型升级的路径看，"小企业"日益与"大企业"协调发展，经济越发达，小企业对大企业的支持力度越大，小企业的地位越重要；经济越成熟，小企业的基础也越稳固。居民最终消费需求具有“小额”“分散”和“个性化”特点，这些需求特点与小企业供给优势天然吻合，成熟的消费驱动型经济模式是小微企业经济地位的坚实基础。国际大型银行高度重视小企业业务的发展，数据显示，摩根大通、美国银行、花旗银行、富国银行四大行的总资产占美国7000多家银行总资产的45%，其小企业贷款余额占全美银行的37%；西班牙桑坦德银行的小企业贷款占全部贷款的24%，利息收入占比为33%，手续费占比为41%。中国经济转型成功之后，小企业的经济地位将更加重要、更加稳固，大银行服务小企业顺应中国经济发展潮流。因此，在利率市场化、金融脱媒、多层次资本市场逐渐完善的大背景下，大型银行谁先确定小企业战略，谁将在未来的转型过程中处于主动地位。未来，开拓小企业金融，银行尚需要在消费金融技术、零售与消费金融产品开发、大数据技术应用以及相关的战略规划、经营管理体制等方面进行一系列的制度安排和技术创新。

04 未来银行发展的可能方向

面对快速变化的市场和客户需求，有人预言商业银行将成为“21 世纪行将灭绝的恐龙”。笔者认为，行将灭绝的只是商业银行的传统经营模式；随着市场和客户的进化，商业银行同样也在进化，未来商业银行的形式和承载内容将迥异于当今。虽然我们现在还无法确定未来银行到底是什么样，但一些方向性的趋势值得我们重视。

方向之一：未来银行可能是数据驱动的银行

大数据时代已经悄然来临。大数据用来描述规模巨大、类型复杂的数据集合，被誉为是继云计算、物联网之后，IT 产业又一次颠覆性技术变革，引起各方高度关注。2011 年，著名咨询公司麦肯锡宣布“大数据”时代已经到来；近年来，IBM、甲骨文、SAP 等业界巨头纷纷收购与大数据有关的公司，加速布局大数据领域；2012 年，达沃斯论坛报告《大数据，大影响》称大数据像货币和黄金一样，成为新的经济资产；2012 年，奥巴马政府宣布投资 2 亿美元启动“大数据研究和发展计划”，旨在增强对海量数据的搜集和分析萃取能力。

随着数据库和数据挖掘技术的发展和完善以及数据来源迅速扩展，作为数据密集型行业，银行业将在更广领域和更深层次获得并使用涉及客户方方面面，更加全面、完整、系统的客户数据，并通过挖掘分析得到过去不可能获得的信息和无法企及的商机。可见，金融数据密集但目前尚未充分开发的商业银行大有文章可做，数据和数据应用能力将逐渐成为其战略性资产和核心竞争力的重要体现，对客户营销、产品创新、绩效考核和风险管理等必将发挥日益重要的作用。商业银行经营方式也将从以产品、客户为中心过渡到以数据为中心，数据驱动将成为不可逆转的发展趋势。目前，第三方支付机构拥有的海量数据资产已经对商业银行形成挑战，未来比金融脱媒更令人担心的可能是客户数据脱媒和信息脱媒，最终将导致客户流失、服务能力降低。

现代银行相对于传统银行最大的差别（或者说最大进步）在于数据的深度利用。在现代IT技术之下，数据对银行来说已经超越了账务信息等传统的含义，成为现代银行经营的宝贵资源。现代银行特别是大型银行的经营管理活动，很大部分表现为基于计算机技术的数据管理和运用，其中最核心的工作是数据挖掘，即从海量数据中找出隐含于其中的有价值信息，支持或指导经营决策。随着外部资本监管日趋严格、同业竞争日趋激烈、客户行为日益敏感、盈利能力不断下降，越来越多的商业银行开始运用大数据方法驱动经营模式转型，并深度服务客户选择与风险管理、产品设计与精准营销、资源配置与结构调整，最终出现“数据驱动型银行”，表现为从客户的选择到产品的设计、再到内部的管理，都是由数据驱动，由数据支撑决策。目前，第三方支付机构拥有的海量数据资产已经对商业银行形成挑战，未来比金融脱媒更令人担心的可能是客户数据脱媒和信息脱媒，最终导致客户流失、服务能力降低。对大银行而言，提升大数据收集、分析、运用能力，已经成为保持竞争优势的必然选择。因此，商业银行必须整合内外部数据资源，通过大数据技术和数据挖掘分析，提供全新沟通渠道和营销手段，提升客户体验；丰富客户全景视图，挖掘既有客户需求，创造新的客户需求，提升客户价值创造能力；优化运营流程，提升管理精确度，研究预测市场营销效果，提高经营管理水平。

中国大型商业银行正面临很多严峻的挑战和问题，如利润增速下滑、资产质量降低、市场地位受到挑战、传统产品增长空间受到限制等，尤其是随着中国经济增长进入新常态、银行进入股改红利后时期，传统上靠扩大规模就可以维持快速增长的时期已经过去了。银行转型首先解决的是寻找新的利润增长点，从发达国家银行发展经验看，通过深入挖掘分析客户真实需求、提供更有针对性的服务，就可以大幅提高盈利水平，这是体现数据挖掘价值最直接的地方。比如花旗银行亚太地区，近年来有25%的利润来自于数据挖掘；汇丰银行通过数据挖掘开展交叉销售，使客户贷款产品响应率提高了5倍；澳洲联邦银行运用大数据分析来提供个性化的交叉销售，成功将交叉销售率从9%提高到60%；VISA把发现信用卡欺诈的时间从1个月缩短到13分钟，极大地降低了信用卡欺诈带来的风险；另外，数据挖掘在客户挽留、客户细分等领域都有非常好的应用效果。这些还是在它们原有数据分析水平较高的基础上而言的，国内商业银行数据挖掘分析水平本来较低，这方面的工作将会产生更大的效果，相比于传统上跑马圈地、扩张规模的做法，可以起到事半功倍的作用。进入移动互联网时代后，“跨界”成为普遍特征，互联网企业利用平台优势和数据优势不断入侵其他行业，银行业也受到了很大冲击，我们在转型中必须要思考未来银行业务模式到底是什么。实际上，在生意比较好做的时候，很多事情我们不愿意做，失去了很多商机，我们有上亿的个人客户，这些客户在购买产品、出差时的消费记录都可以记录下来，如果我们知道一个客户购买了机票或火车票去异地出差，就可以为他推荐目的地的酒店，就像艺龙、携程那样，不仅可以方便客户，还会带来可观的利润。利用大数据技术是可以做到的。这还仅仅是简单的开始，大数据会使银行能够真正介入客户日常生活，成为客户各项活动的“安排者”和伙伴，这会为银行的经营方式带来革命性的改变，就像布雷特在《银行3.0》一书中所说的，银行变为一种行为，渗透到客户的每个日常活动中。银行转型面临的另一个典型问题是风险管理，传统上银行的风险计量更多的是依靠客户财务数据，不仅滞后，往往还有很严重的数据质量问题，大数据为识别客户风险提供了全新的思路，例如，使用客户交易行为数据、舆情数据甚至企业主的行为数据，可以更加及时、准确地发现企业的潜在风险，比起传统上通过下户调查、分析财务数据的方法更加有效。可以说，银行转型的各个方面都可以从大数据方法中获益，发达国家商业银行的经验表明，在很多领域数据挖掘都会产生巨大的价值。

这次国际金融危机之后，各国银行都在探索转型路径，寻找未来银行的发展方向。经过多方观察和深入思考，我们发现大部分银行的转型都有一个共同的特点，就是转型的设计方案都是建立在大量数据分析基础上的，数据已成为当前最突出的各种矛盾、各种潜力、各种机遇的一个集合点。也就是说，从数据入手，我们就可能找到大型银行未来转型的一个事半功倍、给一个支点就能撬动地球的一个着力点。通过数据挖掘，准确理解市场发展方向、客户需求、风险特征，能够使我们正确配置资源，实施有效创新。相比较于新的产品和其他资源，大数据上的能力更难以复制，因此更可能成为我们的核心竞争能力。一些先进银行的经验已经表明，数据挖掘会创造很可观的效益，尤其是对我们这样数据分析基础还比较薄弱的银行，只要稍稍投入就会产生巨大的效益。

方向之二：未来银行可能是以移动为主、多渠道无缝衔接的银行

以计算机网络为基础的互联网成就了“互联”的扁平世界，手机、平板

电脑、网络电视、可移动设备、物联网以及社交网络、移动 APP 等各类创新，正促使我们加速从“互联”世界迈向基于移动互联的“超互联”世界。随着传统金融机构、移动运营商以及第三方支付机构携手合作，移动金融领域加速崛起，银行业进入了崭新的移动互联网时代。移动互联网正在从根本上重构社会生活方式，也终将改变银行经营运作模式：智能银行 + APP 已经深入现代生活，“90 后”“00 后”视之为生活常态，银行客户越来越把通过各类新科技使用银行服务视为理所当然，银行客户对通过各类新科技使用银行服务越来越习以为常，银行业务也像水、电、煤气一样通过科技手段提供给千家万户。

在移动互联网时代，科技创新带来的心理冲击和扩散效应推动着银行客户行为发生改变。根据马斯洛需求层次理论，自我实现需求是人类的最高层次需求。科技创新使银行客户评估时间、设定预期目标和看待自我等心理发生着巨大变化，人们更容易满足自我实现需求。例如，新的沟通模式使客户对时间的认识改变，由工作日的定时服务变为 7 ×24 小时无间断实时服务，客户主体地位彰显；无须银行人员协助完成交易，客户能从中得到传统互动模式所没有的主控感和成就感；社区式银行使客户归属感得到满足，通过在银行的行为可以找到“志同道合”的伙伴；等等。而很多传统业务需要客户到银行网点办理，感觉主动权在银行而不在自己，会让人产生一定的无力感甚至无助感。根据麦肯锡对亚洲客户的调查，客户对主动性、可控性的重视甚至高于对价格的重视。

在移动互联网时代，科技创新日渐普及是促成银行客户行为改变的另一重要因素和改善客户体验的另一重要因素。随着科技进步，创新技术扩散速度越来越快，电话为 50 年，电视为 22 ~25 年，手机和 PC 为 12 ~14 年，互联网为 7 年，苹果产品为 3 年，Facebook 仅用 2 年，现在流行产品往往只需要数月时间。如果银行创新和改善客户体验的速度跟不上客户采用新科技的速度，就会陷入劣势，甚至可能因为中介和第三方机构的积极创新而流失客源。银行供给与消费者需求间的巨大鸿沟正在被支付宝、P2P 借贷平台、余额宝等更灵活的竞争对手快速填满，将“我们是银行”“金融业管制很严”“系统及作业流程老旧无法配合”作为阻碍创新的借口已经行不通。

在移动互联网时代，银行客户行为受技术影响分为四个阶段：（1）网络和通信媒介影响。客户可以用自己想要的方式、在方便的时间使用自己的钱，到银行柜台的必要性锐减。近 10 年，美国银行临柜交易比例从 50% ~60% 骤减至5%，而使用网络、客服中心、ATM进行交易的比例已达95%，这一趋势在中国银行业也越来越明显。（2）荧屏和智能手机普及。客户使用手机的方式快速改变，手机可实现的应用日益复杂，移动互联网对各行业的颠覆性影响开始出现，银行远程服务向智能手机终端转移。目前，中国智能手机普及率为54%，而美国为69%。（3）移动钱包（无卡、无现金）出现。移动钱包将智能手机与信用卡/储蓄卡整合，使移动支付交易比例大幅提高，客户现金需求大幅萎缩。目前，中国手机银行客户已达到一定规模，随着移动钱包业务发展，手机可能成为很大一批客户的账户，加之余额宝、京东白条、公交卡、预付卡等移动支付方式推陈出新，对基本银行账户的竞争将开展，银行与其账户脱钩可能颠覆金融服务产业的发展模式。（4）"人人是银行"的概念得以实现。通过各种移动设备，银行服务无时无处不在，银行不再是一个地方，而是一种行为，客户可以用最佳方式使用银行业务。

在移动互联网时代，移动化银行体现在三个方面：一是地域的移动。无论你在世界哪个角落，银行都在你身边。随着全球一体化发展，地域间的距离似乎在无形中不断缩短，公司或个人都不可避免地拓宽了活动范围，国内城市间的移动已是常事，国家间的移动也越来越频繁，或工作，或旅游，或学习，我们总希望熟悉的金融环境伴随着我们的生活一起移动。未来银行必须跟上甚至引领这种变化，使城市间、国家间的服务实现快速反应，做到国内外一体化，本外币一体化，全面满足客户需求。二是时空的移动。利用客户生命周期视图实现对客户的三维立体式管理。如果说建立客户统一视图是二维管理，那么建立客户生命周期视图才真正实现了三维管理。一个人从出生到死亡，一个企业从创始到蓬勃发展，会遇到怎样的时间节点？每个时间节点需要与银行发生什么样的关系？银行可以通过现有客户建立这样一条脉络（模型），据此为新客户或者尚未到达某个时间节点的客户提供帮助。比如，为创业人士提供交流平台，并用创业成功的案例帮助其成长，为刚参加工作的客户提供住房贷款、信用卡等产品，在客户离世时为其子女提供墓地贷款，甚至在客户未到达或者刚到某个时间节点，客户尚未清晰知道自己下一步需要什么时，银行是帮助他步入人生下一个阶段的朋友。三是渠道的移动。任何渠道都只是接触客户的媒介，未来银行应该是触手可及的。随着智能手机的普及，将生活所需的一切都装在口袋里已经近在眼前。网点就像酒店大堂一样，总有一天会从我们身边消失，取而代之的是电话、视频、指纹、人脸等电子化识别方式。移动支付、移动贷款、移动理财，不再需要到网点提供烦琐的证明和抵押材料，因为这些都可以从银行系统中获取，未来银行需要做的只是为不同客户匹配不同产品和额度。

移动互联网快速改变银行，未来银行将形成以网银支付为基础，移动支付为主力，网点、电话支付、自助终端、微信银行等多种渠道为辅助，多渠道无缝衔接的银行。与此同时，我们要注重传统网点的转型，网点在服务传统客户（那些不愿意使用网络和手机银行服务的客户）外，还要更多承担宣传、提升用户线下体验的职能。银行通过各种渠道提供一致的服务，客户也在不同渠道体验到一样的服务。

方向之三：未来银行可能是专业、智能的银行

专业化银行是指在金融市场竞争中，将某一特殊金融服务从传统银行价值链分离，通过专业化服务和风险控制，降低运营成本和经营风险，并凭借在细分领域的优势积累获得生存、发展和超越空间，有效避免过度竞争下的价格战与风险边界拓展，最终实现更高资本回报和更快业务增长。

20 世纪 70 年代以来，随着电子化和全球化推进，金融创新速度加快，金融产业链被重新分解和再造重新分工。在此过程中多种专业化银行营运而生：信用卡和应收账款证券化创新，使个人消费贷款业务从传统银行链中分离出来，产生了专业化信用卡公司，其中最著名的是美国运通公司；而抵押贷款证券化诞生将房地产贷款从传统银行价值链中分离，出现了专业化抵押贷款担保银行、专业化抵押贷款零售银行、专业化抵押贷款证券化银行；此外，还有专业化教育贷款银行、专业化服务于金融机构的清算行、专业化发放汽车贷款公司、专业化中长期项目贷款银行、专业化船舶融资银行和专业化金融产品分销商等，现代金融体系功能已经被分化为多个专业化领域。

未来银行将致力于提供更加专业化的服务和体验，增加客户黏性。比如西班牙的桑坦德银行，其消费金融类产品做得非常突出，因为成本控制得力，客户使用该银行平台支付话费或者使用信用卡消费，都会得到返现奖励，其竞争力无可比拟。从美国等成熟市场发展经历看，只有少数银行走向“大而全”，更多银行走向了地区化或专业化。在金融创新和金融脱媒冲击下，面对海量存量客户和潜在客户，面对同质化竞争，综合性银行的专业化发展则应重点立足

于规模和资本优势，致力于提供整套金融解决方案，包括财务战略和管理、税务规划、内控合规计划、员工福利薪酬计划、供应链管理计划等，增加客户黏性。同时，寻找并购专业化银行机会，最终成为建立在专业化分工和专业化并购基础上的现代全能银行。

专业化服务也是商业银行提升效率和防止过度竞争的有效途径，并将成为未来银行价值增长点之一。随着利率逐步市场化，国内商业银行存贷款利润空间将进一步被挤压，中间业务收入逐渐成为新利润增长点，专业化服务有望为中间业务收入做出较大贡献。无论是依赖于专业化体验的个人客户，还是依赖于专业战略和计划的对公客户，都是银行咨询服务潜在客户，为银行利润结构转型带来动力。以 16 家上市商业银行非利息收入变化为例，从 2007 年的 12.43% 快速上升到 2014 年 9 月末的 25.26%，增幅超过一倍，未来这一趋势还将延续。

未来，专业化服务达到一定程度的银行必将是更加智慧和智能的银行。“智慧”是指更透彻的感应度量、更全面的互联互通、更深入的洞察，可以从三个层次考量：一是卓越的客户体验，无论是在实体网点或是虚拟网络操作，当客户能够快捷、成本低廉（时间成本、财务成本、机会成本都会纳入考量的范围内）地享受其当下所需服务即可谓“智慧”体验成功。二是银行内部员工体验，高效简便的操作能够带来更多价值创造（经济价值、精神层次的满足感及幸福指数）及精神的满足感，即可谓员工“智慧”达成。三是银行风险与收益平衡，利用更广泛的数据来源和更准确的数据模型，银行自身用更少成本（监管资本、经济资本、费用消耗）经营适当的风险给投资者创造更大价值，即可谓银行“智慧”晋升。

智能银行除了智慧的特征外，更加强调按照获得的洞察进行行动，包括即时为客户提供所需的服务、快速调整业务结构等通过信息收集和分析洞察客户需求，并即时为客户提供所需服务，以及进行银行业务结构或流程快速调整。智能银行的构建贯穿银行前中后台，通过前中后台业务流程整合和自动化、渠道整合、客户洞察等方式实现以客户为中心的银行业务，以及优化且高效的流程助力更智慧的业务决策。为此，前台需要通过新兴技术和工具来实现更方便、更全面的客户信息获取，以敏锐的洞察来了解客户的需求；银行中后台也需要通过业务流程整合、优化与创新来保证服务的高效性以及客户良好的服务体验。此外，在前中后台转型过程中需要进行集成式的风险管理，并建设动态的业务支持基础设施来快速灵活地响应和支持业务的变化，以确保转型的成功。

方向之四：未来银行可能是跨界的银行

随着技术进步和市场竞争加剧，行业间相互渗透、交叉融合，已经很难对企业或者品牌清楚界定其属性，跨界经营成为潮流和趋势。跨界银行就是银行依据不同产业、产品、环境、偏好的消费者彼此拥有的共性或关联的消费特征，把一些原本没有任何联系的要素进行渗透、融合与延展，通过产品、渠道、支付等服务手段进行合作和经营，以赢取目标消费者好感，从而实现市场和利润的最大化。

基于移动媒介终端、数据经验大数据和专业服务支持，未来银行必将突破传统服务边界，挖掘更多利润增长点，银行服务无处不在、无所不包。麦肯锡预估，到 2025 年全球将有 30 亿人被网络连接，移动网络将造成高达 10. 8 兆美元直接经济冲击，金融、零售、医疗照护、教育等领域将全面掀起移动革命。移动革命的特点是依托互联网，以破坏者姿态把手伸进人们想象不到的领域，改变获利工具，改写产业游戏规则，促使现有产业洗牌。银行业也不例外，无论主动还是被动，跨界经营时代已经开始。

第一，银行将会广泛开展跨界合作关系，以即时满足客户需求。银行产品或交易将融入客户日常生活，例如购房过程和房贷销售结合；与旅游、汽车 4S 店、零售商合作等。客户是属于别人的，不再只属于银行，银行只是支撑起银行功能服务体系的生产者、网络和流程。银行必须拥有产品、交易和支付的平台，并积极引入新技术，形成广泛的伙伴关系。

第二，银行将会对跨行业竞争对手进行反渗透。近年来，随着第三方支付的快速发展，银行的支付结算业务面临严峻挑战：客户交易具体信息被屏蔽，银行逐渐沦为第三方支付的资金通道。据调查，2014 年中国第三方移动支付的年度交易总额达到人民币 1. 2 兆元，这个数字还会快速成长，到 2017 年将逼近人民币 12 兆元。对照 2014 年中国五大银行的营收仅人民币 1. 93 兆元，2015 年前三季度仅为人民币 1. 6 兆元，跨界抢钱的网络业者们，已经把传统银行逼到墙角。为改变这种被动状态，国内不少银行纷纷进军电子商务和其他领域。目前银行电商网站有几十家，建设银行的 B2C 购物商城已开业两年，其他如工商银行、农业银行、中国银行、交通银行、招商银行、光大银行、兴业银行、民生银行等皆涉足电商。平安银行成立了陆金所网络投融资和房屋自主交易平台等。

跨界银行的依据不是简单的功能互补，而是用户体验性互补。从目前银行业竞争态势，不难判断商业银行还将进一步延伸其金融服务链条，拓展至客户生活方方面面，金融服务将无处不在：未来银行将通过与第三方支付、旅游网站、运营商等外部合作资源对接，借助于第三方快速接入各大平台，形成银行、客户、第三方三位一体，以金融服务为核心、客户需求为导向、开源服务为支撑的新型服务模型。客户只要登录银行网银或手机银行，就能顺利完成购物、买机票、看电影、订酒店、看病、房屋买卖等一系列看似与银行传统业务无关的行为，在银行网点的会议室里边享受星巴克咖啡边完成商务合同签约可能也不再只是假想。

附　数据革命助推银行转型与金融深化[①]

主持人、各位嘉宾：

大家上午好。

首先感谢“2016 中国（合肥）金融外包峰会”主办方的盛情邀请，希望我就“金融服务数字化转型”谈谈看法。这是一个很艰巨的任务。“金融服务”是一个很大的领域，“金融服务数字化”很专业，“金融服务数字化转型”又很前沿，因而严格规范地完成这篇命题作文，可能超出了我的能力。作为银行经济学家，我只能从自己有切身实践感受、可以近距离观察思考的银行领域谈点一孔之见。

一、大数据可以帮助银行家实现“梦想”

记得一年前有一位专家在演讲时强调，我们现在生活在一个由数据驱动的世界，广告商、保险公司、国家安全机构、美国大选的政治顾问已经学会了如何运用大数据，无数的科学家和研究人员的全新研究成果也因此而诞生。实际

① 本文为笔者在“2016 中国（合肥）金融外包峰会”上的发言。

上，不知不觉我们已经跨入数据革命时代。大数据、智能技术、互联网和移动互联网、云计算等技术正在各个方面重塑经济社会的方方面面，银行也不例外。未来银行尤其是大型银行间的竞争，是数据资产规模的竞争、数据整合分析能力的竞争，数据能力将在很大程度上决定银行发展的成败。对于银行家而言，数据革命将使一代代的“梦想”成真。譬如，这为银行家透彻了解市场创造了可能。透彻地了解市场、准确把控市场趋势、及时准确做出各类决策是银行家最大的梦想。然而，实际面临的市场环境是复杂多变的，传统的认知工具（如波士顿矩阵、标杆分析、SWOT 分析等，也包括抽样调查等成熟的统计工具）能够提供的帮助与银行家的“市场梦”之间有很大的距离，许多问题亟待解决：面对一个相对饱和的市场，我们要做到多大规模才合适？面对一个复杂的市场，什么业务是我们必须回避的？面对一个变化的市场，什么是我们必须要抓住的？面对一个潜力巨大的市场，各项业务应该怎样匹配才是科学的？大数据方法的出现和广泛运用，为我们透彻地了解市场创造了可能，通过对大量外部数据和内部客户海量行为数据的大数据分析，我们将有能力判断市场现状和未来方向，进而可以有针对性地做出战略安排。更重要的是，大数据可以帮助银行家深刻洞察市场与客户，精细化分析与配置财务资源及稀缺资本，实现“价值梦”。此外，大数据使我们进入了一个用行为数据预测不确定性的时代，可以帮助银行家精确识别、前瞻性预测市场风险、客户违约风险、内部操作风险，尤其是通过大数据建模来识别与控制内外部欺诈，实现“风控梦”。

二、数据革命将助推商业银行转型

银行发展史，在一定程度上就是一部数据驱动变革的历史。银行从诞生之日起就与数据脱不开关系，最开始是数字记账，银行账簿上的数据记录金融交易，银行账簿上的数据变化代表了客户资金的变动。最早起源于罗马的古代银行业雏形中就有记账的记载，在中国钱庄里我们也能看到算盘、密码本及账簿等数据化管理技术。之后随着复式记账法的出现，数据逐渐成为核算与银行管理的主要手段，银行借助会计核算技术，全面了解经营状况及风险特征，并使大型银行的出现成为可能。在计算机技术普及以前，银行的账务及交易数据以大量的纸质账本形式存储。自 20 世纪六七十年代开始，计算机技术在银行管理中普及应用，电子表格系统、电子交易系统、数据库系统先后成为银行经营管理的必备工具，尤其是网络技术和数据库技术的出现，使银行的资金流、数据流真正有机融合为一体。到20世纪90年代，国际大型银行已基本建立了集中化的交易和核算系统，领先的银行开始着手建立数据仓库系统，现代银行管理技术得到迅速发展。可以说，数据一直是驱动银行转型发展的关键要素，银行传统上就是数据型企业。

波士顿咨询公司的研究表明，在主要行业中银行业是数据最密集的行业，每单位营业收入对应的数据量远远大于传统制造业，甚至大于电信行业及互联网行业等我们认为的信息行业。一直以来，数据都被视为银行最有价值的资产之一，银行历来重视数据管理和数据应用。数据采集、存储和处理能力的提高也已经引起了银行管理的重大变革。一是以数据库营销为代表的客户关系管理技术革命，通过对大量内部数据分析，使银行能够真正理解甚至预测客户需求，进而提供有针对性的服务。以花旗银行为例，其亚太地区零售业务中有50%以上来自于数据化营销手段，在香港等金融业竞争非常激烈的地区，依托深入的数据挖掘分析提供营销策略已成为标准化的工作流程。国内商业银行近年来也在数据库营销方面投入巨大，大量的营销客户清单都是在数据挖掘分析基础上产生的。二是随着风险管理技术的变革，数据分析和统计计量技术已经成为现代风险管理的核心技术，客户评级、授信、贷后管理、清收等阶段都依赖大量的数据支持，尤其是内部评级法的普遍使用，使银行家意识到通过对大量数据的分析，能够有效发现、量化和管理银行经营中的各种风险。随着数据类型和数据范围的扩大以及数据分析技术的发展，银行越来越发现大数据在风险管控中的应用更加广阔，例如一些弱相关变量组合能够更加有效地预警风险。三是数据正在改变银行内部经营管理的流程，包括人力资源管理、产品创新、流程优化直至网点选址等，精细化管理离不开大量数据的支持。另外，数据在洞察市场走向、了解客户需求变化方面也发挥了重大支持作用。然而，与快速发展的电商、互联网金融、零售等行业相比，银行对数据的应用还有很大的差距，需要做更大的努力。

数字化银行的发展还不止如此，随着互联网、移动互联网技术的发展，数字化渠道正迅速成为银行服务客户的主渠道。据统计，2015年中国零售业中已有90%以上的交易通过电子支付完成，银行账务性交易中也有80%以上通过电子渠道完成。客户使用银行的方式正在发生革命性变化，互联网银行、手机银行、微信银行逐渐成为银行服务主渠道，这使银行记录客户任何行为成为可能，除了传统的结构化的账务交易数据之外，大量的位置数据、行为轨迹数据、语音和视频数据被记录和保存下来，对这些数据的应用正在彻底改变银行与客户的互动方式。比如，近两年出现的智慧银行，就是在对客户行为数据深入分析的基础上，为客户提供大量实时有针对性的服务，甚至通过跨界协作满足客户的非金融服务，包括购物、医疗、健康、娱乐等。数字化技术的发展使得跨界、泛在、智慧成为银行未来发展的方向。由于银行拥有全社会资金交易这一最有价值的数据资源，如果将商品流、资金流和数据流结合在一起，可能产生全新的商业模式，我把这种可能的银行商业模式称为“数据驱动型银行”。

三、数据驱动型银行模式将改变金融生态

大数据、云计算、区块链等革命性新技术正在重新定义金融业的交易模式及服务体验，这些技术为外部竞争者进入银行服务提供了更多可能。适应内外环境的变化，越来越多的银行正在把数字化银行建设确定为战略转型方向，数字银行的建设正风起云涌。放眼全球，商业银行的数字化转型正在加快推进。例如，德意志银行在都柏林建立数字技术的创新开发实验室，目的就是对大规模数据进行有效处理以及大规模的创新性技术开发，提升银行的客户服务与产品创新能力；花旗银行和汇丰银行在印度等地建立了大数据能力中心（卓越中心），整合海量数据，支持业务发展和战略转型；美国银行专门成立了独立于技术部门的数据分析中心，一方面探索内外部数据的应用，另一方面加快开发和引进先进的数据分析工具。国内银行业也一样，工商银行确定了 E－ICBC 战略，在数字化渠道、数据分析能力建设方面投入了巨大资源，全行数据分析人员已经接近1000人；建设银行在转型规划中明确提出了大数据战略，并在上海建立了专门的数据分析中心，全力提升大数据应用能力。适应数字化银行发展需要，建设银行、农业银行、广发银行、浦发银行的新一代核心系统相继投产，一些银行还开始探索设立数字金融子公司甚至是大数据子公司。

银行数字化转型既会产生前所未有的数据，也会导致前所未有的数据需求。为此，银行需要制定明确的数据战略。一是努力扩大数据源，既要有内部的结构化和非结构化数据，也要引入外部的结构化和非结构化数据，包括政府

数据、跨界数据共享等，形成内外部结合的统一数据视图。二是抓紧提升大数据管理和分析应用能力，包括异构数据存储、非结构化数据处理转换、海量数据挖掘、数据可视化、大数据分析工具等。三是建立一支适应数据战略的多层次人才队伍，要对银行领导层开展大规模的数字化培训、对数字化部门领导人进行全面的业务培训，使银行高管层对数字化转型方向达成一致，要努力改变构建、购买和借用数字化人才资源的方式，既要在内部培养数据分析人才，又要呼唤专业化、商业化的数字服务市场与相关的专业人才市场，在这方面未来银行将有大量的外包及外购服务需求。四是构建既能支持数字化战略实施，又能不断发展和完善的组织架构，特别是在数字化客户体验、大数据和高级分析平台、端到端流程的持续改善以及数字化创新枢纽四大关键领域大规模构建数字化能力。五是必须高度重视数据资产管理，建立严格的数据管控机制，制订严格的数据采集、存储、整合和应用方案，通过企业级统一的数据标准、数据规范、数据认责机制，确保数据质量达到可靠水平。银行在实施数据战略过程中，要有分阶段的策略目标，首先是建立完备的数据整合共享平台和客户全景视图；其次是建设大数据分析中心，选择关键业务领域实施系列大数据应用案例；最后是建立数据驱动型银行，建立全渠道数据分析、营销管控、渠道推送、营销反馈、风险管控的闭环体系，形成全行大数据服务体系。

银行数据化战略将极大提升银行经营管理水平。波士顿咨询公司报告揭示，迅速构建全新的数字化部门和业务模式是商业银行数字化转型最迫切要解决的问题，若真正实现数字化转型，将提高核心业务利润5%～15%。

四、金融数据服务中心将落脚“宜居城市”

数据革命的更重要意义还在于推动金融深化。传统意义上的金融深化特指金融自由化。其实，完全意义上的金融深化，不仅是利率与汇率市场化以及借贷自由化，更重要的是金融服务的渗透程度。很长时期以来，金融服务“争二弃八”的高端化集中趋势、金融机构与金融资源向中心城市集中的趋势，使得金融渗透力不断弱化，阻碍了金融深化。客观地分析，金融渗透力受阻，源于金融技术落后，以至于心有余而力不足。进入21世纪以后，在数据革命的推动下，许多非金融机构运用大数据方法，进入传统银行无法介入的群体庞大的低端客户市场（农民工群体、学生、城市低收入群体和无固定职业人群、小微企业等）和非金融中心市场（尤其是欠发达地区市场），取得了出人意料的成功，引起一些银行和非银行金融机构的迅速跟进，金融对社会经济的渗透率急剧提高，金融市场出现了广度与深度的快速发展。

数据革命推动了银行转型与金融深化，反过来银行转型和金融深化之后又产生了大量的市场化数据服务需求。无论是大型银行还是中小型银行，在实施金融服务深化的战略转型中都提出了更多更高的数据需求，即大量异构（各种结构）的外部数据、海量数据存储、数据处理和分析技术以及数据分析人才队伍。银行，尤其是中小银行自身不太可能完全依靠自己的力量解决这些问题，由此将产生一个巨大的需求市场，为银行提供数据交易及共享（如数据交易中心或数据服务商）、云存储及云计算（公共云服务）、非结构化数据处理及流数据处理等复杂数据处理服务、数据专业分析工具及专业分析人才、数据安全及数据质量管理等。印度孟买、加尔各答地区已经形成了一个专业的银行数据服务外包中心，许多世界知名的银行及咨询服务机构将数据服务中心设在那儿，为世界各地的分支机构提供各类专业数据服务，据估算每年的产值超过100亿美元。

一个城市要发展成为金融数据服务中心，参考孟买等地区的经验，至少需要几个关键条件：一是有足够的科研实力，尤其是计算机技术及一定规模的数据中心；二是能够吸引高水平的数据处理及分析人才；三是有环境优越的科技服务园区，形成规模效应；四是当地政府的支持，在财政、人才引进、土地等方面提供足够资源；五是与一些影响力大的银行或咨询机构形成紧密伙伴关系。坐拥大量高校资源的合肥，科技实力在中国一直居于领先地位。2012年、2013年两年英国《自然》杂志数据显示，合肥基础科研实力位居中国第三，仅次于北京、上海；中科大先研院落户合肥高新区，成为“江淮硅谷”，微软、英特尔、阿里巴巴等全球知名机构也有数十个研发平台布设在中科大先研院里。这使合肥具备了发展成为金融数据服务中心的条件，如果能够加强与金融机构、科技机构的合作，按照金融大数据发展方向做出金融数据服务中心的顶层设计，相信会有广阔的前景。

谢谢各位的耐心。

05　互联网金融的业务基础与大型银行的互联网战略

飞速发展的中国互联网金融行业，在支付、信贷等领域对传统商业银行造成了一定程度的冲击，引发了大型银行的战略关注甚至战略调整。2014 年下半年以来，业界的讨论很多，动作也很多，认识分歧也很大。笔者认为，大型商业银行应该亲近互联网，深刻理解互联网给银行带来的机遇和挑战，主动布局“互联网 + 金融”战略。

一、商业革命是互联网金融发展的经济基础

互联网商业模式是中国迄今为止发生的影响最为深远的商业革命，对中国经济转型和结构调整发挥了无法估量的作用。商务部电子商务司副司长张佩东在接受网络访谈时说，2013 年我国电子商务交易总额超过 10 万亿元，其中网络零售交易额大约 1.85 万亿元，乐观估计已经超过美国。目前我国已成为世界上最大的网络零售市场。电子商务正对我们的社会生活带来颠覆式的影响，电子商务交易总额 5 年来翻了两番，网络零售交易额 5 年来平均增速为 80%。国家邮政局市场监管司副司长刘良一说，电子商务的快速崛起和发展给快递企业带来巨大发展空间。2006 年我国邮政体制改革时，快递每年业务量只有 10 亿件，网购规模为 500 亿元；到了 2013 年，快递业务量增长到 92 亿件，网购规模增长到 1.85 万亿元，有近 1 万亿元是来自快递的支撑和保障。在快递 92 亿件的业务量中，有超过 60% 是来自网购。

然而，互联网商业模式下买卖双方存在相互担忧，卖方担心发出商品之后货款不能安全及时收回，形成坏账；买方担忧付款之后不能及时收到自己中意的商品，形成投诉拖累。也就是说，传统商业模式下钱货两清的支付交易行为无法运用于互联网商业模式，虽然传统商业模式下也存在大量的预售、预付、拖欠、赊销等钱货分离的支付交易行为，但这种支付交易行为的完成依赖于买

卖双方相互了解、信任的商业信用，而在互联网商业模式下，买卖双方充分了解、信任的商业信用几乎不存在。于是，支付革命发生了，以 PAYPAL（贝宝）、支付宝、中国银联等为代表的第三方支付工具适时登场，并在随后开创了互联网金融的宏大场面。根据艾瑞咨询的统计，2006 年我国第三方支付中的互联网支付交易额仅有 485 亿元，到 2012 年这一数字则迅速上升到了近 7 万亿元，一举使我国第三方支付占据世界之巅。

改革开放以来，中小微企业已经成为我国经济中最活跃的主体，并成为经济增长的重要引擎。然而，融资难的问题始终困扰着中小微企业。由于中小微企业的规模实力和生命周期有限，信用水平不足以支撑其在资本市场上进行直接融资，只能主要依靠金融机构间接融资。但是，传统银行有一套依据财务报表、历史违约记录的信用评级方法以及抵（质）押与担保标准，大量中小微企业真实完备的财务报表与信用记录积累、担保、抵（质）押很难达到传统银行的安全标准，无法通过现有银行途径获取信贷支持；如果国家政策与监管部门对商业银行做出硬性的中小微信贷比例规定，商业银行为了完成任务被迫降低审批标准，不良贷款又会大量产生。其实，贷款人之所以关注借款人的信用状况、抵（质）押品以及抵（质）押率，主要是担心借出去的钱不能如约返还。在传统的商业模式下，中小微企业融资难始终是一个无法解开的死结。随着互联网商业模式的出现，中小微企业大量通过互联网商业平台实现其商业活动，只要这些交易活动是真实的、可以如约完成的，那么为这种交易活动提供的融资安排就应该是随着商业交易的完成而自动循环，与借款人的规模实力甚至信用无关。于是，互联网企业借助于网络销售产生了海量交易数据，运用大数据方法，建立了一种基于真实交易需求、基于历史交易数据、基于关联数据的市场趋势预测的互联网客户借款安全评级机制，从而使互联网商业背景下中小微企业和个人获得无抵押信用贷款成为可能。据统计，目前我国中小微企业数量已超过 4200 万家，其中个体工商业户 3800 万家，保守估计信贷市场容量在 40 万亿元以上，是名副其实的“蓝海市场”；截至 2013 年 9 月，作为互联网金融领头羊的阿里小额贷，已经为 40 多万小微企业提供了超过 1000 亿元的订单和信用贷款，而不良率却仅有 0.9%。

不受时空约束的购买与支付，一直都是市场经济发展的理想与追求。随着经济规模扩大、经济节奏加快、市场化与国际化程度提高，消费在经济增长中扮演越来越重要的角色，人们对于不受时空约束的购买与支付的要求越发迫切。而每一次对于购买与支付时空约束的突破，都与技术革命有关。近年来，信息技术不仅改变了商业模式，也改变了人们的生活方式，一个人与另一个人取得联系，几乎没有等待一个月、一周，哪怕一天的，除非在个别商业模式下，电报几乎没有人再使用，除了太小的孩子外，几乎人人都有手机，甚至不止一部。与此同时，金融消费的生态也被深刻地改变了，很多人开始喜欢在与朋友聊天的间隙，在线完成商品的购买、支付打车费、给信用卡还款，甚至转账，微信支付也因此方兴未艾。我国的网上支付业务发展从无到有、从小到大，在相当大限度上缓解了传统支付障碍。移动支付发展在2013年虽然呈现爆发态势，但它还处于起步阶段。中国人民银行的数据显示，2013年我国电子支付中的移动支付业务已达16.74亿笔、9.64万亿元，同比增长分别高达212.86%和317.56%。

因此，金融服务传统意义上的网点、自助设备乃至于桌面网络等，受制于时空的约束限制，将越来越难以满足客户对任何时间、任何地点、便利、高效、安全的移动金融服务的需要，而在智能终端、互联网、云计算等技术逐步成熟后，移动金融服务应运而生，并呈现出迅猛增长态势。同样，金融机构的电子化也节约了大量实体网点。

随着我国经济转型的不断推进，消费在经济增长中的地位将愈发突出，互联网商业模式特别是网上购物的发展空间巨大，进而会给第三方支付、大数据金融，尤其是拥有交易数据支撑的小微贷、移动金融等互联网金融，带来井喷式的发展机遇。由于电子商务与互联网金融历来都是相辅相成、相互促进、共同发展的，互联网金融的大发展也会反过来推动电子商务再上台阶，使我国经济的结构更趋合理。因此，从这个角度上讲，基于互联网商业模式的互联网金融前景广阔。

然而，目前除了上述有互联网商业模式支撑的互联网金融以外，也出现了一些现象：互联网企业脱离互联网商业交易活动转而按照传统金融模式涉足传统金融业务，但并不具备传统银行的风险管理技术与经验；商业银行在没有互联网商业交易数据支持的情况下简单地将线下业务搬到线上，有时为了挤入市场而被迫降低政策标准。这些缺乏互联网商业交易基础的所谓创新性互联网金融行为存在着很大的风险。随着诸如P2P网贷平台跑路等风险的不断暴露，人们不得不开始反思：近年来互联网金融尤其是没有互联网商业支撑的衍生互联网金融，在取得跨越式发展的同时，是否也种下了潜在的风险种子？毋庸讳言，由于这些平台在承担筹资和中介职能的同时，大多又履行连带担保职责，这就潜存了很大的系统性风险，尤其是在对资金流动监控不足、资本约束不力和经济下行的情况下，风险爆发的可能性极大。除此之外，相当多的P2P平台依靠搭建资金池开展信贷业务，信用风险不容小觑。查处的不少跑路平台反映出的欺诈问题，也应引起重视。即使是第三方支付企业，在涉足信贷过程中超出有交易记录的客户范围，或者虽然有交易记录但数据的长度和活跃度不够，无法基于交易的大数据进行信贷决策时，借鉴传统银行的方法往往难以把控其中的信用风险。不仅如此，即使是基于互联网商业模式的第三方支付行为，如果在追求便利性、高效性的同时，忽略了最基本的安全性要求，也会隐藏巨大的系统性风险。如有的第三方支付平台没有严格细致地区别小额支付与大额汇划，在进行大额资金划拨时，只需客户输入所绑定手机收到的动态校验码，甚至只需要第三方支付的账户密码即可完成资金划转，根本无须使用U盾，潜伏着很大的安全隐患。

因此，当前监管机构应该对互联网金融进行差别化监管，以规范互联网金融行为。对有实体交易支撑、发展前景广阔、风险相对较小的基于互联网商业的互联网金融业态，监管当局应坚持“交易先于制度”的原则，给予更大限度的容忍度，也应尽可能多地提供一些软硬件便利条件。比如进一步加强征信体系的建设，扩大征信系统应用主体，减税降费等。但对另一些寻租性甚至投机性强、风险较大、同业竞争无序、没有真实商业交易数据支撑的所谓互联网金融创新，应该尽快制定严格的监管规范，以保证互联网金融市场的健康发展。

二、互联网金融对于传统银行的影响是唤醒而不是颠覆

近年来，当互联网金融悄然侵入支付、信贷、理财等商业银行的传统领地时，有人认为互联网金融将从根本上挑战商业银行，甚至颠覆当前以商业银行为主体的金融格局。不可否认，这种以控制支付流为核心的金融新业态必定会在一定程度上削弱银行的根基，但据此断言将会动摇乃至颠覆商业银行的地位有点夸大其词。第一，从数据上看，纵然经过了跨越式的发展，但当前互联网金融的体量仍难以与商业银行相提并论。仅以银行业金融机构行内支付系统处理的支付业务量为例，2013年交易笔数就高达107.58亿笔，交易金额就达到

745.23万亿元，而同期全部第三方支付的交易金额却仅10余万亿元，体量远不及银行。第二，从业务模式上看，以第三方支付为代表的互联网金融，归根结底不可能脱离银行，反而必须依赖于银行。如目前备付金账户仍然是第三方支付无法绕开银行的“命门”所在。第三，当前商业银行已经意识到互联网金融的挑战，正在积极应对。实际上，商业银行尤其是大型银行比互联网企业有着更强的IT基础。早在国内互联网金融大发展之前，许多银行就建立了属于自己的全国性计算机网络。特别是伴随着以互联网为代表的信息技术革命，大型银行都在IT建设上都投入了大量的人力、物力和财力，实现了业务与管理的信息化、数据化。

尽管互联网金融尚不足以动摇传统银行的地位，但并不意味着传统银行可以高枕无忧。现实的挑战与趋势性压力是显而易见的。为了适应互联网金融的发展趋势，商业银行应该充分借助互联网思想和理念，尽快实现传统银行业务的转型升级。一方面，必须顺应互联网商业模式发展的需要，加快银行支付方式创新，巩固支付地位。所谓的互联网金融突破口和当前竞争的焦点主要集中于支付领域，这也符合金融发展规律。传统金融的起点也是源于支付结算，之后慢慢地向存、贷领域延伸。支付宝之所以做得好，与商业银行沉浸于传统业务模式不无关系。金融行业涉水互联网，是从20世纪90年代的网上炒股开始的，但几乎是在十年后，才诞生了支付宝。支付宝当时进入的是一个商业银行瞧不上的、看起来利润也不大的领域，而这却恰恰就是人们常常提到的“蓝海”。其实，第三方支付企业能够做到的，商业银行也有能力、有条件做到，并且做得更好。另一方面，根据中小微企业依托大型核心企业上下游产业链生存的特点，发挥大型银行拥有大型企业客户的优势，借鉴阿里小贷公司的经验，依据中小微企业与大型核心企业的交易记录，充分挖掘交易和订单数据，运用大数据技术大力发展供应链金融；夯实数据基础，强化数据管控和数据挖掘，充分利用大数据的技术方法解决营销和风险管理有效性问题，并借助互联网技术提升客户服务效率和服务质量。

还需要进一步强调的是，近几年来移动化成为社会发展的主要潮流，人类的各种经济、社会活动都或快或慢地被“移动化”，金融服务方面传统意义上的网点、自助设备等受制于时空的约束限制，将越来越难以适应客户移动化金融服务需求的挑战。因此，移动金融服务将成为未来金融竞争的主战场。移动金融服务将全方面介入客户生活，成为客户日常行为的建议者、安排者、提供者，不仅可以大幅提升客户满意度和客户黏度，还会为银行带来丰富的收入来源。当前，新渠道、新技术在金融服务的应用周期正在缩短，网上银行的普及经历了十年之久，手机银行也有五年的发展史，而移动支付的发展虽然只有两年，但市场前景已经显现。一旦错失了本轮发展契机，势必造成战略上的被动。在移动金融领域，我们必须摒弃传统思维，用开放的心态和互联网的思维，真正做到以用户体验为核心，在服务流程上做到最大便利，在技术安排上做到安全可靠，并借助大数据方法收集分析用户行为数据，培养、指导客户的行为预测能力，真正成为客户离不开的生活伙伴。

三、深刻理解与准确把握大型银行的互联网战略

2015 年初，国家将“互联网 +”上升为国家战略，社会各界对国有大型商业银行布局“互联网 + 金融”战略十分关注。然而，到底怎样理解大型银行互联网金融战略？其核心价值在哪里？“互联网 +”这一概念的关键是“ +”，它的内涵是互联网与传统行业相结合，形成新的产业形态，以此促进实体经济的转型升级，进而升级整个中国的经济发展模式。目前，中国大型银行基本上都是综合化经营的大型金融集团，所谓的“互联网 +”战略不是要打造一个孤立于集团主业、渠道与体系之外的网络银行，更不是颠覆金融的本质去简单迎合“上线”的时代潮流，而是牢牢把握以客户为中心，用互联网的思维和方法来改造整个银行集团经营模式，构建与全渠道产品和服务高度融合的全方位互联网金融体系，通过整合多种金融、非金融服务，在平衡风险与收益的基础上提升客户体验，为客户实现更大价值。

互联网与金融行业的结合，已经催生了火热的互联网金融行业，并在理财、支付、信贷等领域对商业银行传统业务造成了一定程度的冲击，引发了大型银行的战略关注甚至战略调整。2014 年下半年以来，业界的讨论很多，动作也很多，认识分歧也很大。倾向性的意见是，大型商业银行应该亲近互联网、布局“互联网 + 金融”战略，而且应该着重把握以下几个方面：

第一，“互联网 + 金融”的战略核心是以互联网思维和互联网技术改造传统银行商业模式，重塑银行金融服务流程。作为传统金融服务的代表，大型商业银行应加快互联网技术在金融服务中的应用，更重要的是应当深刻剖析“互联网 + 金融”模式蓬勃发展的内在动因，结合自身优势准确定位，提出未

来的发展战略。

第二，依托互联网和大数据技术，创新和变革银行风险管理和客户营销模式。关键是要不断夯实数据基础，强化数据管控和数据挖掘，充分利用大数据的技术方法解决营销和风险管理有效性问题，并借助互联网技术提升客户服务效率和服务质量。例如，如何更好地服务小微客户是大型商业银行面临的一个困难，借助互联网技术，根据中小微企业依托大型核心企业上下游产业链生存的特点，发挥大型银行拥有大型企业客户的优势，依据中小微企业与大型核心企业的交易记录，充分挖掘交易和订单数据，运用大数据技术大力发展供应链金融和小微企业金融，拓展业务发展空间。据统计，目前我国中小微企业数量已超过4200万家，其中个体工商业户3800万家，保守估计信贷市场容量在40万亿元以上，是名副其实的“蓝海市场”。

第三，借助互联网技术，挖掘“长尾客户”的新“蓝海”，解决商业银行当前面临的业务发展瓶颈。“长尾客户”是指那些金融资产不高的低端客户，在以网点为主的银行服务模式下，由于成本较高，收益覆盖不了这部分客户的服务成本，银行也没有足够的动力去充分满足这部分客户需求。然而，新兴的互联网金融企业却借助技术创新和产品创新，并使这部分“长尾客户”的金融服务成本大幅降低，并通过有效发现需求、挖掘需求、满足需求，迅速拓展市场，不仅有利可图，而且空间巨大，很短时间内就积累到足以抗衡部分城商行的资产规模，也做到了事实上的普惠金融。这是商业银行已经借鉴并正在着力推进战略转型重点之一。

第四，适应“移动” + “互联网”的时代要求，加强移动金融能力建设，突破银行金融服务时空的约束限制，全方位介入客户生活，成为客户日常行为的建议者、安排者、提供者，大幅提升客户满意度和客户黏度，并开拓新的收入来源。当前，新渠道、新技术在金融服务领域的应用周期正在缩短，网上银行的普及经历了十年之久，手机银行也有五年的发展史，而移动支付的发展虽然只有两年，但市场前景已经显现。一旦错失了本轮发展契机，势必造成战略上的被动。在移动金融领域，我们必须摒弃传统思维，用开放的心态和互联网的思维，真正做到以用户体验为核心，在服务流程上做到最大便利，在技术安排上做到安全可靠，并借助大数据方法收集分析用户行为数据，培养、指导客户的行为预测能力，真正成为客户离不开的生活伙伴。

第五，大型商业银行布局“互联网 + 金融”战略，可以从客户、产品、渠道和实现手段四个维度来推进。在客户维度方面，由服务特定客户群体转变为服务全量客户群体，互联网技术的不断创新颠覆了传统银行“二八定律”的零售业务经营理念，长尾价值不断被发现并日益凸显，银行网络渠道服务体系的完善和技术的升级也使得服务全量客户具备了条件。在产品维度方面，由提供单一客户部门产品向打造综合化服务平台式提供集成银行内部金融产品、全集团金融产品及第三方产品与服务的涵盖金融与非金融服务的综合解决方案转变，打造客户、银行、第三方共同参与、有效互动、互利共生的商业生态系统。在渠道维度方面，由各渠道独立发展向O2O线上线下协同发展转变，实现线上渠道和物理网点协同、信息共享、流程的无缝对接，为客户提供全面、综合的金融服务和全新的体验。在实现手段方面，通过运用大数据、云计算等前沿技术，提升数据挖掘能力，支持精细化管理和营销。

第六，“互联网+金融”战略的全面实施急需技术创新。从提升核心竞争力、建立持久竞争优势角度考虑，大型商业银行技术创新应以我为主，借鉴技术最新发展方向，提升自身技术创新能力。但是在技术实施过程中，要有开放的心态，主动学习、引进外部先进理念和技术，尤其是互联网公司的大量技术创新。笔者认为，技术升级的方向有几个关键：一是“云化”，实现云计算在金融生产环境中的应用，支持快速敏捷部署、高效规范运营、自动集中管控，缩短IT资源供给周期；二是“移动化”，适应用户日常行为向智能手机等终端转移的趋势，通过移动终端为客户提供一体化的银行服务；三是大数据应用，整合内外部各类结构化、非结构化数据，加强分析，支持商业模式创新、产品创新和管理创新；四是以模型化、标准化的思路重构银行IT架构，将面向流程处理的系统建设思路转变为面向客户服务，支持灵活产品配置。

尽管并非技术专家，但笔者能理解技术创新与业务创新良性互动的产品管理模式是互联网金融服务的核心竞争能力。互联网公司大多具备深厚的IT背景，往往能形成技术创新与业务创新的良性互动；而传统银行的IT部门往往只是一个支持保障部门，虽然有“业务需求引领技术研发”的研发理念，而实质上往往是“IT研发资源的稀缺性制约业务创新需求的实现”。移动互联网、云计算、大数据分析等领域的技术应用，互联网公司要明显优于传统金融行业，而且近乎每个月甚至每周都能推出优化版本的迭代创新。适应互联网时代要求，优化IT技术基础架构，实现技术升级，将成为大型商业银行实施“互联网+金融”战略的关键。

总之，大型商业银行布局“互联网+金融”，主要是适应移动互联网时代客户需求的新变化，将互联网技术和思维与现有业务进行融合，升级银行体系；大型商业银行“互联网+金融”战略的基本特点是：将互联网技术和思维与现有业务进行融合，再造银行体系，全面优化业务处理、产品创新和客户服务流程；为客户提供全渠道、多种生活平台、丰富产品创新的更便捷、更全面的服务，而不是仅将互联网、移动互联网视为一个新的客户服务渠道，不是另起炉灶单搞一套互联网金融体系。这也是大型银行与互联网金融公司在对待“互联网+”问题上的最大差别。因此，在互联网金融的浪潮中，大型商业银行依托自身优势，重点拓展手机银行、跨界电商、移动支付、智慧银行业务，已经走在了市场前列。

四、互联网技术将助推商业银行跨界拓展转型思路

在多次调研、研讨过程中，笔者确实感到未来的银行可能是跨界的银行，银行进军电商本身也是跨界的一种实践。但这种“跨界”与过去（20世纪80年代）银行“不务正业”、大量自办经济实体完全不同。

在金融创新的过程中，一般来讲有三个主要驱动因素，一个是自身盈利驱动，一个是同业竞争驱动，再一个就是客户需求驱动。过去，商业银行金融创新主要是基于自身盈利和同业竞争压力，对于客户需求重视不够，什么赚钱干什么、怎样有利于变大就怎样干，以至于自我循环、脱离实体经济。其实，商业银行产品创新和商业服务模式创新的基本驱动力应该来自客户需求。互联网金融从提出到现在，短短两年时间内得到了快速的发展，并且在社会上得到了积极的反响。为什么？笔者觉得互联网金融的价值就在于它努力地发现了互联网环境中客户的金融需求，并最大限度地尊重这种金融需求，努力运用现代的金融工具、技术手段去满足这种金融需求。这是互联网金融之所以发展比较快并得到社会广泛追捧的一个最重要的原因。

应该看到，商业银行也在一直努力。回顾历史，我们可以发现，银行业最开始不断地提升网点的覆盖面，就是为了最大限度地满足“随时”“随地”的金融需求，但银行网点无论如何改变也解决不了7×24小时服务问题；ATM的出现，解决了银行7×24小时服务的问题，但ATM仍然解决不了“随地”的问题；后来互联网技术出现了，网上银行开始介入金融服务，应该说网上银

行在很大限度上满足了“随时”“随地”的金融服务需求，但便利性仍然没有解决；随着智能手机的出现和移动互联技术的发展，移动金融应该说是最接近于“随时”“随地”的金融服务需求。最近几年，银行业从不断扩大网点，到不断增加ATM，再到发展网络银行，一直到现在所谓的移动金融，都是为了尽可能满足客户金融服务需求。

那么，跨界会不会成为未来金融业的发展趋势？因为“随时”“随地”享受金融服务的这种需求是永恒的，是无止境的，为了能够更大限度地满足“随时”“随地”的金融服务需求，未来金融服务的跨界将是不可避免的。作为银行业的经济学家，笔者清醒地认识到这一点。那么未来金融行业不仅要在跨界的环境中发展，还会在跨界的环境中不断形成新的金融关系和结构，这种未来金融关系和结构不是我们人为调整的结果，更多可能会是在跨界环境中不断变化、发展，最后形成一种全新的金融结构。在移动互联网时代，客户行为发生了巨大的变化，新一代客户习惯于通过移动设备实现“一站式”的购物体验，传统银行割裂的产品交易服务和金融服务越来越难以满足他们的要求。与此同时，一些大型的互联网公司大举向支付、信贷等传统银行业务进军，这种跨界经营对传统银行造成了很大的冲击。因此，银行也必须适应这一趋势，主动跨界，为客户提供更广泛的服务，最大限度地满足客户“随时”“随地”的金融服务需求。未来金融行业不仅要在跨界的环境中发展，还会在跨界的环境中不断形成新的金融关系和结构，创造新的商业模式。

在此背景下银行系电商应运而生。与天猫、京东等专业电商不同，商业银行做电商的直接目的不是销售商品，而是将传统的银行金融服务延伸到客户衣食住行等日常生活，为客户提供全方位的服务。在银行传统的资金交易链中，两端链接的实际上是生产者（销售者）和使用者，资金转移往往是商品/服务交易的结果，通过附加电子商务平台，银行可以将客户间商品、服务交易与资金转移融合在一起，为客户提供“一体化”的生活和金融服务。银行在电商平台上提供的，不仅是各类实物商品，还应包括更加广泛的生活服务，并与金融产品无缝融合在一起。由于定位不是单纯的商品交易平台，银行系电商不以赚取差价为目的，从而为商家和用户提供了一个高附加价值的平台，在金融交易过程中实现日常生活交易功能。随着我国经济转型的不断推进，消费在经济增长中的地位将愈发突出，互联网商业模式特别是网上购物的发展空间巨大，进而会给第三方支付、大数据金融，尤其是拥有交易数据支撑的小微贷、移动金融等互联网金融，带来井喷式的发展机遇，这也是银行发展电商的关键原因。电子商务与互联网金融历来都是相辅相成、相互促进、共同发展的，互联网金融的大发展也会反过来推动电子商务再上新台阶，使我国经济的结构更趋合理。

我们也应该看到，互联网与金融的结合，在带来一个巨大市场的同时，也出现了一些值得关注的问题。有些互联网企业脱离互联网商业交易活动转而模仿传统金融模式涉足传统金融业务，但并不具备传统银行的风险管理技术与经验；有些商业银行也在没有互联网商业交易数据支持的情况下简单地将线下业务搬到线上，有时候为了挤入市场而被迫降低政策标准。这些缺乏互联网商业交易基础的所谓创新性互联网金融行为存在着很大的风险，例如P2P网贷平台跑路风险、第三方支付平台支付安全方面的风险等。因此，监管机构对互联网金融进行差别化监管，规范互联网金融行为，营造一个健康的市场环境将是十分重要而又迫切的。

五、回归支付中介的本源，构筑以交易金融为基础的发展战略

借鉴互联网金融行业的发展经验，结合当前利率市场化的发展趋势，商业银行应当回归到支付中介的本源，充分认识到支付在整个金融生态价值链的核心地位。“无支付、不交易；无交易、不金融”，以交易为基础所衍生出来的金融服务才是商业银行与客户构建长期合作、持续创造价值的基石。

第一，以“大结算”的理念来统筹交易金融产品线。

从国际领先外资银行的组织架构来看，一般都会成立单独的“交易银行”（Transaction Banking，如德意志银行、花旗银行、汇丰银行等）或者“GTS”（Global Treasury Service，如美国银行）板块，统筹银行的支付交易与现金管理产品。而从国内商业银行来看，其支付交易与现金管理职能往往分散在个人金融、资金结算、电子银行、营运管理等多个条线。本外币相分离导致全球化趋势下跨国公司客户的境内外本外币需求无法满足，对公对私相分离导致大量游走在对公对私边缘的小微企业需求无法统筹实现，结算类产品管理分散导致产品协同不足（单位客户收款就涉及结算部门的对公转账及票据、零售部门的汇款、银行卡部门的POS收单、电子银行部门的网关支付等），支付产品工具与清算支撑相分离导致产品创新乏力，特别是在跨境、跨银行的支付创新方面

形成瓶颈，这也最终导致了各个条线各自为战，在与互联网金融行业的竞争中处于劣势，被各个击破。为此，商业银行应当树立“大结算”的理念，围绕“支付工具、账户管理、清算支撑”三个核心维度，整合本外币、境内外、对公对私相应的管理职能，统筹规划“交易银行”的金融产品线。

第二，从“交易服务”切入深度挖掘客户价值链。

支付结算只是商业银行的基础金融服务，其直接贡献只能通过“聚沙成塔”形成一部分中间业务收入，在目前国内“重融资成本、轻服务收费”的收费环境下，难以形成有效的利润支撑。但从互联网支付机构来看，基本采取的都是零收费的市场扩张策略，这不仅是由它们的商业策略决定的，更重要的则是它们更多地关注与支付相关的价值链，而非支付本身。为此，商业银行应当从“交易服务”切入，深度挖掘客户完整的价值链。例如供应链金融，应当包含了供应链收付款、供应链融资以及相应的商流（信息流、物流）服务，但国内银行往往单纯地挖掘融资链条价值，未能整体地挖掘客户资金收付背后的贸易信息。同时，商业银行应当充分借鉴互联网金融行业抢占“支付场景”的商业模式，银行简单的转账、取现、刷 POS 等支付行为已经逐步成为标准化、可替代性极强的产品，只有将服务从支付拓展到支付场景，将收付款拓展到真正的贸易行为，从中挖掘其上下游的价值链，才能真正地黏住客户，创造价值。

第三，以“现金管理”为核心整合对公金融服务。

对公客户传统上一直都是商业银行的经营重点，而从客户结构来看，往往信贷类客户只占对公客户整体的 5% 左右。95% 的非信贷类客户的主要需求集中在结算与存款服务，这一领域也是目前互联网金融行业涉猎较少、商业银行暂时还占据一定优势的领域。为此，商业银行应当充分利用在对公客户金融服务领域的专业经验和专业能力，将简单的结算服务进行升级，向单位客户提供涵盖现金流管理完整生命周期的现金管理服务，将服务全面覆盖到收款、付款、资金流动管理、信息报告、投资理财、渠道应用等领域，真正从传统的资金融通商转变为与企业生产经营深度耦合的金融服务商，以企业现金流为核心构建完整的金融服务生态链条。同时，应以主要客户群体的主要金融服务需求——现金管理服务为核心，逐步整合集成商业银行其他对公产品线，实现综合签约、综合服务、综合计价、综合收费，使便捷的套餐式产品销售以及“融智、融资、融技”的现金管理综合解决方案成为商业银行服务对公客户的主要方式，在对公业务领域建立互联网金融行业无法企及的战略性竞争优势。

第四，以“智能化全渠道、跨银行服务”的理念整合交易金融等产品。

互联网金融行业产品往往仅提供线上销售，其产品设计和研发时可以较好地考虑产品的标准化和客户体验的提升。而商业银行的金融服务同时涉及线上和线下，涉及互联网渠道与自助银行等电子渠道，涉及移动的手机银行渠道以及传统的电话银行渠道等，多样化的渠道已经成为商业银行金融服务的“双刃剑”：同一个产品服务未能实现多渠道的同步部署，或同一个产品多渠道部署生搬硬套，未能考虑渠道差异及服务方式差异，导致客户体验不一致的现象比比皆是；但相反地，只有根据服务渠道的不同特点科学规划产品部署差异化策略，有针对性地部署产品，以O2O的理念集成线上线下服务，才能真正释放商业银行的竞争优势。为此，商业银行金融服务的全渠道服务必须根据渠道及产品的特点进行“智能化”部署。此外，商业银行的全渠道服务，绝对不能再将服务的范围禁锢在本行系统内，应当充分利用中央银行超级网银、银联、SWIFT等清算组织，实现非本行客户也可使用本行的金融产品和服务，全面打破互联网金融行业的跨银行服务优势。

第五，以独创性的“交易金融平台”迅速拓展客户群体。

交易金融服务是整个金融生态的核心和基础，商业银行应当以平台化的思维来创新研发独创性的交易金融平台，迅速拓展客户群体。这个交易金融平台的基础可以是一类打包性的公共事业缴费需求，可以是一个大宗商品交易市场，可以是一个综合化商圈，可以是一个区域性商会，可以是某一行业的生产分销模式，可以是一类典型的支付场景。其核心在于以交易金融的视角，从不同维度来审视社会经济活动、挖掘商机，并通过“支付金融+增值服务”的商业模式来抢占市场，群体化地抢占客户，实现价值创造。此处的“增值服务”必须要具备独创性，例如，公共事业缴费可否与家庭日常预算支出管理服务相结合，交易市场结算可否与会员管理及交易管理相结合，综合化商圈服务可否与电子商务相结合，商会群体可否与面向单位的联名卡等打包金融服务相结合，行业客户的分销模式可否与移动收款、订单管理、多银行管理相结合等。

06 中国大型商业银行的市场困境与转型思考

2014年下半年以后，中国银行业经营发展面临前所未有的困境，承受着越来越大的压力，特别是大型银行，作为中国银行业的主体，虽然通过改制、引进战略投资者、借助国际金融危机实现了“弯道超车”，跻身国际大银行前列，但刚刚尝得改革成果没几年，又处于改革与发展的十字路口。外界，对银行经营管理的质疑此起彼伏；业内，银行业人士也产生了诸多困惑。到底应该怎样看待现状？中国大型银行业的真正挑战到底来自何方，出路何在？

一、中国大型商业银行面临诸多困惑

2014年以后整个银行业面临一些新的变化，在大家的思想中产生很多疑惑。这些疑惑在银行内部有，在社会各界也有。一是部分地方政府对银行有微词。这主要是反映经济在下行，而银行信贷对实体经济发展的支持不足，对中小企业、自主创业的支持不足。二是部分企业家对银行有意见。这主要是反映银行只是一味要存款、要结算。经济好的时候推销贷款，经济下行时定了很高的贷款标准、门槛，需要这个抵押、那个保证，企业贷款很难。三是老百姓对银行有怨言。这主要是反映过去到了银行需要排队、服务态度不好；现在银行排队少了、服务态度好了，但是钱放到银行利息太低、产品太少，而且还卖给客户不熟悉的保险等各种产品，出了风险让客户自己承担责任。四是监管当局对银行有担忧。银行内部合规管控能力、经营能力、资本水平、资产质量等都充满着风险，与国际领先银行相比，精细化管理的差距很大。五是媒体对银行有误解。部分互联网媒体对银行不良率上升、盈利能力下降进行了所谓的深度解读，有人甚至认为银行是21世纪的恐龙。所以现在整个银行业和几年前相比“判若两人”。银行到底怎么了？是不是要出大事了？

客观地讲，银行业面临的这些问题，既有外部原因，也有根深蒂固的自身原因。2008年国际金融危机之后，整个中国经济开始步入漫长的下行期。但对于这样一个漫长的经济下行期，应该说银行业大部分人并没有足够的思想准备，基本上都是按照老经验，认为“困难是暂时的，很快就会过去”。然而，经济调整的要求和恢复的困难远远超过我们的预期，没想到之后几年，经济生活面临的突出任务依然是止住下滑以及怎么把经济稳住。由于大家对这次漫长的经济下行期没有充分的思想准备，因而无论是银行业内部经营策略还是外部政策导向都没有进行及时调整，自然也就产生了诸多困惑。

困惑之一：评价和导向目标多元化，什么才是“好银行”？

漫长的经济调整期必然反映在银行的经营上。在这个漫长的下行期，银行的表现怎么样呢？答案是规模在增长，增速在下降。以四大银行为例，资产规模每年都在不断上升，但是资产的增速从2009年开始不断下降；利润在2010年达到顶峰，之后增速不断下降，2014年下降至个位数，2015年很多银行的经营目标已经变成了保持正增长、不变成负增长。但是如果拨备计提充分，把该处理的损失处理掉，那么2015年估计有不少银行实际上是利润负增长。这就给外界造成了一些疑惑：银行怎么了？是不是经营管理的能力在下降？如果不是能力在下降，为什么指标都在往下走？

通过社会各界对银行的抱怨，通过金融危机以来数据变化的趋势，其实可以看出，即使对于银行业从业人员来讲，也面临很多困惑：一方面企业缺钱，另一方面银行有钱放不出去；一方面到处都是资金需求，另一方面银行看不清楚钱该给谁；一方面讲银行要以盈利为目标，另一方面又强调大银行的社会责任；一方面ROA、ROE在下降，高管层不满意、股东不满意、管理部门不满意，要求银行提高盈利水平，另一方面又说银行的风险偏好有问题，风险太大，要审慎经营、防止不良资产反弹。总之，既要促进经济增长，又要保利润、防控风险、维护金融稳定，理财产品到期要保证兑付，还要承担社会责任。这么多目标，分别来看都是合理的，每个评价都有自己的一套科学体系，但银行到底该怎么办？这是需要我们认真思考和研究的。

困惑之二：银行“标杆”消失，下一步该向什么方向走？

国有大银行从财务重组到改制上市，一直都是一个虚心的学生，向国际活跃银行、领先银行学习，以欧美大型商业银行为业务“标杆”，通过引入战略投资等方式，学习其先进管理经验，管理能力迅速提高。美国银行战略投资建设银行不仅帮助建设银行提升了市场价值，更重要的是帮助建设银行提升了经营管理的能力，树立了风险收益平衡理念，提升了很多管理方面的技术。当时国有大银行改制的目标就是要对标国际领先银行，不断缩小与国际领先银行的差距。然而国际金融危机爆发后，国际大型银行遭受重创，纷纷寻找各自的转型模式，而中国大型银行的主要指标则都已超过国外大型银行，国际“标杆”突然没有了，“标杆”式的思维模式受到冲击。目标没了，下一步该向什么方向走？

困惑之三：银行市场份额不断下降，是不是银行的经营管理能力在下降？

虽然国际金融危机后，中国大型银行的国际地位不断提升，但客观地说，除了其自身经营能力提升之外，还有一个重要原因就是国际先进银行在国际金融危机中均不同程度地遭受冲击，使我们的地位凸显出来。更为实际的情况是，工农中建四大银行的国内市场份额不断下降，存、贷款占比呈现出下降趋势。同时，在新金融业态迅速增长的市场环境中，传统银行份额不断降低。这种变化意味着什么？是不是银行要出问题？是不是银行的经营管理能力在下降？

困惑之四：不良贷款回升，会不会超出承受能力？

自2014年开始，随着经济下行压力增大，银行资产质量出现持续恶化，不良率开始反弹，2015年迹象更加明显，上半年国内银行业金融机构不良贷款余额为1.8万亿元，同比增长35.7%，比年初增加3222亿元，已达上年全年增量的1.25倍，不良贷款率为1.82%，较年初上升0.22个百分点。更加令人担忧的是银行业信贷资产的形态也在持续恶化。2015年上半年，银行业关注类贷款余额为4.18万亿元，同比增长33.02%，较年初增加6081亿元，为上年同期新增额的2.66倍；关注类贷款率为4.32%，较年初上升0.34个百分点。银行业整体拨备覆盖率为171.76%，其中商业银行拨备覆盖率为198.39%，同比下降64.49个百分点。不良率在上升、不良额在增加、拨备覆盖率在下降，意味着银行吸收风险的能力在下降。不良贷款已经成为困扰银行、阻碍银行业发展的一个重要因素。全国大部分银行都把主要精力用在处理不良贷款上，现在对于不良贷款的处置，要么核销、要么打包出售，财务上到底能支撑多久？还有没有别的更好办法？这些都是重要的疑惑。

困惑之五：息差不断收窄，银行的收入靠什么支撑？

中国银行业收入过于依赖利差收入，占比仍在七成以上，国际上很多银行，息差收入在整个收入中基本上是50%左右。在利率市场化的节奏不断加快的趋势下，利差不断缩小将会对银行利润增速带来严重影响。这是我们面临的又一个困惑，未来的银行收入靠什么来支撑，银行的利润靠什么来支撑。过去主要靠息差，只要资产规模上去，收入就会上去，利润就会上去。但在利率市场化的情况下，息差是不断收窄的，在息差不断收窄的情况下，最近几年银行业普遍强调中收，然而这两年，经济下行，企业困难，中收来源越来越窄，再加上对银行社会责任要求的强化、可收费项目的减少，靠非息差收入来弥补息差收入下降对银行造成的影响，已不是一件容易的事情，甚至这条路越走越窄。因此，未来我们的收入、利润靠什么支撑呢？这也在困惑着我们。

二、市场空间不是银行困惑的根源

银行面临的一系列困惑有没有解？这些困惑的根源到底是什么？大型银行困惑的原因何在？有人认为是近年来经济持续下行、市场空间在束缚着银行的发展。因此，银行要走出困惑、摆脱困惑，只有等待，等待经济好转，等待经济回升。但经济放缓不是经济萎缩，经济总量不是在减少，还在不断扩张，只是增长的速度有所放缓。我国经济总量（GDP）在 10 万亿美元水平，增长速度保持在 7% 左右的中高速，是以间接融资为主要途径，在这种经济环境下，金融需求，尤其是对银行的金融需求仍然十分强劲、巨大，因而经济下行对银行发展构成束缚的说法是没有道理的。

据有关预测，即使固定资产投资增速未来几年都在 10% 以下，到 2020 年固定资产投资总量也将会达到 300 万亿元。那是一个巨大的总量，怎么能说没有市场？怎么能说市场规模对发展构成约束？

再来看消费。最近几年我国的社会消费品零售总额增长率基本保持稳定且一直处于上升趋势。2014 年社会消费品零售总额超过 25 万亿元，是 2003 年的 5 倍，比 2009 年翻了一番。居民人均可支配收入也快速增长，从 2008 年国际金融危机前的 15781 元增长到 2014 年的 28844 元。国际金融危机后，全球主要经济体中没有一个国家的居民人均可支配收入像中国这样快速增长。居民人均可支配收入快速增长给银行提供了充足的、大量的市场机会。

有人认为，市场日益成熟，改革开放给银行带来的发展红利已经释放完毕，银行发展至今遇到困难也是必然的。但笔者认为，中国是一个正在深化、迅速成长的新兴市场，市场深化所带来的银行发展红利刚刚开始释放，后续势头还很强劲。例如，中国住房市场的空间还很大，商品市场、养老市场、医疗市场、教育与文化市场、体育与旅游市场等都刚刚开始形成，距离市场的深化、成熟还很远。

所以，无论是从经济总量还是从市场深化的角度看，都不能得出银行业的发展面临市场空间束缚的结论。事实也是这样，从统计上来看，多年来金融业增加值一直呈现上升趋势。所谓银行发展遇到市场空间束缚，可能是一些人自己给自己找说辞、找台阶，而真正的市场空间是很大的，并没有构成发展束缚，更不用说存在所谓的“天花板”。

三、金融结构变化对银行发展既是挑战，更是机遇

有人认为，当前银行的困惑来自于金融结构变化。这种见解不无道理，但笔者认为金融结构变化对于银行发展不构成市场约束，客观分析这种变化，对于银行来说既是挑战，更是机遇。

（一）直接融资比重提升对国内银行业来说不是挑战而是机遇

最近几年，中国直接融资的比重大幅度提升，但是对比美国，中国直接融资的比重仍然明显偏低。美国银行业在以直接融资为主的金融结构下依然发展得非常好、非常快，这说明相关金融结构的变化并不一定对银行的发展构成制约。

其一，理论和实践都表明，无论是在什么样的金融结构下，个人客户、中小型企业都不可能离开商业银行。从美国银行业看，中小型企业、个人客户始终都是大型银行最基础的客户。一度为全球市值第一的富国银行，贷款中56%为零售贷款（包括小微企业贷款）。2013年，富国银行小微企业贷款增速为8%，超过总体贷款增速7个百分点。

其二，大型公司尤其是高评级的大型公司，虽然越来越趋向市场融资，但它们的其他金融服务仍然离不开商业银行尤其是国际化大型商业银行，例如资金循环、风险对冲、清算、现金管理等。

其三，由于大型银行具有资金以及包括投行业务在内的综合金融服务优势，即使是大型公司的市场融资活动，很多也是通过大型银行来实现融资安排的，如德意志银行、花旗银行都在帮助企业安排资金、帮助企业筹措银团贷款。事实上，富国银行营业收入中有26%来自于大型客户的批发业务，这些

业务带来的净收入占其全部净收入的40%。

由此可见，金融结构的变化，对国内银行业不是挑战而是机遇。目前，我们所遇到的问题，在于经营理念、经营思维以及经营模式没有适应市场的变化。我们总是向大型客户推销贷款，一旦大型客户不要贷款了，很多人就没辙了。其实，我们一直没有深入分析、了解大型客户的真实金融需求，没有针对大型客户的金融需求提供切实的金融服务，也正因为如此，我们的银行业才显得很被动。

（二）新型金融业态的发展，尚未触动大型银行传统业务的蛋糕

还有人认为是新型金融业态的发展，动了传统商业银行的蛋糕，是互联网金融、各种“宝”挤压了银行的发展空间，占据了传统业务的市场。事实上，新型金融业态的发展，从总体上讲并没有触动大型银行传统业务的蛋糕，但确实对大型银行产生相关性影响，部分传统客户被吸引，使银行产生“鸡肋变肥肉”的失落感。

新型金融业态兴起，首先改变了传统意义上的直接融资与间接融资的金融结构。一方面，传统意义上的直接融资比重迅速上升（直接借贷、票据、债券、公募与私募股权基金等）；另一方面，新的金融需求驱动金融服务创新，直接融资与间接融资的界限模糊。

然而，更值得担忧的不是银行和非银行金融机构，也不是银行内部，而是银行、金融机构和非金融机构金融服务的变化。过去信用中介、金融中介都是指金融机构提供者，但是近年来非金融机构提供的金融服务迅速增加，如阿里巴巴就是一个典型的非金融企业。它提供了大量的金融服务，从最开始的支付宝到余额宝，以至于到后来的阿里小贷，这些都是在非金融机构的框架下开展的金融业务。其他如P2P、众筹、民间借贷，全部都是非金融机构提供的金融服务，而且它们的增长速度是金融机构已有业务增长速度的数倍。

基于以上因素及事实，可以得出如下基本判断：新兴非银行金融机构其实并没有触动传统银行业务的蛋糕，而是进入了目前我们不熟悉、过去不屑一顾的新领域，开辟了新天地，发现了新金矿。面对新型金融业态的快速发展，传统商业银行的任务不是保卫战、阻击战，而是要积极介入新“蓝海”。

（三）边际市场改变、互联网和大数据技术应用、服务方式创新创造出新的“蓝海”

认识决定战略，战略决定未来。对于传统银行业面对的新“蓝海”，如果

我们再像过去那样不屑一顾，或者说像现在一样看见别人吃肉我们眼红，都不是正确的态度。这种不正确的认识会导致我们的战略失误，会影响我们的未来。

银行经营环境由中低收入水平（3000 美元以下）进入中高收入水平（7000 美元以上）后，边际市场的性质开始发生质变。过去 3000 美元以下的中低收入者，也就是所谓的“尾部”客户，银行往往不屑一顾。但当人均收入水平从 3000 美元进入到 7000 美元时，这其中相当一部分客户就成为当年标准的优质客户。过去银行受技术水平的限制，对“尾部”的人群市场经营成本很高，大家不愿意去做。但互联网和大数据技术的出现，使得“尾部”经营变得更加容易，成本更低，效益更高。阿里巴巴做的其实就是市场的“尾部”这部分，依靠互联网和大数据技术，成本很低、效益很高。这充分说明如果我们坚守二八原则，就会陷入被动。如果我们进入这个新领域，仍然按照过去的思维、习惯、方法、技术，我们依然做不下去。我们只有采取互联网和大数据技术才能有效经营过去看不上的、过去是鸡肋而现在是肥肉的市场。

曾经的“尾部”如今已是很大的市场。如果以 10 万美元为标准划分家庭金融资产，中国目前家庭资产小于 10 万美元的家庭占到全部总数的 93%，10 万美元到 100 万美元的是 6%，剩余 1% 是 100 万美元以上。其实互联网金融、新型业态开拓的就是这 93% 的“蓝海”市场。微众银行要干什么？其要依托腾讯的技术和海量数据，面向城市蓝领阶层以及其他中低收入者，提供便捷的金融服务，一开始的定位就是基于数据与技术的新一代银行。如果将互联网用户通过两个维度切分并测算规模，目前银行主要集中在家庭月收入超过 1 万元人民币的无网银互联网客户、非活跃网银客户，家庭收入在 4000 ~ 10000 元人民币的活跃网银用户（近三个月内曾使用）、无网银互联网客户、非活跃网银客户，银行基本是不介入的，这是一块规模达到 3 亿多客户的市场，目前主要是由互联网金融企业在经营。也就是说，这是一块传统银行业过去不愿意做、不会做也不屑一顾的市场，当互联网金融把它做大时，就会对传统银行原有的市场形成冲击，有一部分客户就会流失。

当我们面对金融结构变化时，如果没有意识到变化的实际价值在什么地方，就不会为此做相应的思想准备，更不用谈技术准备。如果宏观政策要求银行必须承担社会责任，很多人就用传统的方式去做，结果一做就赔，成本很高，反而更不愿意做，这样大型银行就陷入了一种恶性循环。最近有银行将小企业贷款引入大数据技术，推出大数据产品后发展很快，不良率很低。这说明不是没有市场、不是不能做，而是过去做的方式有问题，思维有问题，模式有问题。因此，我们不仅要看到“尾部客户”是一个新“蓝海”，还要熟悉新“蓝海”，适应新“蓝海”。这才是转型！

四、银行都在找方向，“分化”将成为未来银行的基本特征

基于市场中金融需求的变化趋势，金融供给模式必须相应做出调整。作为金融供给主体的大型银行，谁先认识，谁先行动，谁将成为主导未来银行的领袖。未来银行到底会怎么样，现在并没有共识，因为没有清晰的蓝图，但正因如此，恰恰说明银行探索未来的发展方向至关重要。每家银行都在寻找自己的方向，都不可能再通过复制别人来取得成功，所以“标杆”消失之后，方向要自己找，路要自己走。

“分化”将是国际银行业的基本趋势。从欧美银行业发展的趋势看，国际金融危机后，分化是基本的趋势，而分化的本质就是形成自己的经营特色、经营优势。国际银行的ROA、ROE是完全不一样的，有的高，有的低，高低差距很大，说明银行不再是同质化。每家银行都形成自己的特色、形成自己清晰的定位，不可能再像国际金融危机前那样大家都是一个样子，清一色的“高大全”。例如，花旗集团是具有创新精神的国际化的零售银行，摩根大通是以批发银行为主、不断推进零售化的大银行，汇丰集团是以贸易融资为特色、以批发银行为主的国际化的银行集团，美国银行是本土化的著名零售银行，富国银行是以传统业务为主的、具有独特经营理念和经营特色的银行。未来还将会出现各种各样的特色银行，如综合化、多功能、国际化银行，零售商业银行，低成本银行，特色领域的专业银行，纯网络银行，生活银行等。

展望未来，中国银行业的同质化发展模式必将被打破。目前中国银行业的ROA、ROE基本上差不多，同质化严重。未来的银行业肯定会从同质化走向分化，不同银行会形成各自不同的经营特色，这种不同的经营特色不同于过去我们政府主导的专业银行，而是不同的银行在市场当中找到自己的定位。

从深层次上看，客户需求深化是银行分化的动力，嵌入式的综合金融解决方案将决定公司金融业务的分化，便捷和跨界将决定个人金融业务的分化。过去所谓的创新都是在盈利、同业竞争驱动下的转型与变革，而当今银行转型与

变革的主要动力源自客户需求的变化。把握需求趋势，深刻理解不同市场主体的金融需求，准确定位各自银行的市场战略，将十分重要。

传统优质客户的金融需求不再局限于传统的存款、贷款、结算等基本金融服务，存款需求逐步深化为公司理财、现金管理需求，客户不仅需要获得安全稳定的收益，而且要创造更大的效益；贷款需求逐步深化为一揽子的综合融资需求（项目融资、供应链融资、贸易融资、发行公司债与票据甚至股权融资等），以及信用增级服务、汇率与大宗商品交易的市场对冲等，并要将综合融资嵌入业务流程，配合公司整体战略实施，成为综合竞争力的一部分；结算需求逐步深化为现金管理需求，达到最佳的资金使用效率。

就个人业务而言，客户对金融服务的移动化、便捷化的需求日益强烈，随时、随地、随意满足其金融需求成为银行金融服务的首要目标。如何能够解决随时、随地、随心所欲的这些金融服务需求？只能依靠技术的进步满足客户需求。ATM 解决了“随时”（八小时、五天工作制的束缚）问题，智能手机的出现解决了“随地”问题，但距离“随心所欲”还有不小差距，而客户却有这样的需求，我们就要创新探索，如智能银行、智慧银行都是这样一个概念。未来的银行服务，金融供给会出现跨界的趋势。为客户提供商品推荐、购买、支付、物流等一揽子的综合跨界整合服务将会成为银行一种新的金融延伸服务模式。

还应该看到，风险管理能力将决定银行业资产质量的分化。不良贷款上升、资产质量恶化，虽然与经济下行有关，但把相当多的案例放在一起进行分析，会发现不完全都是经济下行的必然产物。不同的银行在风险识别能力、风险监测能力、运行手段方面的不同，会导致资产质量的差异。以某家银行中小企业贷款的不良率为例，传统的小企业产品不良率是 3.1%，阿里小贷是 1.5%，银行创新性的大数据产品不良率是 0.12%，这就是一个典型的分化。

综上所述，国内银行业当前面临一系列的困境，其实有些困境并不是绝对的困境，是因为市场在变、客户需求在变，而银行的思想、思维、理念应对滞后，所以显得处处被动。如果银行能够适应这种变化，及时调整经营理念、转变经营模式、创新经营服务，它就不是一种约束，而是一个难得的机遇。具体到同业，谁变得快，谁就赢；谁变得慢，谁可能就被动；谁不变，将来可能就会被淘汰。

07　中国大型商业银行战略转型的客观性与特殊性

目前，全球经济仍然处于国际金融危机之后的深度调整期，金融市场不确定性仍然很大，国际银行业纷纷实施战略调整，积极推动转型来应对外部环境变化。国内经济面临结构调整、增长方式转变的重大挑战，全面深化改革成为经济摆脱困境的根本出路，银行业发展也面临前所未有的机遇与空前挑战，而经营转型与战略调整已成为业界的共识。如何应对经营环境变化的新挑战，探索趋势前瞻、现实有效的转型发展思路，既是各家大型商业银行迫在眉睫的任务，也是监管部门、投资者、学术界等共同关心的问题。作为一名置身市场前沿的观察员、研究者，我想谈谈自己的一些观感，供有关各方在思考银行业转型发展问题时参考。

一、怎样看待银行转型的动力

所谓银行转型，概括来说是银行的决策者根据外部环境变化，对银行自身的体制机制、运行模式和发展战略进行大范围的动态调整和创新，将旧的发展模式转变为符合未来发展要求的新模式。回顾近现代银行发展史，银行转型并不稀奇。不同主体的状态及其对客观环境的适应程度，决定了转型动力的多样性，由此，国际银行业转型大体上也可以分为以下几类。

第一类，生死存亡关头要转型。比如，商业银行营业收入急剧萎缩，或者风险到了不可承受的时候，持续经营面临严重挑战，不得不转型以避免出现破产危机。如花旗银行在20世纪80年代末，由于在海外及商业房地产方面的不良贷款而陷入了困境，1991年税后利润亏损9.14亿美元。此后，经过里德领导的三年复兴计划（1992～1994年），花旗银行迅速调整了资产结构，恢复了资本实力。

第二类，市场竞争加剧时要转型。国外银行业并购很频繁，在同业竞争越来越激烈的情况下，商业银行如果不跟随市场发展趋势转型变化，市场竞争力就会减弱，就会因市值相对缩小而被别人吃掉，这种情况会发生在市场上升期，也会发生在经济危机期。如20世纪90年代以来，由于银行的传统业务领域竞争日益激烈，美国大型银行开始通过并购进入投行、保险、证券、资产管理等新的业务领域，这一转型之举进一步奠定了美国银行业在全球银行业的领袖地位。

第三类，效率低下情况要转型。商业银行染上“大企业病”，到了客户体验与员工感觉很差的不可容忍地步，尽管还没到生死存亡紧要关头，但已处于亚健康状态，爆发危机的风险持续增高，其管理层也会主动基于公司效率和体验下降状况而进行转型。我国从20世纪末专业银行向商业银行的转制开始，到21世纪初以“客户为中心”的体制和机制调整，提升效率和增进服务均是重要考量之一。

第四类，面临挑战情况下要转型。在外部经济环境与监管政策急剧变化、科技迅猛发展的情况下，客户的需求在变，银行在传统经营模式、经营方法已不能适应迅速变化的客户需求情况下，如果不转变，客户就会流失。而缺少客户基础的银行，注定是要被淘汰的。2008年国际金融危机后，随着全球经济增长的泡沫挤出，日益严厉的金融监管和资本金要求导致金融衍生品交易的空间和土壤环境恶化，为尽快修复其资产负债表，欧美银行被迫开展了大规模的去杠杆化活动。

第五类，顺应发展趋势变化的转型。经济和市场在不断变化，有些变化会成为未来主流或趋势。如果银行能及时捕捉到市场发展趋势，前瞻性地进行战略转型布局，将会在市场竞争中处于更加主动的地位。如果银行忽视了市场发展趋势，就等于放弃了机会。随着经济“全球化、城镇化、数字化”的日益深入，大型银行业也日益向全球服务、智能银行、一站式服务等方向不断推进转型升级，就是顺应大势的转型举措。

从当前国际国内形势和银行经营管理的实际情境看，中国银行业或多或少同时面临以上这些问题，既有走出短期困境的现实压力，也有构建核心竞争优势的长远需要，中国银行业的转型发展势必会是上述五种情形的组合。所以，我们注定要面对的是一个很复杂、很长期的转型过程。

二、必须看到大型银行转型发展的复杂性与长期性

转型是对业务和管理进行的结构性变革，具有系统性、跨越性、阶段性等特点，往往自上而下，涉及思维观念、组织架构、业务流程、人员能力等一系列变革，不可能一蹴而就。与中小商业银行的“船小好掉头”相比，大型商业银行实施战略转型更加复杂，需要经历较长的时间才能完成，国际大型商业银行转型发展的实践很好地证明了这一点。而对中国大型商业银行来讲，实施战略转型制约因素更多，难度比国外银行更大。为此，要在思想上充分认识，并做好打持久战的准备。

（一）银行战略转型本身就是复杂的系统工程

任何商业银行要成功实施战略转型都必须经历转型目标的确定、转型的实施、转型的评价（控制和修正）等复杂过程。实施战略转型，必然涉及商业银行经营目标的确定，包括商业银行的战略愿景、使命、阶段性发展目标以及一些核心经营指标（如资本充足率、税前利润、股本净回报率、总资产净回报率、不良贷款比率、成本收入比率、中间业务收入占主营净收入比重等）的调整。首先，要根据自身特点、历史惯性和核心业务、产品、主要客户群以及主要竞争领域等选择不同的战略愿景、使命与目标。如致力于建设世界一流的综合性、大型商业银行，就必须建设和培育具备世界领先的客户服务能力和金融创新能力，在某些业务领域具备世界领先的核心竞争力。而致力于建设更加专业化、特色化服务，在某一领域、区域培育自身特定核心竞争能力的商业银行，就必须在相当长时期内建立和实施与其竞争对手不同的业务模式，在金融产品提供、金融服务方式、目标客户选择和主要竞争地的确定上做出与众不同的选择，使其业务特色成为吸引客户关注、获取市场份额的强有力的核心竞争力。其次，战略转型实施过程中，在不同的战略目标下，商业银行还要对现有业务组合、潜在业务或新型业务如何出色地适应商业银行的实力等进行评估，然后重新界定商业银行的业务范围，并做出科学的调整和改变。同时，要确定战略转型的分阶段目标，审查和批准资源需求和辅助行动方案的子战略，制定与战略转型有关的长期预算，巩固培育商业银行全新的企业文化等。其间还通常会遇到如利益障碍（特权利益阶层的反对、员工担心岗位的安全与变动而带来的障碍）、文化观念障碍、人才障碍、沟通障碍等。最后，要对战略

转型实施过程中所产生的实际效果与预定的转型目标和评价标准进行比较，评价工作业绩，发现偏差，采取措施进行修正。任何商业银行实施重大的战略转型，都必须做好这一战略管理过程的每一个环节，否则就会功亏一篑。

（二）大型银行战略转型的复杂程度更高

俗话说“船小好掉头，船大拐大弯”，大型商业银行由于业务规模大，业务领域宽，覆盖的区域广，员工、机构多，风险管理复杂，收益结构多元，企业文化和经营理念等方面的惯性强，在实施和完成战略转型上会更复杂。同时，大型商业银行处于领导市场潮流的地位，实施的战略转型往往是为了实现在产品或服务上有相对于竞争对手的独到之处，拉开竞争距离，往往需要全面重建和更新业务体系，并在研究经费和科技力量等方面进行超前投资，转型成本较大。中小商业银行则采取跟随战略，可以减少试错成本，降低转型风险。从国际大型商业银行的转型实践看，花旗、美银、汇丰、德意志、瑞银等，在风云变幻中，经过大浪淘沙而生存下来，成为国际金融业不可替代的领跑者，分析总结其转型发展轨迹，不难看出，它们都经历了一个长期、复杂的过程。

（三）国外银行战略转型都有长期性和复杂性的特点

收集分析国际银行业转型发展史料，我们不难发现那些著名的银行在实施战略转型过程中基本都呈现以下特点：

一是转型的时间跨度长。花旗集团1998年确立了“全球化、多元化、一站式”战略，为了尽快向这一战略转型，花旗集团实施了频繁的并购活动，到2007年，其全球化、多元化服务架构才基本稳定下来，前后经历了10年时间，这10年间花旗来自非美国地区的经营净收入占比上升了15%。美国银行为实施“本土第一零售银行”的转型战略，踏上了并购抢占本土市场的征程，从与国民银行合并开始，先后经历了20多年的收购及业务整合才确立了美国第一零售银行的霸主地位。德意志银行在20世纪80年代致力于由一个德国的本土零售银行向全球化的投资银行转型。为此，1986年收购美国投资银行C. J. Lawrence，1988年收购加拿大投资银行McLean McCarthy，1989年收购英国摩根建富集团，2005年与嘉实基金公司成立合资基金管理公司，2006年收购德国柏林银行、加利福尼亚的Mortgage Originator和英国的私人财富管理公司Tilney Group，经历约20年的布局，才构建了高端化、投资银行化的业务模式。

二是业务整合过程曲折、痛苦。在实现国际化、多元化转型发展过程中，国际大型银行均获得了极大的范围经济、协同经济效应，但其业务整合也经历了一个曲折、痛苦的过程。花旗集团在大规模并购后部分并购业务并没有达到预期效果，先后又剥离出售了财险、寿险和资产管理业务。美国银行在1999年《金融服务现代化法案》颁布之后，第一批申请变成了金融控股公司，在以零售银行为主的基础上，开始不断开拓投资银行业务领域，向旗下投资银行注资6.75亿美元，支持其在杠杆收购、市场交易方面与花旗银行、JP摩根等投资银行一较高下，但2007年投资银行业务的14.5亿美元巨额交易损失，使其下定决心调整业务战略，宣布收缩投资银行业务。德意志银行在不断并购的同时，也陆续剥离了那些发展战略中不重要的、盈利能力不强或需要过多资本的业务。

三是风险内控管理难度加大。在持续进行大规模的转型和并购后，大型银行的管理难度会进一步加大。花旗集团经过1999~2004年的频繁并购，分支机构遍布全球，资产扩张近1倍，员工数量增长超过60%，管理半径急剧扩大，管理难度也相应增加，风险内控管理更是顾此失彼。2002~2004年，花旗在美国、日本、英国、意大利、韩国等地频频爆出合规丑闻，严重影响了其国际声誉，促使花旗集团的国际化、多元化发展从最初的“激进扩张”（1998~2003年）转向“稳健调整”（2004~2007年）阶段。美国银行在收购其他银行后，出现了服务质量下降、企业文化融合障碍等问题，陷入“贪多嚼不烂”的窘境。为此，美国银行打出了一系列组合拳，从统一公司业务、迅速颁行管理规则、创造优势产品服务的“六西格玛模式”等方面，加大了后期的整合力度，最终才实现了竞争力的提高。

四是对组织架构适应性要求提高。建立一个合适的组织架构是商业银行战略实施和业务有效运转的基本前提。国际大型商业银行每一次的重大战略转型都伴随着大规模的组织架构调整。自1997年开始，德意志银行先后进行了三次较大规模的组织架构调整，成为梳理、发展核心业务的基本保障。花旗集团在1998年的全球消费者服务、全球公司与投行业务、投资管理、私人银行业务四大业务集团为主的组织架构基础上，为顺应业务需要，对组织架构进行了调整，到2007年，形成了以全球消费者服务、全球公司与投资银行、全球财富管理三大核心业务以及选择性投资业务集团为主的组织架构体系。瑞士银行公司和瑞士联合银行在1998年完成合并后，为充分发挥协同效应，先后于1998年、2000年和2003年对组织架构做了三次递进式调整，将集团核心竞争力有机整合在一起，从而实现最大增加值。

（四）中国大型商业银行转型的难度更大

国外领先、成熟的银行转型尚且如此，在中国特殊经济环境中成长的大型商业银行转型难度更是可想而知。

第一，中国大型商业银行仍然带有浓厚的国有色彩，形成了一套自己的文化和管理操作体系。国有大型商业银行均脱胎于专业银行，虽然经过商业化改革、股份制改革并上市，但在公司治理结构、经营机制等方面与国际大型商业银行相比还有差距，在完善“三会一层”治理结构、激励约束机制建设等方面还有待进一步突破。尤其是这些银行没有经历过残酷的市场化竞争和淘汰，过惯了躺着赚钱的好日子，在分析判断未来趋势时，倾向于将未来视为现在的延续，对市场反应的灵敏度较弱，缺乏紧迫感和危机感，对转型发展的主动性、前瞻性普遍不够。

第二，中国大型商业银行实施转型的方式和手段比国外银行少。国际大型商业银行大多通过兼并、收购等方式进入新的业务领域，或通过分拆、外包等方式摒弃不符合战略目标的业务，从而补充和完善业务体系，以此实现转型。如某产品、业务单元不行，就可以直接把这个业务单元卖掉。需要进入某个业务领域时，就可以在市场上购买。但国内缺乏成熟完善的金融市场、资本市场和并购市场，也缺乏专业化、特色化的并购标的来帮助国有大型商业银行实施转型，更多需要通过内生增长方式将业务领向新的地域、开发新的产品线和服务种类等来实现相应的转型。

第三，中国大型商业银行过多层级的组织架构不便于转型调整。业务转型一般是由上而下发起和实施的，层级过多、利益主体多元，必然加大转型难度。同时，经营理念、管理指令等层层传达，也会出现信息失真和衰减，影响转型实施。国际大型商业银行基本上都实行单元制，转型的层级主体就是总行和业务单元。转型战略的贯彻和实施目标单一，容易执行。而国有大型商业银行的组织架构是由总行、省分行、地市行、县支行、网点五个层级组成，在某种程度上，每个层级都是一个责任主体。这就导致全行转型的思想、要求、理念具体到每家分行、业务单元和岗位时各有侧重，需要在总行转型战略框架下分别制定分行、支行、基层网点以及业务单元等具体的转型子战略和目标、措施。

第四，中国大型商业银行在人力资源方面的约束比国外银行大。国际大型商业银行的用人机制是完全市场化的，一人一岗，定岗定责。在转型调整中，随着某个业务单元或部门的裁撤，人员可以马上解聘或辞退。当业务发展需要某些类型或岗位的人员时，可以马上在市场招聘获得，灵活方便。但国有大型商业银行转型中不适应岗位发展的人员更多需要内部消化，员工如果没有违反工作纪律、出现重大失误等情况并不能轻易辞退。而且国有大型商业银行人员的结构不合理，一方面，拥有比国外银行多很多的员工，但另一方面，在金融市场交易、投资理财、网络技术、风险管理等方面的专业人才又稀缺，在业务转型过程中伴随着大量的人员转型，要进行转岗培训，难度更大、更长期。日本经济金融在20世纪90年代的危机中，就深陷“债务过大、设备过剩、雇用过多”的“三重苦”，大大拖累了经济复苏和银行转型的步伐。

三、积极看待经济形势变化与银行转型发展的关系

银行业的经营模式是在特定的外部制度环境、市场因素与银行内部经营变革的均衡中实现的。尽管各国银行体系存在较大差异，但不同国家的银行转型路径均与经济金融发展程度密切相关，转型的启动都是在特定的背景下发生的，并普遍走差异化发展道路。

（一）形势变化决定了银行要不要转型和如何转型

我国商业银行现有经营模式源自旺盛的信贷需求、充沛的资金供给和稳定的利差环境，随着我国社会经济新常态到来，供给侧结构性改革和利率市场化加速推进，支撑这一模式的外部环境条件也不复存在。目前银行经营中出现的困难，恰恰说明银行自身存在着问题，银行的经营理念、经营模式和管理体制机制，包括技术和产品，都已不适应形势变化要求。从产业和行业选择看，银行过去长期支持低端制造业发展，还有一些信贷投放在产能过剩、高能耗、高污染行业，所以经济结构调整必然会加大银行的信贷风险。在客户选择方面，信贷偏好“铁、公、基”，倾向“贷大、贷长、贷垄断”，过分集中到政府融资平台上。大企业随着利率市场化的推进逐步转向以市场为基础的融资，经济放缓后投资下滑导致贷款需求不足。这些银行过去非常熟悉且高度依赖的市场正在发生巨大变化，使银行感到无所适从，感到经营困难。如果银行不把握经济增长方式、经济结构变化趋势，及时调整战略，加快转型发展，银行将来会更被动。

银行的资产模式、经营模式，必须与经济结构相适应，与变化了的经济增长方式相适应，这一点是发达市场银行业转型的普遍经验。如20世纪80年代初（利率市场化初期）日本银行对中小型企业的贷款不足1/2，到80年代末（利率市场化的中后期）增长到近3/4的水平。美国银行在20世纪70年代盈利结构中利差收入占绝对主导地位，到90年代利率市场化结束时中间业务收入占到了40%左右。中国银行业的转型，需要对接国家战略，适应智能制造、新型消费、现代服务业和新兴产业的金融服务需求。对于这些新兴业态、高科技行业，银行还要研究怎么做的问题。如果还用传统的信贷思路去做，肯定要碰壁。比如，一些高端装备制造业的大企业其实并不差钱，但是需要金融服务，这对银行基层机构培养金融服务能力又提出了新的要求。

（二）正确看待经济金融形势变化，不要过分灰心，更不要丧失信心

我们要看到的是，尽管我国经济增速下行，但是经济增量仍然很大。印度尼西亚是一个非常活跃的新兴市场国家，人口超过2.48亿人，仅次于中国、印度、美国，居世界第四位。中国现在每年7%增速情况下的经济增量就相当于其全年GDP，这表明中国的经济增量是很大的，经济增速下行并不构成市场对银行发展的根本束缚。银行不能光看着经济增速下行，而没有注意到经济总量的持续增加。

有人说目前金融结构在变，金融改革在深化，这对银行经营构成了严峻的挑战。对此要从正反两个方面来看。以利率市场化为例，美日两国利率市场化后，短期内净息差和存贷利差明显收窄，确实对银行盈利模式造成了冲击。但是从长远来看，净息差的走势取决于宏观经济环境与银行经营风险能力，净息差波动较存贷利差更趋稳定。美国利率市场化改革的结果只是银行经营的分化，并不是所有银行都面临着相同的压力和挑战。利率市场化后，美国有的银行只有不到1个点的利差，但是有的银行却能够保持3个点至4个点的利差。这说明利率市场化并不一定导致所有银行息差收窄，关键是看银行的经营管理能力。直接融资也是这样，最近几年直接融资占比越来越高，大家普遍感觉到经营压力越来越大，但美国的商业银行在很高的直接融资比重下仍然持续快速增长，原因在于它们已经找到了直接融资快速发展环境下商业银行的经营模式。

（三）未来中国银行业发展依旧存在较多机遇

随着供给侧结构性改革力度的加大和金融市场改革开放日益深入，与国际

同业相比，中国大型银行未来将面临四大历史性机遇。把握好这些历史性机遇，将带动银行业务转型、资管工具变革和业务模式调整。

一是混业经营。利率市场化和金融管制的放松，客观上增加了金融混业经营的必要性，也有利于提高金融体系效率和国际竞争力。国际经验表明，混业经营将带来银行中间业务收入的快速增长。美国、日本都是在利率市场化的后期放开分业经营的限制，导致了银行业务模式和利润结构的很大改变。

二是全球化资产配置。当前我国金融体系对内利率市场化不断加快，对外人民币国际化也在提速，双向开放格局将加快企业、居民和银行自身全球化资产配置步伐。这就要求银行建立跨地区、跨国家的资产管理、投行和财富管理平台，根据不同市场的特点配置资源。

三是衍生市场扩容。根据国际清算银行的相关统计，当前全球流动性的75%来自金融衍生产品，而银行存贷款业务形成的流动性仅为全球流动性的11%。金融衍生市场的规模和体量足以支撑全球商业银行长期持续增长，也是国际活跃银行获取竞争优势的重要领域。随着未来中国金融市场改革的深入，衍生市场大扩容将为中国银行业提供发展契机。

四是经济转型升级。随着未来中国经济转型升级，新能源和智能制造等新兴产业、精细化工和有色新材料等转型领域、健康和养老等新消费热点对经济增量的贡献将逐步增加，银行在上述领域依然有很大的潜力和空间。

四、大型银行转型发展出现积极进展，但策略层面的问题仍然亟待解决

以前在推动转型时，主要是银行总行出面推动，分支机构主动性不够，基层机构普遍反映，总行要我们转我们就转，总行提出转型的口号我们必须要喊，就是把这个旗子打出来。但是现在，各级机构普遍感觉到不转型就没有出路，业务发展就越来越被动，转型才是提升市场地位、摆脱当前困境的唯一出路。这已经成为银行上下整体的共识。

过去银行的分支机构在转型方面的动作，大部分是被动的，基本上属于总行有要求，分行按政令必须要有所作为。但近年来，银行各级机构、部门已经开始创造性地推进转型工作，创新转型方法，形成了很多主动转型的行动，这是一个很大的变化。

银行推出的转型措施，无论是在客户、市场还是结构调整等方面都取得了很好的成效。换句话说，如果银行不提出转型，不主动推进转型，面临的困难可能比现在还要大得多，面临的矛盾可能比现在还要更尖锐。

虽然银行业已认识到转型的重要性，但由于转型的迫切性不同，在不同层级、条线和岗位上，转型推进工作还是存在着很大差异。有的银行、分行转型推进得比较快，但是也有的银行、分行还处于被动应付转型要求状态，有的业务单元转型推进工作也相对滞后，如果再深入到二级分行、基层网点这些层次，差异就更大。

在转型推进过程中，新、旧经营管理理念和体制机制的冲突加剧，必然要产生一些矛盾和问题。如果这些问题不解决，不仅会影响转型的效率，也会动摇银行对转型的信心，会直接影响转型的成败，必须引起银行高度重视。

（一）关于定价问题

产品定价问题是银行在转型过程中经常面临的、需要充分权衡的问题。对于国内大型银行而言，解决好定价问题要注意几个方面：一是要有大银行的市场定位，要有市场领袖意识，不能简单使用追随战略。其实国外大银行都是如此，汇丰银行的定价能力对香港市场影响很大，有着很重要的引领作用。国内大型银行在市场定价方面要有领袖意识，各分行在当地市场的地位取决于银行整体的市场影响力，市场份额很高，也未必是市场领袖。二是要加强定价能力建设。在过去价格管制情况下，银行较少考虑定价能力建设问题。但在利率市场化情况下，定价能力将决定银行的地位，也决定银行的竞争优势。目前，银行的定价能力还很弱，也普遍在研究定价能力建设问题。银行在进行资金定价时要把资金、风险、运营和机会成本等综合考虑进去，这样才能真正提升定价能力。外资银行在综合定价时都会考虑机会成本问题，这点可以借鉴。此外，银行要避免内部计价出现严重的内部寻租，否则就会出现逆向调节，我们的价格政策、价格管理就会失败。

（二）关于考核问题

考核问题很重要，不考核无法建立激励约束机制，如果考核不科学、不到位，就会出现逆向激励和反向约束。在进一步完善考核机制方面，有几点需要考虑：

第一，考核要注意解决统一性和差异化问题。这是中国大型银行在考核方面面临的一个特殊的问题，国外银行也有，但没有中国这么突出。许多国外银行考核方法与中国银行业不同，它们是一对一地对考核目标进行谈判。例如，它们的总行对北京市场进行了充分研究后，会跟北京分行谈考核目标，相应配备资源，到最后提出考核要求，是一对一地谈。因此，它们不存在着全行排序问题。国内大型银行，既要考虑考核的统一规则，对全行提出统一的要求，又要更多地考虑区域市场特点，对各分行进行差异性的计划安排、资源配置、考核要求，这也是一个需要转型的方向。

第二，考核方案设计要解决“面子”和“里子”问题。大家很注重考核结果的“面子”，但往往忽视了考核的实质即考核的“里子”。在考核时要注重排序，更重要的不是关注排序，而是要对每一家分行做出全面、深入的评价，其实这是考核的“里子”。过去国内银行曾经对各分行的风险进行排序，但同时又对每一家分行的风险驱动因素、管理薄弱环节和内控情况都进行差异化的评价，其实这种评价对改善管理是很重要的。将来应该把注意力更多地放在通过考核提升自己能力上去，更好地利用好考核这个管理手段。

第三，考核时要注意把战略重点和日常管理分开。日常管理的考核方法和战略转型的考核方法不一样，把日常工作放到战略转型上来考核，弄出几十项考核指标，会淡化考核的战略导向功能。

第四，要重视对分支机构价值创造的综合考核。不仅要考核拨备后利润，还要考核拨备前利润，通过拨备处置不良也是要花费资源的，这些资源也是分支机构创造的。因此，考核拨备前利润是有意义的。要能算清楚各分支机构对银行的总体贡献，也就是衡量其价值创造能力，这里价值创造的计算应该是大口径的，包括对银行全系统（含子公司）的协同贡献，以及业务单元制情况下对业务单元的价值贡献（比如信用卡业务）。国外银行都是多边记账的，多边记账的结果就是可以准确考核一个机构的价值创造，国内银行以后要好好算算分支机构价值创造的情况。每一笔收入都会关联到相关的机构、产品和业务发生地。

（三）关于人力资源管理问题

国有银行的人力资源在一定程度上带有“终身雇用”和“年功序列”的色彩，越来越难以适应信息化和经济全球化潮流。导致中国银行业转型时，在人力资源管理方面的约束比西方银行要大得多。西方银行虽然可以很方便地将员工辞退，需要时又可以在市场上公开招聘，但它们在转型过程中也都遇到一个留下来的人怎样适应新岗位的问题。国内银行业最近两年也遇到这个问题，中后台集中之后，富余人员补充到前台去当客户经理，也面临一个怎样适应新岗位的问题。事实上，业务调整好实现，但人员岗位变动很困难，部分员工受知识与能力有限的影响，不一定都能胜任新岗位。所以，银行在转型过程中要重视人的转型问题。不要认为一个新产品出来了，一个新业务部门建立了，业务发展马上就能上去，如果经营产品或业务的人不能实现转型，业务转型是很难实现的。

人的转型方面有几个问题值得研究。一是存量结构优化，主要措施是实施岗位轮换，促进员工积累经验，提高能力，在部门之间、员工之间形成互补和协同机制。要加大转岗培训力度。在转型过程中，不可能把业务流程再造时富余出来的人员解雇，必须内部消化，必须注重转岗培训，而这些需要各银行分支机构自己完成。二是扩展雇用形式，通过加大社会招聘力度，用增量引导存量结果优化。人才流动是正常现象，别人可以挖我们的人才，我们也可以挖别人的人才。三是要建立特殊人才激励机制。转型尤其是从传统业务转向全新业务领域，是需要一些特殊人才才能实现的。如何建立特殊人才的激励机制，是人的转型中面临的一个重要问题。四是对管理岗位进行科学评价。银行现在对客户经理有一些较完备的绩效考核指标进行评价，但对于管理岗位评价的问题一直没有很好解决，但这个问题不解决也会阻碍我们的转型发展。五是岗位精细化管理的问题。所谓精细化问题就是把岗位职责设计得更加精细，说明得更加明确。国内银行很多岗位都缺乏明确的责任说明。许多国外银行在员工入职的那一天，一定会拿到一份岗位职责说明书。这也是我们未来转型能否成功的一个很重要的方面。

（四）关于创新问题

转型必须要创新，没有创新就很难推动和实现转型。创新要围绕着满足客户需求，围绕着提升价值创造能力，围绕着降低风险或使风险更加可控展开。要加强对创新的总结、评估和推广，要将比较成熟、有效的产品或服务在银行推广。最近几年在创新方面也存在一些亟待解决的问题：要么是大家相互简单照抄，要么是重打锣鼓另开张，再搞一次。在创新政策方面，要有一个鼓励创新推广应用的激励机制。有些高科技企业科研部门研发出的新产品中，市场反映好的产品，研发人员可以有分成收入，市场反映不好的产品，研发人员要承担相应的责任。对于不便分成的创新产品，公司总部也会将成果从科研部门收购，免费供集团内部使用。因此，对于产品创新团队一定要有激励约束机制，这样才能达到鼓励创新的目的。

（五）关于基层机构适应能力的问题

部分银行基层行员工对转型存在五个不适应问题：一是不适应已经变化了的行业趋势。行业趋势在变，但基层行还没有完全把握住。二是不适应客户变化的趋势。现在的客户跟之前不一样了，现在的客户需求跟之前也不一样了。基层行的工作更多是帮客户安排资金，而现在的客户需求不仅仅是存款、贷款，而是组合型、多元化的。三是产品不适应市场需求。目前基层行的产品创新更多的是在于怎么能让总行审批更容易通过，这样的创新没有集中体现在价值创造上，而体现在价值分配上。四是渠道不适应现代金融服务需求。有些人想到渠道就是建网点，未来电子银行、移动金融不一定依靠网点。五是客户选择和判断标准不适应经济的变化。基层行现在判断客户的好坏主要看财务报表，但是很多的新兴业态通常仅靠一间办公室和几台电脑可能就有很高的价值创造。小企业客户也是这样，对小企业客户的判断不能仅按报表，也不能按照公司客户的方法去做小企业。新兴的互联网金融企业在用互联网的技术和大数据的方式来判断和选择客户，客户有现金流和交易量可能比有财产还要安全。另外，银行还会面临全社会的养老问题，这些人的金融服务需求也非常大。银行在客户选择和客户标准方面还没有完全适应经济的变化。

附　中国大型银行转型战略的几点思考

目前关于中国大型银行市场战略的研究和讨论很多，笔者自己也做了些思考，提出来参与这场研究和讨论。

一、战略问题是最高层次的发展问题

战略是在竞争中为达到一定目标而进行的全局性、长远性的谋划，战略问题是最高层次的发展问题。我们对战略的内涵、价值、目标及风险应该有深刻的认识。

（一）战略管理能力是最核心的竞争力，战略实施过程是最高效率的价值创造过程

战略正确带来的价值是巨大的、长远的。国际一流的银行都有其明确的战

略定位。比如美国的富国银行，一直坚持本土战略，只做熟悉的客户、熟悉的市场和有优势的业务。其扎根于美国本土的市场定位，深耕于个人和小企业的客户选择，成功的交叉销售策略，最终使其在美国本土零售领域有着无可比拟的竞争力，成为全球同时获得穆迪和标普最高评级仅有的两家银行之一，并连续20年保持较快增长（国际金融危机时期除外）。一家银行尤其是大型银行必须具备这样的核心竞争力。

（二）战略选择的核心是基于自身优势的方向选择

战略的核心是方向选择问题。一方面，战略选择除了要适应外部环境的变化外，更要结合自身的竞争优势。比如，20世纪八九十年代，当其他银行还致力于欧美市场时，渣打银行看准了亚洲、非洲及中东等新兴市场国家强劲的增长，果断调整区域发展战略，转向以新兴市场为重点，并提出“新兴市场的银行”的发展定位。这种战略选择和其对当地市场的熟悉程度及跨国经营能力等自身优势密不可分，最终使得渣打银行成功扎根新兴市场。另一方面，战略理念的关键就是培养长期、可持续、不易被竞争对手复制的竞争优势。渣打银行长期扎根新兴市场的战略选择及战略实施也使其在新兴市场中比其他国际银行具有明显的竞争优势。所以，从长期角度而言，战略选择就是一个挖掘、培养、发挥自身优势的过程。

（三）战略选择带来的风险是根本性的、最具颠覆性的风险

战略方向选择的正确与否在很大程度上直接关系企业的生死存亡。在信息科技快速发展的今天，因为战略上的重大失误而失败的案例比比皆是。比如柯达公司，在数字时代来临之时，固守于传统的胶片市场，为保住对胶片产品的垄断地位，没有及时进行战略转型，错过了发展数字业务的最佳战略机遇期，最终导致了其走向破产。类似这样的案例还有诺基亚、百代唱片、瑞星杀毒等。战略的颠覆性风险决定了对于任何企业来讲，战略问题都是重中之重，不容失误。就商业银行而言，某项业务丢了或者出现几笔不良贷款，这些或是可以承受的，但不能出现战略上的重大失误。

因此，战略管理能力是一家银行尤其是大型银行最核心的竞争力。好的战略定位和规划是最大限度地价值创造。当一个公司成功地制定和执行价值创造战略时，能够获得战略竞争力。因此，实施战略管理，关键是培育长期、可持续、不易被复制的竞争优势；核心是方向选择，是进行准确、系统、全局性的战略判断。

二、全球银行业战略转型仍在实践之中，我们只能自己探索

国际金融危机之前，除了个别偏好立场坚定的银行，全球银行业的发展模式几乎趋同。大多数银行都追求规模扩张，比速度、比规模、比地盘、比多样、比新奇、比技术、比套利、比当期收入等，求大、求全、求广、求快、求新。很多大型银行涉足金融市场各个领域，不断扩展国际市场，杠杆率高企。而国际上，也将银行的资产负债规模、营业利润等单一规模指标或当期指标作为衡量银行好坏的标准，更是在一定程度上认可了这种发展模式。当然，也有一些银行走的是不同的发展道路，比如坚持零售和本土战略的富国银行、以资产托管为特色的纽约银行。

国际金融危机爆发后，秉承上述模式或理念的银行大部分都吃了苦头，要么在法律意义上破产，要么在经济意义上破产，要么苟延残喘……银行业一片狼藉。监管部门开始进行反思，实施强制监管，给银行业安全划红线，《巴塞尔协议Ⅱ》的实质似乎正在于此。国际金融危机后的国际监管改革逆转了国际银行业的投行化发展趋势，强化了资本要求，降低了银行的杠杆水平，更加注重银行资金来源的稳定性以及流动性管理，加强了对系统性风险的管理。所有的商业银行不管过去与现状如何，都必须接受、适应，这是前所未有的。

目前，全球经济还在寻找方向，在国际金融危机中遭受重创的银行业更是如此。国际金融危机之后的经济金融市场环境发生了重大变化，传统的银行业盈利模式受到资本及市场的束缚，被迫转型，寻找新的方向和道路。几年前，《巴塞尔协议Ⅱ》就监管达成的共识在某种意义上指明了银行改革与转型方向，但近年来国际银行业的实践轨迹不一，没有标准。不少银行在收缩，实施“瘦身计划”，放弃不熟悉的业务，如花旗集团将更多的资源集中到优势业务中来，对非优势业务和亏损业务则实施缩减策略，汇丰银行宣布将关闭100家从事次贷业务的网点，劳埃德银行宣布将关闭400家英国网点。也有银行在扩张，如危机前经营保守的富国银行通过对美联银行的收购，在短期内实现了自身规模扩张。中国工商银行用五年左右的时间基本完成全球布局，跻身全球系统性重要银行。还有一些银行一直没有找到合适的策略定位。全球银行业正在经历一场彻底的反思与变革。到目前为止，应该说全球银行业的转型还没有形成公认的方向和模式。

但是，有几点是大家共同意识到的：首先，必须转型；其次，转型的目标是找到并确立最适合自己的市场优势；最后，进行与此相应的内部体制机制等一系列的改革和创新。更为重要的是，全球银行都在寻找方向，这表明目前是战略观察、战略思考、战略设计、战略选择的重要机遇时期，更是战略风险管理的关键时期。

当全球银行业都在找寻方向时，中国银行业更是面临战略转型的难题。首先，转型更加迫切。虽然中国银行业在国际金融危机中并没有遭受重创，但危机之后，全球经济步入漫长的下行期，中国经济增速下滑，面临转型升级的困难与挑战，金融市场改革拉开大幕，银行业经营的外部经济金融形势发生了根本性变化。同时，国际大银行在金融危机中的遭遇也给中国银行业发展敲响了警钟，金融监管机构将更加严格的《巴塞尔协议Ⅱ》监管标准全面引入，资本约束加强。而为应对危机，短期内的天量放贷也为中国银行业种下了大量的风险因子。现有的银行盈利模式不可持续，放款不可能保持高增长，利率市场化会降低息差，业务竞争会导致业务领域被蚕食，现行业务模式不足以支持盈利能力的长期可持续发展，中国银行业的转型更加迫切。其次，转型方向和道路不明确。危机之后，放眼全球，中国银行业转型已经没有可以复制的全球模式。同时，中国银行业和国际先进银行的发展情况不同，中国金融市场所处的阶段和成熟的国际金融市场不同，这种发展阶段的差异性为我国和欧美银行业的比较带来了困难，很难简单地通过比较来否定某一种发展模式或肯定某一种发展模式，用来指导中国银行业的改革与转型。同时，此次转型和中国银行业的前两次转型，即从专业银行向商业银行转型、从商业银行向股份制银行转型截然不同。前两次转型由国家统一设计，道路清晰，方向明确。但此次面临的转型没有清晰的路线，完全要靠银行自己去探索。最后，转型面临一系列“中国式”战略问题。中国银行业的转型与改革是在中国经济转型与金融市场改革的叠加之中推进的，增加了转型的复杂程度，面临一系列“中国式”的战略性问题。研究中国银行业战略转型必须研究我国的全面深化改革。一是市场机制改革，包括对国企和金融业的改革，都是通过改革释放制度红利。未来，非国有企业、混合经济将长足发展，不能只盯住国企，民企是未来经济的方向，需要银行业高度重视。二是两率的市场化，即利率与汇率的市场化，不仅使流动性管理难度增大，还会使银行面临非常大的风险敞口。利率敞口可能造成的风险损失远比单项交易损失大，而伴随人民币国际化，银行资产与负债、本外币都面临汇率风险敞口，币值变动引起市值重估将直接影响当期损益变化，需要通过资产组合、定价模型、衍生品交易等来管理、计量、对冲利率和汇率风险敞口，这大大不同于银行业以往的信用风险敞口管理。三是“三驾马车”的变化。发展方向是由投资向消费和内需转变，但投资还会占一定的比重，中国还有巨大的投资市场，中长期信贷业务不能丢。出口对 GDP 的贡献目前虽然是负的，但中国是最大贸易国，随着国际战略关系的调整，中国竞争力提升，没有一家银行会放弃国际结算和国际汇兑等国际业务。消费的占比不断提升，将来主要有价值的是中高端收入群体的消费、集团消费和教育、娱乐、旅游等素质消费，消费金融将成为未来发展的重点，考验银行服务能力。

另外，对很多战略问题没有达成共识。比如，在经济危机冲击下，有多少风险已隐藏于银行体系，欧债危机对外向型经济进一步影响的风险有多大，这些问题很难通过中国银行业当前的数据来进行分析。在推进集团化发展的战略过程中，一方面是追求战略协同，另一方面是产生风险叠加，有的战略协同避免了风险叠加，有的为了避免风险叠加而被迫放弃了战略协同。如何处理战略协同与风险叠加的关系等很多问题，现在我们还没有认识清楚，需要进行理性的深入研究和思考。

三、中国经济发展趋势与大型银行市场战略关注重点

战略的重要性决定了每当外部形势发生变化时，大型银行必须进行战略重检。国际金融危机后，全球经济进入漫长而艰难的恢复期，中国经济发展方式和经济结构也面临一系列重大调整，金融市场与金融监管都发生了一系列重大变化，特别是2013 年中央明确提出全面深化体制改革以后，商业银行外部经营环境面临着前所未有的深刻变革，直接影响到经营模式、客户选择、业务结构、区域重点等方面的战略决策。

确定发展战略，有四个基本原则：一是要有潜在的巨大市场。小银行关注局部、区域性的市场，大银行需要分享规模经济、范围经济和风险分散的好处，必须专注于有相当规模或高成长性的市场。二是要有良好的风险收益结构。有些市场规模虽大，但潜在风险过高，风险收益配比不平衡、不协调，不能成为潜在的战略选项。三是要有实现战略的基础。这主要包括现实基础或者

经过资源投入后可以培育出来的能力基础，不存在难以逾越的根本性障碍。四是要有较强的不可替代性。对于一家银行实施的战略，竞争对手不能复制或因成本太高而无法模仿时，它就获得了竞争优势。这种优势越成体系，就越可以产生较大的客户黏性；持续的时间越长，银行就越可能长久地获得客户的忠实度。基于中国经济社会发展走向和国际银行业的发展规律，并立足于大型银行自身优势，大型银行未来可围绕六大战略进行发展布局。

（一）中长期贷款业务

中长期贷款通常针对大型、复杂的工程项目或设备，贷款金额大、期限长、收益高且风险因素复杂多元（设计和技术风险、建设风险、操作风险、承购风险等），进入壁垒高，对银行的专业风险评估和管理能力要求高。如管理得当，这是非常具有吸引力的贷款品种。从国际经验看，一些国际银行充分利用其在行业和项目管理方面的比较优势，大力开拓项目融资业务。如德国第三大银行德国商业银行，主要致力于新能源和交通运输行业融资；日本的商船三井，专门从事船舶建设和运营融资。项目融资领域的高进入壁垒，可以为领先银行确立较为长期的竞争优势，并获得超额的利息回报。

在宏观经济进入中高速增长常态后，投资增速虽然与经济上行期相比有所下降，但在未来较长一段时间内仍将保持在20%～25%的合理区间，基本建设领域中的中长期贷款也还有相当大的市场潜力。历史上大型银行是基本建设项目及大中型企业中长期贷款的主要贷款行，长期以来在基本建设贷款的营销、评估、管理等方面积累了丰富经验和专业技能，近年来又着力加强了客户评级、专业贷款评级、项目评估和评审的能力建设，建立了三位一体的项目融资决策流程，完善了相关制度基础，有利于巩固其在中长期贷款领域的优势地位。

（二）个人住房金融业务

个人住房抵押贷款产品本身结构简单，具有回报长期稳定和风险高度分散的特征，风险收益配比良好，市场潜力巨大。从全球范围看，个人住房抵押贷款一直以来都是商业银行的支柱型业务。以美国为例，从20世纪90年代初到2007年（次贷危机之前），个人住房抵押贷款在全美银行业贷款总额中的占比稳定在30%左右，危机之后虽略有下降，占比也在1/4左右。大型商业银行则更倚重个人住房抵押贷款业务，如富国银行（美国个人住房贷款第一大银行）该业务2013年占比达到44%，再加上其持有的住房贷款抵押支持证券，占比超过60%，大大高于银行业平均水平，依托在个人住房类贷款方面的优势，富国银行已成为全球表现最佳的大型商业银行之一。同时，国际大型银行利用个人住房抵押贷款的高度同质性和风险分散化特征，开展资产证券化等金融创新，有力推进了业务模式和收入结构转型。

未来中国城镇化进程还需要很长时间，个人住房抵押贷款市场前景依旧广阔。同时，国际经验表明，即使进入后工业化时期，房贷需求和市场容量也足以支撑银行将其作为支柱业务。作为国内最主要的个人住房抵押贷款银行，大型银行在专业化机构设置、业务流程效率、风险管理技术方法等方面具有明显的比较优势，但近年来中小银行纷纷发力住房按揭市场，大型银行的领先优势在不断缩小。因此，大型银行应从战略转型、资本集约化管理等方面考虑，在战略上对个人住房金融业务进行重新定位，投入更多的战略资源来保持相应的技术优势，包括客户识别、定价、流程效率、专业化服务等，全面收集客户住房等信息，适时推出客户需要的住房金融服务产品，并以此为纽带巩固客户关系。

（三）国际业务

一提到国际业务，大家往往想到海外发展战略。这里的国际业务并不是单纯的海外发展战略，而是以大型银行境内分支机构为主、境内外机构通力合作、努力为中国对外经济贸易发展提供商业银行服务的业务发展战略。国际业务品种繁多，发展迅速，包括所有跨境和跨币种的资金结算、资金交易和国际信贷与投资类业务，如国际结算、结售汇、贸易融资、跨境贷款、境外筹资转贷款等业务。由于一头儿连着本外币，另一头儿连着境内外机构，国际业务能够提供较为完整的客户综合化服务，培养较强的客户黏性。同时，由于国际业务从客户层面深入到交易层面，从对单个企业的考察转向对上下游交易对手、整个交易链的考察，从贷前风险控制延伸到对物流、资金流的跟踪监控，有利于更加全面、动态把握和控制风险，因此国际业务中不少品种的风险资本占用较低，有利于用较小的资本获得更高的收益，优化资产结构和收入结构。国际业务中的贸易融资业务是扩大中小企业客户群的切入点和主要的融资产品，能够改变银行因大客户议价能力强而出现的收益率下降的趋势。从国际银行业数据看，贸易融资一般占银行信贷的20%以上。在中间业务领域，国际业务也占据举足轻重的位置。汇丰、渣打等银行的国际业务甚至撑起了其业务的半壁江山。

我国已经成为全球最大的贸易国。欧美经济恢复、人民币国际化、国际性采购链在中国制造业的集中整合，都为商业银行的国际业务发展奠定了巨大的发展潜力。近年来，中国大型银行在全球布局提速，国际化网络已现雏形，为进一步提升国际业务竞争实力提供了新的发展基础。未来应该着重提升国际业务竞争实力，应围绕“产品”和“技术”两大抓手，不断创新产品，在产业链、上下游、全方位服务上下功夫，为客户提供本外币一体化、专业技术含量高的国际化金融服务方案，改进管理机制，提升海内外联动水平，全面增强国际业务发展新活力，使其成为一项重要的业务支柱。

（四）交易业务和资产管理业务

从国际金融业的数据看，全球资产管理行业的管理资产规模远大于银行业务资产规模，金融市场的交易规模也是传统信贷业务的数百倍，市场容量和客户需求巨大。同时，金融衍生业务、资产管理业务的优势，将能够有效提升传统信贷业务和负债业务的竞争能力，大幅提高客户黏度。在利率和汇率市场化条件下，信贷业务需要通过衍生交易锁定利率和汇率风险；资产管理业务需要通过衍生交易来丰富和细化风险收益特征；负债业务也将由传统的存款向内嵌衍生交易的结构性存款转变。综观富国银行、花旗银行、摩根大通、美国银行等全球超大型银行，无一例外都是交易业务和资产管理业务大行，并处于市场领导者地位。这些银行居于全球金融交易产业链的最上游，在产品研发、风险控制、交易与销售、市场定价等关键领域居于绝对优势地位，这种近乎垄断的地位为其带来源源不断的超额收益。交易业务和资产管理业务的比较优势，导致其中间业务与表外业务发达，促进了其盈利模式多元化。比如，富国银行拥有1.5万亿美元资产，但其管理的资产为15万亿美元，是其自有资产的10倍。由于管理的资产多，资本占用少，因此这些银行的ROA和ROE等指标均稳居高位。

从大趋势看，越成熟的市场对信贷资金的需求越将逐步回落，并逐步让渡于交易型和资产管理型金融需求。同时，随着利率、汇率的市场化和人民币的国际化，金融交易特别是衍生交易需求将快速上升；伴随着财富的快速积累，资产管理业务也将爆发式增长。过去十年，中国已成为亚太区最重要的新增财富来源。截至2012年底，我国可投资资产高于600万元人民币的家庭高达174万户，国内所有可投资资产总额则超过73万亿元。随着中国养老模式的变化，其资产管理的需求也会不断提高。交易业务和资产管理业务将迅速崛起为我国商业银行重要的业务支柱，并带来较高的忠诚度。未来，中国大型银行要在上述领域打造先发优势，着力提高新产品、新业务开发能力、定价能力、做市能力和风险管理水平。

（五）养老金融专业服务

世界银行的预测表明，中国是亚洲增长最快的新兴养老金市场，到2030年，养老金市场的规模将达到15万亿元，是全球第三大养老金市场。根据国家统计局数据，2012年全国65岁以上老人数量达1.27亿人，这已相当于日本的总人口数量，比2003年增加3000多万人，占人口总数比例为9.4%，而2003年占比还只是7.5%。从国家统计局公布的人口抽样结构数据看，50~65岁的人口占总人口的比例为8.4%，在未来十多年间，65岁以上人口的数量还将继续扩大。这个不断扩大的庞大的客户群体，为养老金业务带来可观的发展前景，也将成为银行业"兵家必争"的关键业务领域。这类业务有两个方向，一是现在发展迅速的年金类产品；二是为适应"财产养老"的发展方向所带来的养老资产管理，后者的发展空间会越来越大。中国式养老具有明显的转型特点，传统的"养儿防老"观念随着计划生育政策的坚持推进越来越不被接受，受制于财力限制，政策养老、年金养老等还难以实现全覆盖，家庭财产养老将在中国的养老体系中发挥重要的作用。考虑到中国城镇家庭的资产是以房产和储蓄为主，货币储蓄、房产成为家庭养老资产的主要载体。依托建行在住房金融、资产管理等方面的专业能力，尽快建立老年客户资产的保值、增值、变现等专业能力流程，帮助客户实现养老资产的良好管理，对提升这类客户的忠诚度和黏性，建立新的竞争能力非常重要。企业年金作为一种较为普遍实行的企业补充养老金计划，现有市场规模已十分可观。除企业年金外，补充养老保险的账户管理和投资理财、综合员工福利计划等多元化的员工养老保障需求也在迅速增长，企业年金业务领域逐步向整个养老金行业扩展和延伸。养老金制度涉及的人群越来越广，资产管理规模越来越大，服务需求也越来越多，为大力发展养老金业务创造了条件。中国大型银行应该建立全方位的"大养老金融"业务框架，以"与客户共养老"的理念，针对不同年龄阶段的客户特点设计不同的养老金融产品，打造银行在养老金融市场的品牌特点。

（六）移动金融服务

近几年来，移动化成为社会发展的主要潮流，人类的各种经济、社会活动都或快或慢地被"移动化"在金融服务方面，传统意义上的网点、自助设备等受制于时空的约束限制，将越来越难以适应客户移动化金融服务需求的挑战。因此，移动金融服务应运而生。通过移动金融服务，在任何时间、任何地点向客户提供随身、便利、高效、安全的金融服务，进而全方面介入客户生活，成为客户日常行为的建议者、安排者、提供者，成为客户的朋友和伙伴，不仅可以大幅提升客户满意度和客户黏度，还会为银行带来丰富的收入来源。当前，新渠道、新技术在金融服务方面的应用周期正在缩短，网上银行的普及经历了十多年之久，手机银行也有多年的发展史，而移动支付的发展时间虽短，但市场前景已经显现。银行一旦错失了本轮发展契机，势必造成战略上的被动。在移动金融领域，我们必须摒弃传统思维，用开放的心态和互联网的思维，真正做到以用户体验为核心，在服务流程上做到最大便利，同时最大可能收集用户行为数据，培养客户行为预测的能力，成为客户的生活伙伴。

近年来，几乎所有银行都在涉足电子商务、手机银行、微信银行等移动金融服务，目前已基本构建了覆盖网络、电话、手机、电视、自助设备等全方位的电子服务渠道，在移动金融领域初步建立了一套竞争性的业务架构。未来大型银行应发挥自身优势，继续深刻把握移动互联领域的发展趋势，锐意创新，保持并扩大在移动金融领域的竞争优势。

四、必须从战略高度重视基础建设

无论是实施新的市场战略，还是适时推进经营转型，都需要具备坚实的经营管理基础，因而基础建设也是一个战略问题。

一是数据基础。要真正实现上述战略能力，最关键的一点是以客户为核心，洞察客户需求，预测客户行为，进而能有针对性地提供服务，这些需要有大量丰富翔实的数据基础，整合大量多维度的客户数据，通过数据分析真正把握客户行为。全面提升客户体验、简化客户服务流程、为客户创造价值并最大限度地降低风险，依赖于对客户的深入洞察，需要有完整的客户信息基础和非常强的数据分析能力，数据管理和信息应用能力成为决定银行核心竞争能力的关键要素。我们已经积累了大量的客户数据，但这些数据还没有真正整合到一起，形成有价值的客户洞察力，一些数据完全没有得到利用，数据管控、数据分析利用能力也还没有真正建立完善。就像固定资产、人力资本一样，数据对于银行管理也已经不可或缺，我们要真正将数据作为战略性资产来管理，建立良好的管控体系和数据挖掘分析能力，有效整合来自银行网点、PC、移动终端设备、网络等渠道的结构化和非结构化的海量数据，通过数据分析全面了解客户和市场行为，为科学决策、战略升级和经营转型提供强力支撑，改变传统“拍脑袋”决策方式。数据资产也需要进行严格管控，建立数据采集、加工、整合、使用、管理的政策流程，对数据的规范进行集中控制，保证良好的数据质量，满足内外部的数据要求。有了数据基础，更要尽快建立数据挖掘分析和利用的能力体系，从数据中获得洞察力，建立数据分析竞争优势。国际上一些领先商业银行已经建立了卓越价值中心(COE)，提升数据挖掘分析能力，引领传统模式变革。中国银行业应将有效的数据管控、专业的数据挖掘分析能力体系作为实现战略目标的一个基础能力，建立起国内领先的数据竞争优势。

二是制度基础。难以持续执行是战略规划的大忌，而制度是发展战略得到持续贯彻的一个有力保障。强化制度基础，应考虑制度建设如何与银行发展战略和管控模式相适配，也应考虑制度体系与流程体系、内控体系、标准体系的对接与融合，形成以制度体系为基础平台，几大体系相互支持、配合的基础管理体系。只有将制度体系、流程体系和内部控制体系有机融合在一起，战略才能得到有效传导，流程的执行才能得到有效保障，风险才能得到有效控制。

三是IT基础。IT对银行的重要性前所未有，不仅银行的每一项业务都离不开IT的支持，更重要的是新技术的发展为金融业不断带来颠覆性的创新，缺乏良好的IT能力将为银行带来灾难性的影响。IT作为企业战略的重要组成部分，是推动业务转型、管理变革、产品与服务创新的重要力量甚至决定力量。大量的国际经验也充分证实IT基础是商业银行最重要的战略基础。近年来，部分银行在充分思考IT历史经验、借鉴业界最佳实践的基础上，打破传统的业务条线IT设计思路，强调企业级整体规划，从顶层设计入手，坚持统一标准和接口，统筹兼顾，整体推进新一代项目建设。从战略管理的角度来观察，新一代项目通过实施企业级流程建模和数据建模，将业务活动和信息数据有序分类，建立相互间的映射关系，形成企业级业务架构，提升金融产品创新能力，增强客户服务能力，推动业务转型和管理水平的提升；建立面向服务、灵活的企业级应用架构，区分渠道门户层、客户服务层、产品服务层、运营支撑层、管理决策层和基础应用层，支持灵活高效的客户服务和产品创新；与之配套构建高效、稳定、可扩展的企业级技术架构。这是一项关系全局、具有变革意义的企业工程，是业务流程与管理体制同步再造的过程，也将为建立良好的战略能力打下坚实基础。

四是人才基础。战略定位、经营转型，本质上是员工行为与能力的改变，人才的问题是任何一家商业银行在加速业务转型中都面临的一个重大挑战。必须要有人力资源新的人才观，规划、定位、培养和使用好“核心人才”。按照业务转型要求，重点关注以下几类人才：第一，掌握核心产品资源的人才。这一类人才是银行从事产品研发、资金交易、市场推广等工作的产品专家，能为银行经营提供强有力的技术支撑。第二，掌握核心技术资源的人才，包括风险管理、IT、法律等，其工作效果关系着银行核心业务的正常运作或运转。第三，掌握核心客户资源的人才。这一类人才拥有银行所需的广泛而重要的外部关系资源，具有敏锐的市场意识和较强的拓展能力。通过强化人才基础，推进战略转型。

战略明确后，需要有五年、十年甚至更长的时间来贯彻落实和坚持。“判断不准、定位不明、方向摇摆”是过去十多年来全球许多银行发展的三大教训。当前快速多变、错综复杂的环境，客观上导致了银行常出现“战略迷茫”或“战略摇摆”，专注、聚焦式的战略在坚持执行的过程中往往面临这样或那样的困难。防止战略摇摆，必须经得起诱惑、经得住挫折。首先，应强调战略自信，最高决策层必须坚定战略判断，并在全行上下充分讨论达成共识，增强战略执行的自觉性；其次，要建立一套战略分解、传导、落实、评价和反馈与矫正的过程控制机制，确保战略实施的严肃性；再次，要在资源上向战略性业务倾斜，给出一定的亏损期，提高风险容忍度；最后，要做好长久作战的准备，以时间换空间。

08 中国养老模式的变革与商业银行的战略机遇

作为一个拥有数千年文明史的国家，中国的养老保障有着悠久的历史和独特的模式。传统的家国一体思想使得家庭保障成为我国养老保障制度的核心，并形成了独特的家庭养老模式。随着社会生产力的发展和经济政治形态的变革，我国的养老模式也在不断变化之中，传统的家庭成员养老模式逐渐发展出新的特点，并呈现出家庭财产养老与社会化养老共同发展的态势，这将推动中国财政金融结构发生革命性变化。

一、传统家庭养老模式难以为继

传统的家庭养老是一种代际间的养老转移，它以家庭为载体，通过“父母养育子女、子女赡养父母”的反馈模式，自然地实现保障功能，完成养老过程。

我国自西汉以来一直以儒家思想为主导，尊老敬老的孝文化是儒家思想的重要组成部分。赡养老人是儒家思想的伦理要求，“百善孝为先”“父母在，不远游”的传统观念深入人心，不赡养父母的子女将会受到舆论的谴责甚至法律的制裁。家庭养老这种反馈模式可以很好地促进代际交流，给予老年人很好的精神、物质照料，也在一定程度上降低了整体社会成本。因此，几千年来以“养儿防老”为主要特点的家庭养老模式较好地解决了我国的养老问题。

但是，随着1982年将计划生育定位为基本国策、2001年实施《中华人民共和国人口和计划生育法》以及近年来全社会医疗水平的提高，我国平稳度过了20世纪90年代人口生育高峰期进入到目前的低生育发展阶段，人口结构也发生急剧变化，导致单纯由子女供养老人的传统家庭养老模式也面临着很多前所未有的问题。

首先，从宏观看，我国社会呈现明显的“未富先老”特征，后代家庭财富的积累和代际转移难以完全支撑家庭养老需求。虽然经过30年的高速发展，我国已经从低收入国家迈向中等收入国家的行列，但人均GDP仍然较低，仅为发达国家的20%左右。与此同时，我国早在2001年底65岁及以上老年人的比重就达7.1%，根据国际标准（7%），我国正式进入老龄化社会。此后，我国老龄化程度逐年加剧，2013年底65岁及以上人口占总人口的比重已达9.7%。人口老龄化不断加剧意味着需要供养的老年人口和赡养年限大幅增长，在较低的国民收入水平下，单纯的家庭养老模式难以支撑持续增长的养老需求。而据联合国预测，到2040年我国60岁及以上老年人将占总人口的28%，老年人将达到3.97亿人，超过目前德、法、日、英四国总和。近4亿老年人的老年生活不可能完全依靠家庭内部的财富转移，相对年轻的劳动人口也不可能依靠个人薪资收入完全担负养老重担。

其次，从微观看，家庭人口结构发生巨大变化，老年抚养比急剧上升。过去，每个城市家庭有3~4个子女，即6~8个人赡养4位老人，农村家庭一般子女数更多，年轻人的养老负担比城市更小。但是，近30年来，计划生育政策和观念改变导致生育率持续下降，导致我国的家庭人口规模下降，而社会生产和医疗水平的提高促使人口平均寿命延长，子女的养老负担更重。根据2010年第六次人口普查结果，我国育龄妇女的总和生育率已降到2以下，低于国际公认的代际更替生育水平（2.1）；人均预期寿命为74.83岁，比10年前提高了3.43岁。与此同时，城乡家庭人口规模明显下降，2012年我国家庭平均人口数为3.14人/户，显著低于1985年的户均4.33人。“421”型的三代家庭供养结构已成为社会主流。根据《中国老龄事业发展报告（2013）》，目前我国老年抚养比已达到21.58%（如果扣除15岁至64岁非就业人口，按照实际劳动人口计算，老年抚养比会更高），未来随着人均寿命的提高，老年抚养比将进一步上升，纯粹由子女供养的家庭养老模式将给后代家庭带来沉重的经济负担，子女也无精力像过去那样为父母提供全方位的精神抚慰，从而引发一系列社会问题，譬如空巢老人现象，或者重病双亲家庭负担过重导致子女难以组建小家庭等问题。

最后，纯粹由子女供养的家庭养老模式难以解决目前我国养老的多重不均衡问题。在单纯的家庭养老模式下，老年人的生活水平完全取决于家庭尤其是子女的经济实力和供养意愿，子女经济来源是否稳定、收入高低、子女孝顺与否，使不同家庭老人的养老水平差距很大。老年人完全依靠子女经济供养、精神照顾来安度晚年生活，存在较高的未知风险。在子女经济来源方面，目前全社会财富分配存在差距，农村与城市之间、机关企事业单位之间、城镇不同行业和岗位员工之间的收入差距非常大，不同家庭的子女经济实力差距过大，直接影响了各家庭老人的生活质量。

我国的基尼系数在2013年为0.473，在2008年最高曾达到0.491，不但远高于西欧、北欧等发达国家①，甚至也高于印度、越南、菲律宾等亚洲发展中国家。2013年，城镇家庭人均可支配收入为2.70万元，农村居民人均年纯收入为8896元，前者是后者的3.04倍。截至2014年3月，城镇单位就业人员中，国有企业员工的季度工资达13780元，城镇集体企业的员工季度工资为10092元，比前者低26.8%。2013年，在各行业间，城镇非私营单位就业人员年平均工资最高的是金融保险业，人均99659元，最低的是农林牧渔业，人均25820元，前者是后者的3.86倍。2013年，规模以上单位就业人员平均工资在不同岗位间最高者是最低者的2.73倍。由于各群体劳动者人均收入存在较大差异，单纯依靠子女供养而无其他经济来源的养老模式将使老年人生活水平产生较大差距，使得社会公平原则面临着巨大挑战。

二、完全社会化养老尚难实现

综上所述，纯粹由子女供养的养老模式是不可持续的，必须借助社会化养老的推进，完善养老保障体系。但是，若在我国实行完全社会化养老，也是经济发展水平无法负荷的，不符合我国国情。

社会化养老是指通过社会保险、退休金制度、社会养老设施等社会方式来完成养老过程的养老模式。社会化养老是社会发展到工业化、城市化的产物，以社会生产力的高度发展和劳动雇用制度的出现为经济基础，对社会经济发展水平和政府管理能力有着较高的要求。目前，完全社会化养老模式主要应用于北欧等发达国家，但也带来了一定的问题。20世纪50~70年代，欧洲国家实行福利国家政策，劳资关系缓和，老年人高质量生活得到保障，但这种模式也暴露出诸多问题，如社会保障支出日益扩大，政府财政负担和企业税负过重

---

① 2011年，基尼系数低于0.25的国家是瑞典，介于0.25~0.29的国家有德国、挪威、丹麦、芬兰、冰岛等，介于0.3~0.34的国家有英国、法国、西班牙、比利时等，介于0.35~0.39的国家有日本、印度、巴基斯坦、越南等，介于0.4~0.45的国家有俄罗斯、菲律宾等。

等。1981 年，瑞典社会保障支出占政府支出的 48.4%，政府支出的迅速扩张造成巨额财政赤字和国债。1981 年，瑞典各级政府的财政赤字累计达 531 亿瑞典克朗，财政赤字占 GDP 的比重为 9.3%。为弥补巨额赤字，各级政府不得不扩大国债规模。瑞典国债总额从 1973 年底的 360 亿瑞典克朗激增到 1982 年底的 2728 亿瑞典克朗，在 9 年内增长了 6.6 倍。国债占 GNP 的比重从 1974 年的 17.7% 提高到 1982 年的 51%。

财政开支的增加必然要求加重税负。1973 年，瑞典税收在 GDP 中的比重为 39.18%，到 1982 年上升到 49.16%。沉重税负导致企业资本积累有限，使技术进步和设备更新大受影响，产品竞争力下降。

发达国家的“福利国家模式”难以为继，其他中等收入国家政府财力更弱，完全社会化养老几乎无法实现。我国人均经济实力严重落后于发达国家甚至很多中等收入国家，社会化养老起步晚，深度严重欠缺，养老产业准备不足，因此目前还无法实行完全社会化养老。

首先，我国老年人基数庞大，养老负担太重，政府财力不足以支撑完全社会化养老模式。截至 2013 年底，我国 60 岁及以上老年人口数已经超过 2 亿人，占总人口的 14.3%。未来 10 年，中国老龄人口每年大约要增加 1000 万人，到 2050 年全国老龄人口将超过总人口的 1/3。我国政府面临着前所未有的，也是世界其他国家都没有遇到过的巨大的社会化养老压力。

在计划经济时代，我国也曾由财政完全兜底，在城市中实行在职职工的退休金制度，解决城镇在职职工养老问题。改革开放后，社会经济结构发生较大变化，国有企业改革不断推进，雇佣关系呈现多样化，原先的财政兜底的社会保障模式已不适应经济发展，而且老年人口比重的不断上升，也使财政不堪重负。

其次，我国社会化养老起步较晚，广度尚未完全覆盖，深度严重不足。近年来我国养老保障覆盖面在不断扩大，但是城市企业职工养老金替代率①较低，而城乡居民基本养老金水平更低。根据 2013 年中国社科院白皮书相关数据，我国城镇职工基本养老保险给付水平经过 10 年连续调整，目前月均仅 2000 元，平均养老金替代率从改革初期的 60% 多下降到 40% 左右，低于国际劳工组织 1952 年《社会保障最低标准公约》规定的 55% 的警戒线，城镇和农

① 养老金替代率是指劳动者退休时的养老金领取水平与退休前工资收入水平之间的比率。它是衡量劳动者退休前后生活保障水平差异的基本指标之一。

村居民的基本养老金水平则更低。目前，世界上实行养老保障的国家中，78%的国家的养老金替代率高于60%，替代率在40%的仅有6个国家，低于40%的只有海地（33%）。可见中国的养老金给付水平在世界上位于后列。根据西南财经大学中国家庭金融调查（CHFS）数据，2013年行政事业单位退休人员月均退休工资为2642元，城镇职工养老保险为2067元/月，城镇居民基本养老保险为1171元/月，而农村居民基本养老保险领取金额仅为194元/月。

最后，从我国养老产业来看，对老龄化社会到来准备不足，只能承接极少数老人的养老服务保障。到2012年，我国仅有4.43万个提供住宿的养老服务机构，床位417万张，收养近300万人，每千名老人拥有21张床位。到2014年3月，养老床位仅增至506万张，每千名老人25张，而中等收入国家为70张。

因此，我国目前尚无条件实行完全的社会化养老模式，将来也只能随着经济发展在家族养老基础上不断加大社会养老投入，促进社会化养老的发展，同时通过收入分配体系、舆论道德体系、新型养老模式的建设和完善，促进家庭养老的质量提升。

三、中国养老模式正在发生显著变化

随着我国经济金融和社会保障体系的发展以及人口老龄化的进一步加剧，中国的养老模式正在发生剧烈的变革：一方面，由过去单纯以家庭养老为主的模式发展成现在的家庭养老与社会化养老相结合的模式；另一方面，家庭养老的资金来源也由过去的家庭成员供给为主向个人财产储备为主转变。

（一）社会化养老覆盖面逐步扩大

伴随改革开放的逐步深入，我国社会化养老的覆盖面在持续扩展。20世纪90年代，我国开始发展城镇职工基本养老保险制度；2009年以来开始将基本养老保险制度向城镇居民和农村居民覆盖，到2013年各类养老保险对45岁以上人口的覆盖面已接近80%（其中57%归功于农村基本养老保险）。目前，已经形成了由城镇职工基本养老保险、城镇居民社会养老保险、新型农村社会养老保险共同构成的基本养老保险体系。基本养老保险保障参保民众退休后的基本生活，是我国养老保障体系的基础。2014年初，国务院颁发了《关于建立统一的城乡居民基本养老保险制度的意见》，指出将新型农村社会养老保险和城镇居民社会养老保险两项制度合并实施，在全国范围内建立统一的城乡居民基本养老保险制度。截至 2013 年末，全国参加城镇职工基本养老保险的人数增加到 32212 万人，参加城乡居民基本养老保险的人数达 49750 万人。

与社会化养老在大多数国家的发展历程相类似，我国的养老保险也呈现先城镇后农村、先城镇正式单位职工（职业人群）后各类灵活就业人员的推进趋势。未来各级政府将加大养老保险的财政投入，实现养老保险全覆盖和保障能力的不断提升。

（二）补充养老保险得到初步发展

近年来，我国养老模式的一个重要变化是补充养老保险的出现。补充养老保险是由单位（企业、机关事业单位等）根据自身经济实力，依据相应的法律法规，为本单位职工提供的作为退休收入保障的补充性、辅助性的养老保险制度。补充养老保险不具有国家强制性，它是一项重要的福利制度，是人力资源管理的重要组成部分。国家或政府依法监管企业补充养老保险，但是不直接干预补充养老保险的运营，补充养老保险的责任主体是单位，在单位内部实施执行。当前，企业年金是我国补充养老保险的主要形式。目前实施企业年金的多为优势行业及大企业。截至 2013 年末，建立企业年金的企业为 66120 个，参加职工为 2056. 29 万人，积累基金 6034. 71 亿元。

虽然目前我国企业年金的覆盖面还较小，但是未来的发展空间巨大、经济意义重大。企业年金可以广泛调动优势行业的社会资本，增强社会化养老保障能力，有利于财政资金更多地向低收入人群倾斜，有利于社会和谐与稳定；对于单位来说，完善的企业年金机制可以更有效吸引人才，提高凝聚力，提升竞争力；对于个人来说，企业年金更是提高养老水平、避免养老保险风险的重要手段。随着刘易斯拐点的出现和人口红利的消失，劳动力资源的稀缺性将受到越来越多的重视，相关的税收优惠、监管协调等政策也会不断完善，建立企业年金制度的积极性迅速提高，我国企业年金将会迎来快速发展的时期。

（三）个人财产养老模式“方兴未艾”

传统的家庭养老模式下，老年人的主要经济来源是以子女为主的家庭成员供给，即“养儿防老”。这种模式本质上同经济发展水平和思想观念高度相关。在中低收入阶段，居民本人当期收入在满足家庭日常支出等消费后所剩无几，因此，年老后只能靠家庭其他成员（主要是抚养成长起来的子女）的供给来生活；即使部分富裕家庭财产积累较多，主要也是用于子女继承，而不是财富积累者个人养老保障。近年来，随着我国经济的发展、收入水平的提高和思想观念的改变，越来越多的人倾向于在工作阶段积累一定的财产，用于个人未来的养老保障。这种现象不仅发生在一线发达城市，中小城市甚至农村也出现了这种趋势。

根据中国家庭金融调查（CHFS）数据，中国居民希望将来以和子女居住方式进行养老的比例呈下降趋势，希望自己居住的比例呈上升趋势。在“50后”“60后”“70后”和“80后”中，希望将来自己居住养老的占比分别为46%、50%、60%和65%，而希望和子女居住养老的比例则分别为42%、41%、32%和27%。另外，在有养老计划的居民中，养老计划中包含自己储蓄的居民在“50后”中的占比为43%，在“60后”“70后”和“80后”中占比分别为47%、56%和67%，呈明显上升趋势。相应地，养老计划中包含依靠子女养老的居民占比则呈下降趋势，在“50后”“60后”“70后”和“80后”中所占的比例分别为37%、31%、25%和19%。

居高不下的储蓄率数据也从另一个侧面说明个人储蓄性养老在我国的发展态势。自2009年以来，我国居民储蓄率在全世界一直排名第一位。截至2014年4月，我国居民储蓄余额为46.45万亿元，储蓄率超过50%，远远高于世界平均水平。由于我国的社会保障体系还不健全，居民储蓄的大部分为预防性储蓄，若按照2/3的居民储蓄用于养老储备来粗略计算，用于养老储备的资金超过30万亿元。

从理论上说，个人储蓄性养老准备既应该包括金融资产形式的财富积累，也应该包括实物形式的财富积累。目前，房产在中国居民资产中的占比超过60%。“以房养老”等财产养老模式也越来越能够被社会接受，通过将住房等其他财产转化成即期的现金流，用以解决当期养老支出正成为未来的一种发展趋势。2014年3月，中国保监会下发了《关于开展老年人住房反向抵押养老保险试点的指导意见（征求意见稿）》，这预示着“以房养老”将在我国探索实施。

从国际经验看，许多西方高福利国家也采取国家和个人共同负担、政府基本福利和商业保险相结合，为公众提供水平更高、预期更加稳定的养老保障，而其中的个人财产养老积累可以享受多方面、多形式的税收优惠和金融支持。未来我国也应该通过税收优惠和其他政策手段鼓励个人参加个人储蓄性养老保险计划和商业保险，例如规定个人收入的一定比例用于购买个人养老计划或商业保险可以减免所得税等。这样做不仅可以稳定居民对未来养老保障的预期，也可以使相当份额的短期储蓄转化为长期投资。

四、当前养老金融研究亟待深化

首先，怎样理解养老金积累的战略意义？观察发现，养老金积累是国民财富积累的重要途径。GDP 大国并不是经济富国，甚至人均 GDP 也不代表经济上的富裕程度。一个国家要成为经济上的富裕国家，不仅要看新增财富流量大小（GDP），还要看国民财富积累速度以及存量积累的规模。观察当今世界，高收入国家与低收入国家、中等收入国家的根本区别，不仅仅是人均 GDP 水平上的差距，更重要的是人均国民财富的差距。也就是说，一个家庭是否比另一个家庭更富有，不仅看当期的货币收入，还要观察家庭财产积累水平；一个国家是否比另一个国家更富有，其实也是同样道理。国民财富积累的途径很多，养老金是其中最重要的途径，而且养老金积累的社会财富规模巨大。从发达国家实践来看，养老金积累的金融发展支撑与经济发展效应最为显著。

其次，怎样评价一国养老水平？分析现实可以看出，决定一国养老水平的主要因素包括：一是人均养老金积累水平，即人均养老财产准备水平；二是即期养老费用给付底线，即当前养老保障最低门槛；三是养老保障提升潜力，即养老金保值与增值、新增收入、未来预期收入增长趋势等，表明提升能力与可持续性。

进一步分析，养老水平与养老财产积累有关。广义养老财产由三大支柱构成：一是公共养老金，即法定互助、财政预算的公共准备；二是个人养老账户，即个人与雇主依照法律强制积累并由税收优惠引导的属于个人未来支配的养老准备；三是个人自愿准备，主要是中高收入人群为了保障退休以后的生活水准而在就业期间将收入的一部分储蓄起来形成养老金准备。一般情况下，这种养老储蓄主要通过商业银行、养老保险公司、信托或基金公司完成，政府部门对于居民自愿养老准备都给予一定的税收优惠鼓励。

再次，养老金良性循环的三大基石是养老金融产生和发展的基础，必须关注养老金融发展中的三大关系。决定养老金良性循环与否的基本因素为效率、效益、安全。之所以称它们为基石，是因为三大支柱良性循环都有这些共同要求，而且缺一不可。金融业具有满足养老金良性循环的天然条件：满足效率要求的金融业务逻辑、满足效益要求的金融业务逻辑、满足安全要求的金融业务逻辑。

因此，在养老金融发展中必须重点关注三个主要关系。一是信托关系与法律基础设施建设。现代市场经济条件下，靠家庭成员供养的养老模式所占比重很小，主要依靠财产养老（包括公共养老财产积累和个人养老财产积累），养老财产的效率效益和安全性要求必然产生养老金融服务需求，而养老金融不同于其他金融服务，主要业务都是建立在一系列信托关系之上的，因而相关法律的基础设施建设就显得十分重要了。二是产品、技术创新与市场监管，主要是安全性关注驱使严格的市场监管，包括监管体制与监管规制怎样既能够满足安全性要求，又能够促进养老金融业务创新，这也是养老金融不同于其他金融服务之处。三是养老金融发展的利益驱动机制与税收政策。从国际经验来看，养老金融发展水平与成长速度对于一国经济金融发展至关重要，而加速发展养老金融业必须解决利益驱动问题，仅仅停留在理论、号召、向往层面是无济于事的。同时，国际上也提供了这样的经验，对于养老金融的利益主体、各类养老金融产品制定相应的税收优惠政策，能够有效引导养老金融业务健康快速发展。

最后，我们还必须关注现行养老体制和养老金运行的三大矛盾及其解决路径选择。中国现行养老体制与下列因素之间存在三大矛盾：公平质疑、低水平覆盖的潜在社会保障危机、养老金收支缺口加速扩大的隐性债务风险。上述三大矛盾均有各类机构的专题分析研究报告。养老金体制改革必须与收入分配结构调整和收入分配政策调整相结合才能找到正确方向。现有思路无法破解前述三大矛盾。观察古今中外的实践，社会结构不同群体的养老保障有着自身的规律——无固定收入和低收入群体的养老必须由国家财政负担，社会统筹不是解决这一部分社会群体养老保障的科学途径；中等收入群体主要依靠制度性互助性社会统筹养老金积累、法律强制性并辅助税收鼓励的自我储蓄养老金账户积累；高收入群体以购买减免税养老产品作为养老保障，同时在道德上、税收政策上鼓励高收入群体为无固定收入和低收入群体养老基金多做慈善性捐赠。社会分配结构只有由金字塔形调整到橄榄形，才能从根本上缓解社会养老保障的压力。

养老金融既可以助推养老体制改革，也可以有效缓解现行三大矛盾，还可以增强体制的可持续性、增强国民财富积累能力、增强社会发展能力和社会稳定性。

五、中国养老模式变革将对中国金融市场发展和商业银行转型产生深远影响

“经济决定金融”，无论从国际经验来看，还是从我国社会经济自身发展趋势来看，养老模式的变化将给我国金融领域带来一次“前所未有”的变革，将会深刻影响到未来中国金融市场结构和商业银行的改革和发展。

（一）养老基金的迅速发展将增加资本市场的资金供给，促进资本市场长期稳定发展

从养老资金属性看，居民和社会储备的养老基金具有长期稳定的特点，更加符合资本市场的资金需求偏好。在发达国家，养老基金往往成为资本市场中最重要的机构投资者。如美国养老基金的规模较大，并对资本市场发展起到重要作用。1999 年美国政府退休基金与私人养老金的金融资产总值达 6919.6 亿美元，成为资本市场上最大的机构投资者，其占比超过商业银行。截至 2013 年 9 月末，该值高达 16.1 万亿美元，市场占比达 20.5%。另外，寿险公司和共同基金的很大一部分资金也来源于私人养老金计划。累计算来，养老基金的投资占到美国全部机构投资约 50% 左右。

目前我国养老基金的总体规模还很小，但未来发展前景广阔。2013 年末，全国社保基金的规模为 1.1 万亿元，全国职工基本养老保险基金累计结余约 3.13 万亿元，企业年金基金累计结存 6035 亿元。随着人口的增长、老龄化问题的加剧以及社保体制的不断完善，这些养老基金规模将不断扩大。据世界银行的预测，中国是亚洲增长最快的新兴养老金市场，到 2030 年养老金市场的规模将达到 15 万亿元；养老金的市场化运营也将是大势所趋。居民积累和社会储备的养老基金进入资本市场，将为资本市场提供长期稳定的资金来源，为资本市场注入新的动力，进一步促进资本市场的长期稳定发展。

（二）居民养老金融服务需求的变化将促进金融创新，推动金融行业快速发展

养老模式的变化不仅改变着养老资金的来源，还将改变居民的金融服务需求，推动着金融行业的改革、创新与发展。在人口老龄化、个人财富不断积累、社保改革、资本逐利以及通货膨胀等因素影响下，个人的资金合理规划、

资产保值增值的需求逐步增强。财产养老模式下资产的储备需求，将进一步推动存款等传统金融业务发展；居民养老资产的增值保值需求将推动理财等资产管理业务的发展；合理的财产养老规划需求将推动养老咨询服务的发展。

调查分析表明，未来可能会有越来越多的居民选择商业养老保险来作为补充。在有养老计划的居民中，“50后”中只有2%选择商业养老保险，而在“60后”“70后”和“80后”中，这一比例则分别为5%、9%和13%，呈明显上升趋势。另外，居民对商业养老保险的信任程度也在不断增加，“50后”中对商业养老保险持信任态度的比例为31%，“60后”“70后”和“80后”则分别为35%、37%和38%。

养老模式的变化还将催生新的金融工具和金融服务。养老保险基金投资具有长期性、偏好流动性以及安全性等特征，对本身的资产组合具有特定的选择偏好，这将推动金融工具如零息票债券、担保品抵押债券、长期债券、衍生金融工具等新产品创新，由此还将带动一些新的金融业务的产生和发展，如指数化与投资组合保险业务、长期债券投资策略业务、养老金基金设计精算、投资咨询、托管、结算、审计、代发等业务。

（三）养老资金的偏好将间接影响社会融资方向，促进金融结构优化和金融市场多层次发展

养老基金的偏好会影响到资本市场投资结构。在具体的投资模式上，我国的养老基金有着独特的风险偏好和市场环境，更加注重风险控制，这一点与西方养老基金的多元化投资模式有所不同。我国养老金基金对投资工具的选择必然会集中到那些投资期长、稳定性和回报率较高的资产组合，这将增加资本市场中的长期性投资需求。随着养老基金在资本市场中地位的不断上升，其投资偏好必将深刻地影响到股票与债券选择，并将深刻地影响社会资金在货币市场和资本市场上的配置结构。

同时，养老基金参与资本市场将带动相关非银行金融机构（如基金公司、证券公司、保险公司）的发展，增加金融市场的深度和广度，推动金融深化，对于矫正过度依靠间接融资的金融结构失衡、充分发挥直接融资的风险分担功能、促进我国金融市场多层次发展以及提高整个金融体系的效率和流动性有着积极的作用。

（四）商业银行应从战略高度认识养老模式转变的金融机遇

国际经验表明，商业银行占据着养老金融市场的绝大部分份额。在欧洲国

家，银行系占据了养老基金绝大部分的市场份额：瑞典养老资产的80%投资是由银行掌控的；在德国和法国，5家最大银行控制了60%以上的养老基金公司。在美国，商业银行已经成为仅次于投资基金的第二大养老金计划服务供应商。我们可以发现，国外大型银行不仅控制了本国养老金，还渗透进入发展中国家市场。拉美整个养老金市场的84%由银行资本（尤其是国外银行）控制。

我国预计到2050年老龄人口将突破4亿人，考虑到中国经济的持续增长，若以人均养老储备财产100万元估算，届时将产生400万亿元的养老金融服务市场。商业银行可以以法人受托身份参与养老金的资产管理，并通过托管、投资理财、支付结算、规划咨询等业务提供一站式、全方位养老金融服务，满足养老模式变革带来的一系列养老金融需求。商业银行应高度重视这一重大战略机遇，加快对养老金融的战略规划和市场布局。

1. 考虑老年人活动范围和风险偏好，提供综合化服务，满足养老储蓄资产的保值增值需求

商业银行可以借助物理网点尤其是社区银行，通过面对面的营销，提高老年人的信任感，为老年人提供资产投资规划咨询、资产托管、投资理财、生活消费支付等一站式服务。尤其是应该综合考虑风险组合和期限组合，以稳健为重点，为老年人合理配置资产组合，提供符合老年人特点的优质服务。

2. 积极关注“以房养老”等不动产养老资产产生的金融需求

老年人除了在工作期间储蓄用于个人养老外，不动产等其他财产也可以在老年时通过银行融资获得即期现金流。银行应未雨绸缪，研究房屋“反向抵押”等以养老为目的的金融产品，注意金融产品创新与中国特殊的房地产环境对接，制度设计上要紧紧把握养老需求，防止把“反向抵押”获得的养老金用于还债、后代教育等非养老用途。目前，在我国“以房养老”的衍生模式是“以租养老”，以房屋租金支付养老院费用等。银行也可以和房屋经纪机构合作，在房屋代管、租金监管等多方面介入房屋养老市场，在市场发展中不断发现新的金融机遇。

3. 不断完善和扩大企业年金市场中的银行和非银行业务

近年来，我国企业年金发展迅速，但收益率较低，年均收益率不到4%，甚至低于同业存款收益。商业银行可以对该项业务实行专业化运作，成立类似于养老金专业银行，也可以在当前事业部基础上提高业务运作的专业化、精细化程度，深耕市场，确保安全，提升价值创造能力，抢占市场战略高地。

（五）监管部门应为养老金融发展创造良好的政策环境

目前，基本养老保险基金由地方管理，但相关部门无法就投资主体达成一致，因而相关配套监管政策仍未落地。中央政府应建立基本养老保险基金的全国性统筹机制，形成资金的规模效应，同时监管部门可在《社会保险法》实施的基础上落实监管政策，在保证安全的前提下使3万多亿元养老金进入资本市场，投资低风险产品，获得稳定收益。

在企业年金方面，完善梳理由国家法律、部门规章、地方政策等组成的法规体系。在目前分业监管的背景下，可以借鉴美国对企业年金计划的监管经验，采用分散监管的模式，对不同类型的企业年金计划可由劳动和社会保障部、中国保监会分别承担监管职能，可以采用受托人制度和保险合同方式来发展我国的企业年金计划。

总体上，监管部门要明确监管政策，落实规则细节，使市场参与者有章可循，使养老金融市场有序健康发展。同时，扩大市场准入，为更多金融机构参与养老金融创造条件，如扩大获得企业年金受托、账管和托管三重资格的银行数量，扩大市场参与者范围等。

附　商业银行养老金融业务研究

当前，我国正在经历全球规模最大、速度最快、持续时间最长的老龄化进程。加快养老服务业发展，提高养老保障水平，已经成为我国政府及全社会共同关注的话题。在这一过程中，金融机构尤其是作为我国金融体系最重要组成部分的商业银行，作用不可或缺。

一、发展养老服务业是提高养老保障水平的重要手段

养老保障是通过社会保险、家庭支持、个人积累等各种渠道提供资金来源和设施建设，通过增强养老服务供给能力，保证居民在进入老年后的基本生活不受影响。养老保障水平越高，意味着居民在年老时的生活质量越高。在人口老龄化日益加剧的情况下，通过发展养老服务业来提高养老保障水平，是世界各国的共同选择。

（一）我国养老保障整体水平仍然较低

我国是目前世界上唯一一个老年人口超过2亿人的国家，根据国家统计局

数据，截至2014年底，我国60周岁及以上人口数为21242万人，占总人口的15.5%；65周岁及以上人口数为13755万人，占总人口的10.1%。我国已经进入深度老龄化的初期，养老问题面临的压力越来越大。

虽然我国已建立了全面的养老保障制度，但整体保障水平依然偏低。一是养老服务业不发达。从覆盖主体来看，我国传统的养老服务业以保基本为主，关注的多是“三无”老人、低收入老人、经济困难的失能半失能老人，未充分考虑占大部分比例的正常老年人的养老需求，养老服务业的广度严重不足。从服务内容的深度看，发达的养老服务业应提供涵盖老年生活照料、老年健康服务、老年体育健身、老年文化娱乐、老年金融服务、老年旅游等一系列产品来满足老年人多层次的需求，实现老有所养、老有所依、老有所学、老有所乐、老有所为。而目前我国养老服务提供的服务仅限于满足老年人医疗、护理等基本需求，内容非常有限。从产业发展看，当前我国养老设施多数为机构、政府投资，市场化程度较低，其他产业发展滞后，养老用品业、养老金融业、养老地产等产业基本处于刚刚起步阶段，市场效率有待提升。从服务质量看，我国养老产业普遍存在规模小、管理水平低等问题，行业发展粗放，未形成规范的质量标准体系。以养老床位为例，根据国家统计局数据，截至2013年底，我国每千名老人拥有的机构床位数约为23张。荷兰的每千位老人床位数为90张，瑞典为87张，美国为40张，英国为35张，我国香港地区达到了100张。二是养老金给付水平较低。根据2013年中国社科院白皮书数据，我国城镇职工基本养老保险给付水平经过10年连续调整，目前月均仅2000元，平均养老金替代率从改革初期的60%多下降到40%左右，低于国际劳工组织1952年《社会保障最低标准公约》规定的55%的警戒线。城镇和农村居民的基本养老金水平则更低，根据西南财经大学中国家庭金融调查（CHFS）数据，2013年新农村社会养老保险月均领取额仅为155元，城镇居民社会养老保险月均领取额为1123元，远低于城镇职工养老金水平。目前，世界上实行养老保障的国家中，78%的国家养老金替代率高于60%，替代率在40%的仅有6个，低于40%的只有海地（33%）。三是养老基金储备不足。截至2013年末，全国社保基金规模为1.1万亿元，城镇职工基本养老保险基金累计结余约3.1万亿元，城乡居民基本养老保险实账积累基金0.3万亿元，企业年金基金累计结存0.6万亿元，全部养老金储备为5.1万亿元，占同期GDP总量的比例不到10%。而根据相关数据，2011年底，全部OECD国家养老金规模占GDP总量的比例平均为72.4%；截至2014年第二季度末，美国养老金储备为24.2万亿美元，占GDP总量的比例为139.9%；同期日本养老金储备约为130.8万亿日元，占GDP总量的27.38%。

（二）养老服务业的发展将有效提高养老保障水平

养老服务业是为老年人提供医疗健康、文化娱乐、体育健身、休闲旅游、精神慰藉、法律援助等服务，满足老年人特殊的生活需求和精神需求的服务行业。养老保障水平的高低取决于老年人的各项需求能否得到很好的满足。养老金给付、基金储备固然重要，但养老服务业的发展状况直接决定了老年人可以获得的产品和服务状况，对养老保障水平的影响尤为关键。实践证明，通过发展养老服务业，提升养老产业的规模和质量，可以有效提高养老保障水平。

日本是世界上典型的老龄化国家，早在1974年就进入了老年化社会。虽然日本的养老基金储备水平低于OECD国家平均水平，但整体养老保障水平却一直较高，这源于养老服务业的快速发展。面对老龄化挑战，日本政府出台多项法律，提供了老年人免费医疗，大力发展居家护理，加强从业人员管理，并实行看护保险制度，有效地解决了老年人的各项需求。目前，日本养老服务业在市场规模、社会功能、从业人员水平、设备建设等方面都处于世界领先地位，产业规模已超过了40兆日元，且仍以4%~5%的速度高速增长，至2025年有望达到112兆~155兆日元。

对比来看，我国养老服务业的发展差距明显。虽然部分机构也提供一定的养老产品供给，但多处于零散状态，缺乏产业体系规划，尤其是养老金融等间接服务非常欠缺。2013年，我国服务业增加值占GDP比重仅为46.1%，养老服务业占比更是微乎其微。2012年，美国仅健康服务业增加值占GDP比重就达到了16.9%，服务业占GDP比重超过了70%，且仍在不断上升。

随着人口预期寿命的增长，老年人对生活质量的要求将越来越高，多样化的养老需求也将越来越丰富。通过发展养老服务业来满足老年人不断日益增长的物质和精神需求，是提高养老保障水平的必由之路。

二、养老金融服务是养老服务业的重要内容

养老金融是解决养老问题的重要方面，养老金融服务是养老服务业的重要内容。

（一）养老服务业的发展离不开金融支持

养老服务业的发展，依托于服务体系的健全、产业规模的扩大和发展环境的优化，最终目标是解决老年人的终端消费需求。

发展养老服务业，加大养老设施供给，离不开养老金融服务。养老产业涉及领域广、产业链长、投入大、回报慢、综合效益明显，必须依托金融机构的大力配合和支持。金融机构通过为养老产业的投融资、设计开发、运营管理提供综合金融服务，帮助养老机构在稳健经营的前提下，获得一定的投资回报，从而保证养老产品和服务的有效供给。

养老消费市场的形成离不开养老金融服务。金融机构通过向居民提供以养老基金的增值保值为核心，覆盖养老规划、支付结算、生命保险等方面的个人金融服务，引导并释放居民的养老需求，提升其购买其他养老产品的能力，最终满足老年人的消费需求。

（二）发达国家养老金融服务推动养老服务业快速发展

发达国家多以多元的金融服务来支撑养老，金融机构通过提供多种金融服务，打通了养老基金和实体经济的连接，保证养老金保值增值的同时，为养老产业提供了资金支持，并通过各种金融产品满足了老年人的多样化需求，促进了养老服务业的快速发展。

2011 年 7 月，香港安老按揭计划由香港按揭证券有限公司正式宣布推出。该计划旨在鼓励银行向 55 岁或以上的人士提供安老按揭贷款。安老按揭是一项贷款安排，让借款人可以利用在香港的自住物业作为抵押品，向参与计划的银行申请安老按揭贷款。由于期限灵活、利息优惠、还款自由等特点，该计划受到了香港老人的热烈欢迎，成为老年人生活费用的一大来源。

美国是全球公认的金融市场最发达的国家，而养老金正是资本市场所需资金的重要来源。2013 年，美国养老金融市场的规模达到 22.76 万亿美元，其中投入资本市场的规模为 13.94 万亿美元。商业银行、投资银行、信托公司、保险公司、共同基金等机构积极参与养老金融业务，为养老基金赚取了可观的投资收益。投资最稳健的公共养老金收益率水平始终保持在 5% 左右；在经济运行较好的 20 世纪 90 年代，养老金的整体投资收益率一度高达 10.6%。

经过 20 年的发展，截至 2013 年 6 月 30 日，澳大利亚的养老金总量已从 1000 多亿澳元激增到 16200 亿澳元。整个澳大利亚养老金行业也日趋成熟和壮大，管理资产超过 10 亿澳元的大型养老金公司在 100 家以上，其中最大的 18

家管理资产均已超过100亿澳元。这些大型的养老金公司构成了澳大利亚大型机构投资者的主体，并极大地推动了澳大利亚经济和金融市场的发展。

英国是较早建立社会保障制度的国家之一，养老金融服务也很发达。除提供一般的企业服务外，保险公司、商业银行以及部分信托机构还提供了丰富的面向个人的养老金融产品，该类主要是面向自雇人士和希望提高退休后收入的人士销售。目前在英国主要保险公司、养老金公司的产品平台上，向客户出售的养老金产品主要包括终身型或固定收益型、单一人寿型或联合人寿型、固定收益型、收入升级型或投资联动型等多种类型。

我国的养老金融业务发展尚处于起步阶段。一是养老资金整体规模有限，限制了养老金融业务的发展空间。我国养老基金规模合计约5.1万亿元，真正实现市场化投资运作的全国社保基金和企业年金规模不足2万亿元，与美国的24.2万亿美元差距明显。二是养老产业发展缓慢，金融支持不足。我国的养老产业还停留在养老设施建设阶段，业务链、产业链远未建立和打通，金融机构不能提供覆盖产业上下游的综合金融服务。三是养老金融产品缺乏，针对性不足。目前金融机构提供的养老相关产品服务仅限于基金托管、支付结算等传统产品，未针对老年群体开发设计定制式产品服务，难以满足老年人个性化需求。

三、商业银行是养老金融服务体系的市场主体

养老金融服务体系，是指以解决养老问题为目标，以养老产业为依托，以商业银行、保险公司、证券公司、信托公司等金融机构为主体，由社会基本养老保险、企业年金、商业养老保险、养老储蓄、养老住房反向抵押贷款、养老信托、养老基金等金融服务方式构成的统一体系。国内外经验表明，商业银行在养老金融服务体系中扮演着重要角色，处于重要的主体地位。

（一）国外商业银行是养老金融市场的重要参与者

从国外来看，商业银行占据着养老金融市场的绝大部分份额。在日本，截至2002年4月，从事养老金资产信托管理的银行有184家，分支机构2048个，资产达到了393万亿日元，由信托银行管理的养老基金被誉为“福利制度的支柱”。在部分欧洲国家，商业银行的作用甚至超过了保险公司，占据了养老基金绝大部分的市场份额。例如，瑞典养老基金资产80%的投资渠道由银

行业控制；德国和法国5家最大的银行控制了60%以上的养老基金投资。在美国，银行业在养老金信托中占有重要地位。1997年，在401（K）计划所有捆绑服务商中，基金管理公司占50.4%，银行占24.4%，保险公司占14.1%，咨询公司占8.1%，商业银行是仅次于投资基金的第二大养老金计划服务供应商。在拉美，整个养老基金市场84%的份额由国外银行资本控制，其中控股份额最高的6家外资银行集团依次是西班牙对外银行（BBVA）、美国花旗集团（Citigroup）、西班牙国际银行（SCH）、荷兰安泰集团（Aetna）、英国汇丰银行（HSBC）和美国富利波士顿金融集团。仅西班牙的BBVA银行一家就控制了拉美1/4的养老基金市场份额。

（二）商业银行在我国养老金融服务体系中角色关键

商业银行在我国金融体系中的主体地位，决定了其将在养老金融服务体系中扮演重要角色。商业银行特别是大型商业银行历史形成的“超信用”地位，再加上多年经营形成的庞大客户资源、广泛覆盖的各类渠道、客户资金和资本市场的紧密连接、社会金融资源的高度整合地位等，使得商业银行未来在养老金融服务方面客观上被赋予重要地位，是推动养老服务业发展的重要推手。

以融资规模为例，2014年我国社会融资规模总量为16.46万亿元，其中商业银行提供的人民币及外币贷款总计10.14万亿元，占比为61.58%。2014年全年，我国金融机构共承销债券6.32万亿元，其中商业银行承销4.32万亿元，占比为68.32%。截至2014年9月末，我国银行业总资产达到了164.44万亿元，占全部金融机构总资产的比例更是超过了90%。商业银行在我国金融体系中的重要地位可见一斑。

四、构建以商业银行为主体的养老金融服务体系意义重大

商业银行是我国金融体系的中坚力量，拥有最丰富的金融资源和最庞大的客户群体，理应承担起养老服务业发展的重任，大力构建完善的养老金融服务体系。

（一）构建以商业银行为主体的养老金融服务体系的必要性

一是有利于促进养老产业健康发展。商业银行具有融资和项目管理优势，可以促进养老产业的健康发展。通过养老产业供应链式金融支持，商业银行可以为养老地产、养老机构、养老医疗等提供包括养老产业基金、养老信托计

划、养老基础设施贷款、养老上下游企业贷款、养老小微机构贷款等产品组合，为养老产业提供资金支持。通过发挥在养老项目选择、项目评估、风险控制等方面的项目管理经验，商业银行可以帮助养老机构和企业避免出现诸如资金链断裂、信用危机等项目建设及运营风险，有利于养老产业的可持续发展。

二是有利于优化金融资源配置。发展养老金融业务既是商业银行履行社会责任的需要，更是商业银行发挥金融功能、有效配置市场资源的重要措施。养老金融业务具有公共产品特征，发挥着惠及民生、维系社会稳定的作用。商业银行掌握最丰富的金融资源，通过开展养老金融业务可以优化全社会养老资源配置，发挥稳定器、润滑剂和助推器作用，促进养老服务业的整体发展。

三是有利于优化养老金融服务结构。养老金融涉及多类服务对象、多种产品结构，服务周期长、环节多，对服务的长期性、持续性、结构性要求很高。商业银行发展养老金融业务能够有效整合并建立养老金融供应链服务，有效开展产品创新，有利于优化养老金融服务结构，提高金融服务水平。

（二）构建以商业银行为主体的养老金融服务体系的可行性

商业银行应主动承担起养老金融服务体系建设的重任，发挥自身优势，多措并举，大力发展养老金融业务。

一是商业银行发展养老金融业务具有集团化优势。我国香港地区银行混业经营情况较为普遍，超大型银行，如汇丰、中银香港，均早已形成了包含商业银行、证券及期货公司、资产管理公司、保险公司、信托公司在内的全牌照金融体系。通过集团内不同公司的联合，商业银行具备了独立提供一系列养老金融服务的能力，即养老金融全产业链服务能力。这对我国商业银行开展养老金融业务具有非常重要的借鉴意见。我国商业银行尤其是大型银行较多是银行或金融控股集团，拥有多项金融资质，依托平台优势，综合运用贷款、投行、资产管理、产业基金、信托管理等，为养老服务业发展提供“捆绑式”和“一站式”的综合支持，提高养老服务的供给能力。在目前中国金融分业监管的大环境下，大型商业银行金融集团拥有的这些资质对于发展养老金融业务创造了不可多得的条件。

二是商业银行发展养老金融业务具有专业化优势。澳大利亚最大的4家商业银行均设有独立的专业养老金公司，提供养老金产品服务。如Westpac（西太平洋银行）设有BT Super养老金公司，NAB（澳大利亚国民银行）设有MLC养老金公司，ANZ（澳新银行）和CBA（澳大利亚联邦银行）也都设有自身的养老金公司。目前，我国大型商业银行都已成立了以企业年金为主要经营对象的独立养老金部门，经过近年来的发展已积累了丰富的业务经验，培养了一批熟悉养老金融业务的专业化人才。参照澳大利亚银行的模式，未来我国商业银行可通过直接发起设立养老金公司，为客户提供包括养老金产品服务在内的专业化金融服务。

三是商业银行发展养老金融业务具有渠道优势。商业银行拥有其他服务机构无法比拟的网点优势，实体网点可以给客户更加细致、全面和及时的体验，这对不了解和熟悉网上操作的老年人客户来说是一个重要因素。商业银行可以借助物理网点，通过面对面的营销，为客户创造便利，为客户提供资产投资、规划咨询、资产托管、投资理财、生活消费支付等一站式服务，满足老年人的各项需求，提高客户黏性。

此外，商业银行还拥有丰富的合作伙伴资源，商业银行通过与保险、信托等金融机构进行产品整合以及与医疗、保健、房地产等实业机构跨界合作，能够实现养老服务供给与需求更好地融合，降低市场风险，从而实现养老服务产业、养老金融的共同发展。

五、构建以商业银行为主体的养老金融服务体系设想

为积极应对人口老龄化，应充分发挥金融机构尤其是商业银行在社会养老资源配置中的积极作用，促进社会养老服务体系建设与发展。

（一）背景分析

中国应对人口老龄化一个很薄弱的环节在于金融准备严重不足。长期以来，在应对老龄化挑战时，一定程度上忽视了金融准备和资源安排，我国的养老金融业务发展尚处于起步阶段。

一是养老资金整体规模有限，限制了养老金融业务的发展空间。传统的养老金筹集主要依赖于企业和职工缴费，养老金积累不足，养老资源未能综合开发和有效利用。我国养老基金规模合计约 5.1 万亿元，真正实现市场化投资运作的全国社保基金和企业年金规模不足 2 万亿元，与美国的 24.2 万亿美元差距明显。二是金融没有发挥应有的资源配置作用，就服务角度而言，服务的广度、深度、质量和效率严重不足，金融机构不能提供覆盖产业上下游的综合金融服务，制约了养老服务水平的提高。三是养老金作为长期资金，周期长、规

模大、风险偏好低，缺乏与之相匹配的多元化资产配置和基金增值渠道。四是养老金融产品缺乏，针对性不足。提供的养老相关产品服务仅限于基金托管、支付结算等传统产品，未针对老年群体开发设计定制式产品服务，难以满足老年人个性化需求。

构建以商业银行为主体的养老金融服务体系有利于促进养老产业健康发展。通过提供融资和项目管理支持，商业银行可以帮助养老机构和企业避免出现诸如资金链断裂、信用危机等项目风险，有利于养老产业的可持续发展。

构建以商业银行为主体的养老金融服务体系有利于优化金融资源配置。商业银行掌握最丰富的金融资源，通过开展养老金融业务可以优化全社会养老资源配置，发挥稳定器、润滑剂和助推器作用，促进养老服务业的整体发展。

构建以商业银行为主体的养老金融服务体系有利于优化养老金融服务结构。商业银行能够有效整合并建立养老金融供应链服务，有效开展产品创新，有利于优化养老金融服务结构，提高金融服务水平。

商业银行是我国金融体系最重要的金融主体，具备开展养老金融业务的客观条件。商业银行发展养老金融业务具有集团化优势。商业银行尤其是大型银行较多是银行或金融控股集团，拥有多项金融资质，能够发挥平台优势，为养老产业发展提供一揽子综合支持。

商业银行发展养老金融业务具有专业化优势。我国大型商业银行都已成立了独立的养老金部门，经过近年来的发展已积累了丰富的业务经验，培养了一批熟悉养老金融业务的专业化人才。

商业银行发展养老金融业务具有渠道优势。商业银行拥有最丰富的网点资源，可以借助物理网点，为客户提供便利的金融服务。

（二）基本原则、目标和任务

发挥商业银行在金融体系中的重要作用，着力推进金融服务与养老服务业的融合，激发商业银行创新的活力，不断提高养老金融服务水平，促进养老服务业的发展。

根据国务院关于加快发展养老服务业的若干意见，结合商业银行业务转型步伐，支持商业银行开展养老金融业务创新、加大养老金融业务投入。到“十三五”时期结束即2020年，构建较为完整的、以商业银行为主体的养老金融服务体系。

通过政策和监管手段，支持商业银行及子公司在养老金管理以及城市养老服务设施、居家养老服务网络、养老机构建设、农村养老服务、养老服务消费市场、医疗卫生与养老服务结合等领域开展养老金融服务和产品创新，提供相应的养老金融服务。

支持商业银行在养老地产、养老社区、养老机构、养老医疗以及养老保健、老年旅游等领域，向政府重点扶持企业、龙头企业、盈利能力强的配套中小企业等提供贷款、信用支持与服务。

支持商业银行及子公司在养老地产、养老社区、养老机构等领域，向有政府引导基金参与的重点扶持项目、市场前景好的优势项目，通过信托、基金、理财等方式，组织社会资金提供直接融资服务。

支持商业银行及子公司积极参与基本养老保险、企业年金、职业年金、个人储蓄性养老保险等多层级社会保障基金资产管理与服务。

支持商业银行进一步完善服务网络，推动服务功能化、社区化、小型化建设，并与医疗、保健等行业合作，向养老群体、老年群体提供养老金财富管理与咨询、代理服务，开拓并提供养老规划、个人理财、反向抵押贷款、消费贷款等财富管理，退休顾问、健康咨询、法律服务等咨询服务，以及电子商务、医疗预约、家政预约、代缴费等代理服务。

推动商业银行养老金融业务组织和机制创新。推进商业银行养老金融业务专业化建设，构建专门的养老金融业务板块，支持有条件的商业银行试点成立养老金资产管理公司，重点在养老金资产配置、投资管理、养老金产品研发、养老产业投资等领域进行创新，实现养老金资产管理与养老产业发展的有效融合，促进二者的良性发展。

（三）关于政策措施的建议

第一，进一步完善税收政策，促进市场发展。针对养老主体加大税收优惠力度，完善企业年金、职业年金个人所得税延税政策，推出个人储蓄性养老保险延税制度，促进养老基金积累与增值。建立以家庭为单位的养老消费综合税收体系，减轻养老环节的税负。建立健全针对养老服务业投资主体的税收优惠政策，对于社会资本、金融资本参与养老产业投资与建设取得的业务收入，给予一定的营业税、所得税等税收减免。

第二，运用财政手段引导养老金融投入。通过财政贴息、成立政府引导基金等方式，引导金融机构向养老产业提供金融支持；加大中央财政专项转移支付力度，促进养老保障水平在不同区域间的合理分布，实现全国养老保障水平的均衡发展，为商业银行等金融机构发展养老金融业务提供良好的外部环境。

第三，加强监管创新，鼓励商业银行在养老金融运作模式上开展创新。通过监管创新支持商业银行养老金融业务综合化经营，促进银证、银基、银信、银保、银医等合作；对商业银行等金融机构参与养老产业投资与建设，给予一定的监管放松和风险容忍，为金融机构发展养老金融业务提供宽松的监管环境。

第四，加快基本养老保险、企业年金、全国社保基金、职业年金等各类养老保障基金市场化运作步伐，为商业银行等金融机构发展养老金融业务提供市场空间。

第五，进一步完善信托、产业基金、股权投资等法律制度，为养老金投资养老产业提供法律支持和保障，确保养老金资产的安全和增值，维护各方利益，确保市场长期、可持续运行。

09 大银行的“小企业战略”不是权宜之计

在大众思维中，银行与企业存在“门当户对”的形式逻辑关系，认为“大银行做大客户，小银行做小客户”，小企业的金融需求主要依靠小银行提供金融服务来满足。这一观念的主要依据为，银行风险经营与风险选择的前提是“了解你的客户”。由于小企业缺乏规范的财务信息，银行选择小企业客户不可能像选择大企业客户那样，“熟人文化”显得十分重要，也就是不依靠财务报表来判断小企业履约能力，而是着重了解企业及企业主信用状况、个人品行、日常行为等。在这方面，小银行特别是社区银行等，由于更靠近小企业，具有天然的优势；而大型银行难以深入了解企业上述情况，或者了解成本太高。这种“门当户对”的推论真的符合逻辑吗？

一、现代市场经济关系的“门当户对”逻辑并不成立

发达国家的经验表明，“门当户对”的逻辑并不成立。企业与企业之间的经济联系并不遵循“门当户对”原则，大企业从来就离不开小企业，大银行想要做深做透大企业的金融服务，必须同时做好大企业的上下游客户的金融服务。

（一）在现代经济社会中，大企业与小企业共同构成经济成长的生态圈

经济越发达，小企业对大企业的支持力度越大，小企业的地位也越重要，经济越成熟，小企业的基础也越稳固。具体体现为：

一是高度专业化、高度社会化，使大企业需要众多小企业协作生产。现代科技革命使生产专业化由产品专业化发展到了工艺专业化。高科技产品的构造十分复杂，所需零部件繁多，仅靠一家企业来独立完成是很困难的，需要多方协作来共同完成。例如，一部现代汽车有2万多个零部件，一架波音747客机竟有405万个零部件，这使得任何大企业也难以独立完成产品生产的全过程，

这就需要成千上万家大中小工厂实行专业化分工协作。因此，生产的产品越复杂、产量越高，所需协作的厂家就越多，小企业作为大企业的协作厂家地位就越重要。

二是成本、效率决定了大企业离不开小企业，小企业也可以在大企业的生态链里成就自己独特的竞争优势。大企业普遍将其产品的零部件分别外包于众多的小企业完成，为了保证零部件的质量，大企业对小企业提供的零部件制定了严格而苛刻的检验标准，小企业严格按着其标准进行专业化生产。同时，小企业职工工资一般比大企业低得多，使大企业从小企业那里得到了大量成本低廉、质量可靠的零部件，总装后成为具有极强竞争力的产品。对大企业来说，这种分工协作是极为有利的，因为它不需要专门投资新建生产线，只需通过合同承包形式，就可以把中小企业纳入自己的生产体系，扩大生产规模，完成生产过程。不仅是制造环节，随着服务型制造的发展和发达国家大型企业的产业升级，生产性服务环节的外包和跨国转移也渐成趋势。一些大企业不仅能够将数据输入、文件管理等低端服务转移到发展中国家，甚至还将风险管理、金融分析、研发等技术含量高、附加值高的生产服务业务外包出去，催生大量服务业中小企业的发展。

在对大企业提供服务的链条上，小企业也可以形成独特的竞争优势。如苹果手机 iPhone 6 零件有 785 个供应商，遍布 31 个国家和地区，其中中国内地以 349 家居于首位，如苹果手机盖板供应商蓝思科技，在创业板创下营收第一、净利润第一、净资产第一等六项纪录。一汽丰田在中国的供应商遍布上海等 15 个省份，四大核心系统（发动机系统、地盘系统、电气系统、车身及内外饰系统）零部件供应商共有 103 个；经销商更是遍布全国各地，全国超过 1000 家。上汽大众的供应商多达 300 家。美国通用汽车公司在国内外的协作企业有 6.2 万家，其中职工不到 100 人的小企业有 2 万多家，它们提供的零部件占该公司用量的一半。

三是成熟的消费驱动型经济模式是小微企业经济地位的坚实基础。发达经济体的共同特征是消费驱动型经济模式。消费驱动型经济中，以服务业为代表的第三产业在 GDP 中的占比一定要超过第二产业、第一产业之和。从世界主要经济体的经济结构来看，消费对 GDP 的贡献率长期在 50% 以上，美国更是达到 80% 以上。从居民个人消费来看，美国个人部门消费对 GDP 贡献达到 7 成。理论观察与实证分析都显示，居民最终消费包括个人服务需求具有“小”“分散”“个性化”特点，这些需求特点与小企业供给优势天然吻合。也就是说，不仅资本货物生产离不开小企业，居民的最终消费品的制造与流通更是小企业的主要优势，小企业在为居民提供生活服务方面具有独特的优势。

（二）“大企业”与“小企业”的协调发展，是发达国家经济战略的现实选择

分析现代市场经济国家“大企业”与“小企业”的经济结构特点，并不是畸轻畸重的战略偏好，而是有机结合的战略安排。综观第二次世界大战以后发达国家经济战略，在经济学界存在这样的共识：一方面，国际竞争与国际地位取决于大企业的数量与质量，尤其是在全球有影响力的跨国大企业的数量；另一方面，国内稳定与经济基础往往取决于小企业的活力，尤其是在为大企业服务中脱颖而出的专业化小企业和深入为居民服务的百年老店数量。二者不可偏废，否则将导致战略畸形，经济增长陷入不可持续。

美国拥有众多全球优势的大型企业，但仍然十分重视小企业的发展。美国的小企业数量超过600万家，占全部企业数量的99%以上，贡献了40%的国民生产总值，雇用了50%以上的私营劳动力，创造了2/3的新增就业机会，小企业构成了美国经济的重要组成部分。

德国是世界经济强国和欧洲经济的“火车头”。虽然德国有全球知名大企业，如奔驰、宝马和大众汽车、西门子等，但德国经济的核心仍是中小型企业，德国中小企业约有360万家，占全部企业数目的99.7%，公司净产值占到全国总量的近50%，提供79.6%的就业岗位，每年为经济发展创造价值占比51.3%，生产的产品占据德国70%～90%的市场份额，中小企业对于德国经济的贡献功不可没。据统计，德国有1300余家占据其行业内国际市场份额第一的中小企业，是名副其实的“隐形冠军”之国。

日本资源十分缺乏，中小企业技术层次较低、设备落后、效率不高，因此20世纪50年代日本各界的普遍看法是限制甚至取消中小企业。但后来的发展事实表明，中小企业对日本经济高速增长起到了巨大的作用，也使日本政府看到了发展中小企业的必然性和重要性。为此，1963年日本政府颁布《中小企业基本法》，有力推动了中小企业的发展。当前，日本中小企业的数量占到了国内企业总数的99.7%，雇用员工占总就业人数的70%以上，贡献了近50%的经济增长。

英国的经历尤其值得深思。英国在20世纪50年代出台的中小企业淘汰政策，直接导致了大规模的失业和萧条。痛定思痛之后，英国重新重视小微企业发展，尤其注重发挥小微企业在促就业方面的积极作用，扶持小微企业发展已经成为英国政府长期经济计划的重要组成部分，使英国经济重新注入了活力。根据官方数据，2011年英国中小企业数量占国内全部私营企业总数的99.9%，中小企业就业人数占就业总人数的58.8%，中小企业营业额占私营企业总营业额的48.8%。英国经济近年在七国集团中表现突出，失业率降至2008年以来的较低水平，其中小微企业起到了重要作用。

（三）从银行的实践来看，国际大型银行的“小企业战略”也颠覆了“门当户对”的逻辑

国际大型银行高度重视小企业业务的发展，数据显示，摩根大通、美国银行、花旗银行、富国银行四大行的总资产占美国7000多家银行总资产的45%，其小企业贷款余额占全美银行的37%；西班牙桑坦德银行的小企业贷款占全部贷款的24%，利息收入占比为33%，手续费占比为41%。

富国银行强大的盈利能力来自于个人和小企业业务，根据彭博（Bloomberg）数据，自2014年12月31日以来，富国银行以2830亿美元的市值位居全球商业银行市值第一位，并连续6年成为美国最赚钱的银行。根据富国银行财报显示，富国银行2015财年净利润230亿美元，营业收入861亿美元，同比增长2%，股东权益回报率（资本回报率）达到12.68%，超过花旗、摩根大通等商业银行。剖析富国银行的业务结构，社区银行板块一直是富国银行的战略核心。社区银行主要面向个人和小微企业，由于此类客户的议价能力较低，通过提供完善的产品和服务，一方面，吸收大量的低成本存款，另一方面，获得了较高的利息收入，从而拉高了富国银行的净息差，成为富国银行重要的盈利来源。从近几年公司年报可以看到，社区银行为富国银行贡献的利润均在60%以上。

二、小企业战略的西方顺应与中国背离原因分析

近观眼前，中国银行业小企业金融服务与小企业经济地位并不相称。根据国家工商总局2014年发布的《全国小型微型企业发展报告》显示，截至2013年底，全国各类企业总数为1527.84万户。其中，小型微型企业1169.87万

户，占企业总数的76.57%。将4436.29万户个体工商户纳入统计后，小微企业所占比重达94.15%。小企业是国民经济的重要组成部分，为我国的财政收入、就业、经济增长做出了巨大的贡献，工业和信息化部及国家知识产权局公布的2014年数据显示，中小企业创造了60%以上的国内生产总值，完成了65%的发明专利以及80%以上的新产品开发，贡献了50%以上的税收，提供了80%以上的城镇就业岗位。但数据表明，我国小企业在融资方面却没有得到与其经济地位相匹配的支持。根据中国银监会公布的数据，截至2015年末，全国小微企业贷款余额为23.46万亿元，在各项贷款中的占比为23.90%。其中，四大国有控股商业银行中小企业贷款余额占比仅为10%左右。如果剔除监管部门对银行业发展小企业业务的硬性监管要求，以及企业划型标准不严谨和统计口径带来的数据偏差，上述贷款占比会更低。

深入分析大银行与小企业关系，西方国家普遍顺势顺应而为，而中国普遍存在背离现象，主要原因有以下几点：

（一）金融结构的差异

西方发达国家经过长期的探索积累，已经建立并拥有完善的金融体系、发达的金融市场和充分的市场化定价，大企业主要通过资本市场直接融资，小企业主要依靠商业银行间接融资，大小企业各行其道，投资银行与商业银行各得其所。而我国金融市场不发达，金融结构还比较单一，企业外源融资主要依靠银行体系。中国人民银行发布的《2015年社会融资规模存量统计数据报告》显示，2015年末对实体经济发放的人民币贷款余额占同期社会融资规模存量的67.1%，非金融企业境内股票余额只占3.3%。同时，大企业在银行融资具有信用成本低、规模效应大（单位融资成本低）等优势，产生虹吸效应；小企业无缘资本市场直接融资，在银行融资又面临信用与成本劣势，加之市场化定价程度较低，融资难就难以避免。

（二）银行技术的差距

西方大型银行业经过长期积累，摸索总结出了相对成熟的行之有效的风险识别和风险定价技术。西方发达国家大型银行业经过长期积累，对小企业进行风险识别的技术与能力不断提升，能够更全面、客观、准确地对中小企业进行风险识别和风险定价，使得小企业业务风险可控，收益较高。1989年，富国银行设立小企业银行业务集团，从属于社区银行部分，专门服务于小企业客户。为了开展小微企业贷款，富国银行首先将小微企业进行划分，同时建立了先进的信用评分模型，采用差异化的信贷模式，实现了对小企业客户的分级管理。1994 年富国银行推出“企业通”业务，为销售额 200 万美元以下的客户提供贷款，贷款上限为 10 万美元。富国银行通过“企业通”改进了放贷模式，贷款可以通过邮件、电话进行申请，实行自动化审批，无须定期审核，也不需要财务报表，取而代之的是先进的信用评分模型，简便快捷的贷款流程，极大地方便了客户，因此获得了大量的业务。富国银行还通过信用评分对贷出的资产持续进行监督的重估，根据企业的信用表现调整每家企业的利率，借此留住了许多优质的客户，优异的风险定价能力，也帮助银行减少了坏账率，为高利率提供了保障。经过多年的发展，富国银行现在已经成为美国最大的小微企业贷款提供者，而小微企业业务也为富国银行带来了不菲的利润。

西方银行高度重视大数据分析在小企业贷款过程中的应用。美国银行小企业业务板块设有专业的市场营销管理团队，通过大数据分析、情报收集，为不同的业务设计针对性的营销战略，为客户经理提供营销工具支持，并进行过程跟踪管理，从而实现扩大市场占有率、提高财务绩效、防范管理风险、提升员工和客户满意度的工作目标。大数据的广泛应用对美国银行小企业客户营销业务的发展起到重要的作用，这种运用大数据的技术能够细分目标市场，确定目标客户范围，建立目标客户库，开展针对性的、精准化的市场营销工作。西班牙桑坦德银行运用大数据分析实现对小企业贷款的自动化审批。根据贷款金额，50 万欧元以下业务采用标准化的方法，银行通过系统大数据分析，依据对行业的风险和企业自身还款能力的评估，自动对借款人进行评分审批，发放信用贷款；50 万欧元以上业务通过风险分析师进行人工审批。在桑坦德全部客户中，约有 98% 的客户走标准化处理的途径，2% 的客户走非标准化的途径；在金额上，有 48.6% 的贷款走标准化途径，51.4% 走非标准化途径。由于对产品实施简单化操作，改变了一味依靠专业人员进行销售和审批的模式，可以依托自动化审批系统进行业务销售和审批，效率得到大幅提升，其存量的潜在客户资源也得到充分挖掘。

相比之下，我国大型银行缺乏专门针对小企业的风险识别技术。国内银行多数套用大企业评级方法进行中小企业客户评级，风险识别能力有限，也无法用于定价支持，难以简单快速地对小企业进行准确的评估，收益无法覆盖风险，也影响了大银行为小企业融资的积极性。

（三）政府增信的不足

在发达经济体小企业融资结构中，政府增信扮演重要角色。政府无偿为小企业提供信用增级，这是一种责任、义务与战略。

美国政府设立了小企业管理局（SBA）负责政府小企业担保贷款计划的执行，有四种类型：一是一般担保贷款，SBA 对 75 万美元以下的贷款提供 75% 的担保，对 10 万美元以下的贷款提供 80% 的担保；二是为少数民族和妇女创办的小企业贷款担保，SBA 可为其贷款的 25 万美元以下部分提供 90% 的担保；三是为少量“快速车道”贷款担保，对小企业急需的少数“快速”贷款提供 50% 的担保；四是对出口及国际贸易企业的贷款担保，参照一般担保贷款的做法执行。

日本政府采用地方担保和政府再担保的双重融资担保模式，为中小企业融资增信。日本全国共有 52 个地方信用保证协会。政府为了进一步提高贷款担保能力，设立了专门为中小企业提供资金担保的金融机构——中小企业信用保险公库，对担保协会进行再担保。其两级信用担保体系增强了中小企业从银行获得贷款的能力，同时也对资金的运作和中小企业的信用起到了监督作用。

欧盟各国非常重视对中小企业的扶持，给予税收、金融方面的优惠。主要体现在出台投融资政策、营造良好的外部环境、培养微型企业家三个方面。一是推出扶持小微企业的投融资政策，主要包括为小微企业提供特定投资领域的补贴，建立小微企业贷款担保以及小微企业信息、通信、技术、投资担保等多种投融资支持。专设融资机构——欧洲投资银行和欧洲投资资金。二是积极为小微企业创造良好的法律和竞争环境。三是加强对小微企业问题的研究，推出增强小微企业家才能的培训项目，帮助解决小微企业发展中遇到的问题。

与发达经济体相比，我国政府增信数量有限，中国银行业对于小企业融资存在抵押化甚至典当化倾向。由于缺乏政府增信，商业化担保成为小企业增信的主要形式。商业化担保一般会要求借款提供反担保，并需缴纳不菲的保证费用。据调查，小企业融资成本中，担保费用占大头，平均为贷款金额的 3.3%，最高达到 5%，且有进一步提高的趋势。商业化担保既增加了小企业的融资难度，也抬高了小企业融资成本。

（四）信用文化的缺失

西方银行评价小企业信用水平时，除评估偿债能力外，更关注的是履约意愿，重视企业主个人的诚信评级。在美国，有成熟的市场化运作的各类信用报告机构，负责个人信用记录收集、整合、评级等业务，并有偿向银行、保险公司等提供个人信用报告。我国银行业评价小企业信用水平比较看重偿债能力，不太重视履约意愿的评估，现实中借款人“跑路”现象屡见不鲜，银行信用风险的压力较大。实际观察发现，小企业抗风险能力相对较弱，尤其是在经济下行、结构调整的环境下，小企业的偿债能力随时有可能发生变化，难以准确地进行评估，履约意愿变得尤为重要。

（五）企业信用意识较低

在良好的信用文化和信用机制下，不仅企业十分重视信用积累，而且企业主也十分重视自己的信用评分积累，为了在一家银行积累良好的信用，往往会坚守“从一而终”、始终“认账”“世代还债”的信用理念，“跑路”行为极其罕见，因而银行信用风险的压力相对较小。我国小企业主大都缺乏信用积累意识，一些企业为了减少财务成本、增加收益而不断变换开户银行，以致透支信用积累或损毁信用。有些商业银行在市场拓展中盲目竞争，也是不计信用，忽视信用积累的基本要求，由于缺乏数据积累而无法培养自己的客户识别能力，使得信用风险陡增。

三、对于我国大型银行实施“小企业战略”的期待

基于中国经济与金融市场发展趋势分析，我国大银行有必要前瞻性构建“小企业战略”。一是目前中国经济正处于深度转型时期，根据国际先例，中国经济转型成功之后，小企业的经济地位将更加重要、更加稳固，大银行服务小企业顺应中国经济发展潮流。二是随着中国金融市场加速发展，金融结构正在快速发生变化，企业融资渠道日渐丰富，大型企业的融资模式正由传统的间接融资向直接融资转变。通过银行间接融资的大企业，其定价地位越来越强势，而小企业不仅离不开银行，且贷款利率相对较高，这就双向迫使银行转型服务小企业。三是中国银行业通过多年的学习和探索，已经初步建立起了适合我国银行业发展的风险管理体系，风险技术日益成熟，银行通过风险识别与风险定价提升小企业贷款的盈利能力不再是难以破解的难题。作为银行经济学家，笔者对于大型银行的小企业战略有以下期待：

第一，大型银行的“小企业战略”令人期待。从我国经济发展的战略角度来看，小企业将会是市场经济越来越重要的组成部分，小企业业务必将是大型银行不可或缺的重要业务之一；从国际大型银行的发展经验来看，忽视小企业业务的大型银行的国际竞争力会受到极大的损伤。因此，在利率市场化、金

融脱媒、“互联网+”、多层次资本市场逐渐完善的大背景下，大型银行谁先确定小企业战略，谁将在未来的转型过程中处于主动地位。实际上，越来越多的大银行建立了国家政策、监管要求和发展目标协同内化的小微企业金融服务体系，把小微企业金融作为战略转型的重点。

第二，对银企之间的诚信（守信与授信）互动充满了期待。诚信是建立市场经济秩序的基石，是银行判断、选择客户时的关键指标。只有对于诚实守信的企业，银行才可以放心为其发放无抵押无担保的信用贷款，如果社会上经常出现企业违约“跑路”、自毁信用的现象，就会极大地挫伤银行为企业发放信用贷款的积极性。银行和企业之间诚信互动，是未来大型银行确定小企业战略的重要前提。在诚信体系建设方面，有两个事件值得关注：一是中国人民银行批准芝麻信用、腾讯征信等8家机构开展个人征信业务，标志着我国市场化模式的征信体系正式起步，将弥补中国人民银行征信系统的不足。二是国家相关部门联手开展打击各种失信赖账和逃废债务行为。2016年1月20日，包括最高人民法院、发展改革委、人民银行、全国工商联等44个部委出台《关于印发对失信被执行人实施联合惩戒的合作备忘录的通知》，被称为史上最严信用惩戒备忘录。按照备忘录，一旦被列入失信被执行人名单，大到开公司、做高管，小到乘坐飞机、高铁以及去夜总会、高尔夫球场消费都会被限制。这不仅使自己和家人遭罪，还会影响所在单位的利益。当一个社会的诚信体系真正建立起来和诚信真正成为一种人人深刻认同并自觉遵守的社会文化的时候，小微企业融资难与融资贵的问题一定会得到极大缓解。

第三，对政府、行业协会助信（增信）的举措充满了期待。小企业由于自身天生的弱点，在和大型银行发生金融交易的时候，需要政府、行业协会的增信服务，帮助其在银行融资。近年来，从国家和地方层面都出台了很多推进“普惠金融”“大众创业、万众创新”及扶持小微企业的政策，其中，很重要的一条是鼓励设立小微企业信用保证基金或信贷风险补偿基金，建立银、政、担共同参与可持续的合作模式。只有政府和行业协会增信，企业家守信，银行积极拓展自己的信用风险评估技术，我国的小企业融资难、融资贵的问题才能从根本上得到解决，也才能帮助政府实现服务小微企业、支持区域实体经济的政策目标。

第四，对银行与大数据、征信部门携手做好技术攻关充满着期待。依靠大数据技术提高银行的风险识别、风险监测能力，提升银行的工作效率，是未来银行的发展趋势，这些技术仅靠传统银行是难以实现的。目前，各家商业银行纷纷成立了数据管理部门，通过与中央银行、工商、税务、海关等部门的合作，通过对小企业日常交易数据和结算信息的积累，小企业业务经营管理能力已经有了很大的进步。相信在各方的共同努力下，中国银行业针对小企业的大数据分析技术在未来几年会有一个突破。

根据多年从业经验与近年在“圈子”外部观察，笔者认为银行还必须加强自身经营技术创新。一是积极探索新的风险评估技术，提升风险评估效率和能力。银行要根据小企业客户的特征建立新的评价模型，围绕小企业履约能力、信用状况及交易信息等数据信息进行客户评价，改变原来过度依赖小企业财务报表的状况，提高对小企业客户评价的针对性和有效性，通过技术手段提升小企业业务的风险评估能力，目前已有一些大型银行在这方面做了积极的探索。如建设银行已建立小企业“评分卡”业务评价模型，以评分工具为核心，采用批量化的客户群筛选、模式化审批以及非现场风险预警监测为主的贷后管理，大幅提高业务流程效率。

二是积极探索大数据技术，应用大数据技术发展小企业业务。银行加强大数据技术的研发，建立数据分析模型，开展小企业客户细分与精准营销。针对存量小企业结算客户，通过非结构化数据处理和相关性关系建模，从数据仓库的海量数据项中提取对无贷户转化为有贷户过程中最敏感的关键变量，建立小企业授信目标客户筛选模型。按照模型预测的客户营销响应概率由高到低排名，生成营销客户名单，下发给分支机构，由客户经理进行针对性主动营销，实现小企业批量化、精准化营销服务。

三是从核心企业入手，依托供应链金融服务小企业。小企业的生产经营活动多紧密依附于核心企业，小企业作为核心企业的上游供应商或下游经销商，在整个供应链中形成大量真实可靠的交易记录。因此，银行可以充分发挥与大型核心企业的合作优势，充分挖掘小企业与大型核心企业的交易订单数据，包括商品的运输、仓储、流通加工等信息，商业信息和交易条件情况，应收/应付账款信息，订购单、存货记录、确认函、发票等信息，运用大数据技术，为核心企业供应链上下游的小企业提供金融服务。供应链金融模式，完全基于企业的交易活动，通过大量真实可靠的历史交易记录，有效识别交易背景的真实性、交易的连续性、交易对手的履约能力，并通过信贷业务的封闭运作和贷款的自偿性，保证贷款资金安全。

四是积极探索平台增信服务小企业融资模式。为缓解小企业客户因抵（质）押物不足而带来的融资难问题，银行可主动对接地方政府，探索与地方政府共同搭建增信平台，为小企业融资提供增信服务。目前，建设银行已推出“助保贷”“助融贷”等平台增信业务，由建设银行与地方政府（工业园区、核心企业）及政府背景担保公司共同搭建增信平台，采用“部分抵押/担保+信用”组合信贷结构，有效降低了准入门槛，减轻了企业财务负担。截至2015年末，建设银行系统与各级政府签订“助保贷”合作协议1270个，风险补偿金到位的助保金平台有1152个，政府风险补偿金111.94亿元，贷款客户8450户，贷款余额362.62亿元。

附　破解小企业融资难与贵必须回归信用本质[①]

改革开放以来，小企业已经成为我国经济中最活跃的主体，并成为经济增长的重要引擎。截至2013年末，全国法人小微企业数量达1170万户，占全部法人企业数量的76%，含个体工商户达到5606万户，占企业数量的94%，提供的最终产品和服务价值占国内生产总值（GDP）总量的60%，纳税占国家税收总额的50%，完成了65%的发明专利和80%以上的新产品开发。小企业不仅在经济发展正常状态下发挥着重要作用，在经济周期的恢复阶段更是扮演着其他经济主体无法替代的作用。在我国目前条件下，如何在激活市场中进一步发挥小企业的作用，对于促进经济健康发展至关重要。然而，小企业发展中的融资难融资贵问题始终是一道不可逾越的障碍，近年来矛盾更加突出，已经成为影响经济发展的一个重要制约因素。

（一）小企业融资难的根源不在于政策导向，而在于现有金融机制的内在矛盾

长期以来“融资难、融资贵”一直是困扰小企业发展的难题，近年来逐渐演变成社会讨论的热点，进而又成为国家政策关注的重点。笔者认为，我国

---

① 人民网北京10月17日电（李海霞）：近年来，小企业的融资难融资贵已经成为影响经济发展的一个重要制约因素。近日，中国建设银行首席经济学家黄志凌在撰写《小企业融资难与贵的死结破解》一文中表示，问题的根源不在于政策歧视，也不是政策力度还不到位，根本的原因在于现行金融机制自身的局限性。我国目前以商业化、市场化为主体的小企业融资担保体系在客观上加剧了小企业“难与贵”，从美日经验来看，政府的非商业化政策性信用介入是一个值得我国借鉴的重要经验。参见人民网—银行频道2014年10月17日编发的《金台观察：小企业融资难与贵的死结破解》一文。

目前存在的小企业"融资难"与"融资贵",问题的根源不在于政策歧视,也不在于政策力度还不到位,而是在于现行金融机制自身的局限性。

从政策取向上观察,近年来国家出台了多项促进中小企业发展的政策措施,尤其是2014年7月李克强总理先后4次提到了小微企业融资问题,2014年8月国务院出台《关于多措并举着力缓解企业融资成本高问题的指导意见》,旨在解决好企业特别是小微企业融资成本高问题,并以此促进"稳增长、促改革、调结构、惠民生"目标的有效推进。中央政府和各级地方政府的相关部门也制定了一系列政策措施,试图解决小企业融资难问题,其中力度较大的有国家发展改革委针对银行收费的专项检查、中国银监会的"两个不低于"和中国人民银行的"定向降准"。应该说,国家关于解决小企业融资难与融资贵的政策取向非常明确,力度也不可谓不大,但小企业融资就像一道"玻璃门"——政策看得见却进不去。

梳理当前媒体披露的各种所谓的"难"与"贵",我们发现小企业的融资难与融资贵,首先难在无法获得无抵押贷款,其次难在无法提供银行认可的合格抵押品,因而获得抵押贷款也比较困难,最终只好寻求第三方担保,由此融资贵就不可避免。也就是说,在银行传统的信用评级方法和抵(质)押与担保标准下,大量小微企业的财务状况、信用记录、担保、抵(质)押等很难达到银行的安全标准,要么自身信用评级无法支持信用贷款,要么抵押保证难以满足银行要求,要么第三方保证陡增融资成本,要么相互担保增大风险,因而无论如何也无法通过现有银行授信机制获取及时有效的信贷支持。如果国家政策与监管部门对商业银行做出硬性的小微信贷比例规定,商业银行为了完成任务被迫降低审批标准,不良贷款又会大量产生。因此,在传统的商业模式下,小企业融资难始终是一个无法解开的死结。

小企业的一个主要特点是"小",资产规模小,财务数据没有积累,财务指标较差,抵御风险的能力较弱,企业存续的变数大、风险大,其未来经营的不确定性极大地影响了未来的履约能力,难以获得较高的资信评级,更难以满足银行信用放款的准入条件。小企业的另一个特点是生命周期"短"。从统计数据来看,我国小企业的平均"寿命"只有3年左右,意味着小企业出现"违约"的概率远大于大中型企业,高比率的倒闭和违约导致其融资难度和价格也必然提高。也就是说,由于银行信用评价体系在很大程度上依赖于客户的财务指标,小微企业客户由于生命周期短、资产规模小等特点,按照传统的信用评级结果往往都比较差，直接决定了其难以获得信用贷款。与此同时，近年来部分地区的一些小企业主“跑路失信”案例也让银行忧心忡忡，“违约”成本较低诱发的恶意违约、逃废债行为，使银行更加惧怕选择信用放款方式，并进一步推高风险定价。进一步分析我们还会发现，小企业信贷客户实际违约率、不良贷款率和贷款核销比例等指标都高于大型企业，客观上要求小企业贷款平均收益率水平要高于大型客户。尤其是2011年以来，受外部经济环境因素影响，小企业经营效益有所下降，小企业贷款风险暴露较为集中，银行计提减值准备随之大幅增加，导致贷款定价水平也逐步上升，小企业从银行获得融资更加困难。

但是，中小企业贷款历史违约率高、银行新发放贷款利率上浮等并不是中小企业融资贵的主要原因。从国有大型银行小企业贷款的定价水平来看，通常为基准利率上浮30%左右，贷款利率平均在8%上下，这是包含了有充足抵（质）押担保的平均贷款定价水平。但是，如果企业无法提供合格的自有资产作为抵押物，被迫采用第三方保证或非自有资产担保的方式，其融资成本将迅速升高。以目前较为普遍的担保公司担保融资为例，除银行贷款利息外，企业通常还需向担保公司缴纳10%左右的保证金，支付3%～5%的担保服务费，融资的成本将达到10%～13%，有些甚至会达到15%左右。即使如此，能够获得银行贷款的小企业数量仍然有限，大部分小企业只好通过民间借贷渠道融资，而民间借贷的利率远高于15%。从统计数据来看，小企业的平均利润率水平在8%～10%之间，对于资金成本高于10%以上的贷款，小企业是难以长期承受的。

（二）从以财务指标为核心的信用评级转向以交易记录大数据分析为核心的履约能力判断，为破解小企业信用困境提供了新的方向

现有银行体系的评级方法和小企业自身的特点决定了其很难获得足以支持无抵押贷款的信用评级，而以财务指标为核心的现有小企业信用评级体系的预测能力又十分有限，以至于银行和小企业同时陷入了信贷供给与信贷需求相互脱节的错位状态。笔者认为，这一需求与供给脱节并陷入所谓难解死结的现象，并非真的无法破解。实际上，关心企业财务指标、要求企业提供抵押担保措施，不是银行的根本目的。对于银行来说最重要的是避免企业违约，财务指标是判断违约概率的重要视角之一，但不是唯一的途径；抵押保证措施是为了通过增加企业违约成本来提高履约概率，并降低违约以后银行的损失。实践中

我们发现，小企业借款偿还的履约能力在很大程度上取决于其实际商业交易的资金流，交易能够完成就能够带来相应的预期现金流，偿还借款就有了基础；如果能够掌握小企业的交易记录，判断其商业交易的真实性及履约能力，就可以根据其交易规律提供合适额度和期限的小额无抵押贷款，这样既可以有效管控信贷风险，又能解决小企业的融资难问题。事实上，近年来互联网商业模式及大数据技术的发展，为商业银行解开小微企业融资难的死结提供了重要的方法。大数据技术的核心是预测，通过记录和分析客户全部、海量的交易行为数据，就能够较准确地对客户未来行为进行预测判断，这为解决小企业融资提供了可靠性强的解决方案，并在不少领域已经得到了很好应用。

在日常经营过程中，小企业客户会生成海量的交易行为数据，包括客户询价、订单、资金流、交易对手等。以前，这些数据往往沉淀在企业中，没有办法进行整合分析，也无法为银行所用。互联网商业革命使小企业的商业行为发生了重大变化，大量小微企业通过互联网商业平台实现其商业活动，在互联网中这些企业的交易行为可以很容易地被记录、保存下来。在此基础上，一些互联网企业渐渐发现，那些交易真实、可以如约完成的商业活动，资金流可以随着商业交易的完成而自动循环，为这种资金循环提供无抵押贷款是安全的，这种信用贷款与借款人的规模实力以及抵（质）押品无关。于是，互联网企业依托海量交易数据，运用大数据方法，建立了一种基于真实交易需求（订单）、基于历史交易数据（交易履约记录）、基于关联数据（市场趋势预测）的互联网客户借款安全评级机制和授信筛选原则，使互联网商业背景下小微企业获得无抵押信用贷款成为可能。阿里小贷是这种金融模式的典型代表。截至2013年底，作为互联网金融领头羊的阿里小贷，已经累计为65万多家小微企业提供了超过1600亿元的订单和信用贷款，不良率却仅有0.9%左右。

从业务逻辑上来看，这是一种完全不同于传统银行信贷管理理念与流程的信用放款模式。客户信用评价不再依赖时效性慢、质量较差的财务数据，而是充分利用海量的客户实际交易数据，包括订单数据、交易数据、货运数据、客户网络活跃度数据、客户交互行为数据等，这些数据在时效性、质量和敏感度方面大大优于财务数据。由于数据量极其庞大，运用大数据方法筛选客户发放无抵押贷款就有了科学依据和坚实基础，使客户筛选更加精准有效。通过互联网平台，还可以在技术上实现对客户交易行为的实时监控，客户的每一笔交易情况都会被数据库记录下来，并反映到模型中去。

（三）政府信用增级是发达经济体解决小企业融资难的重要经验

解决小企业融资的另一个难题是信用增级。我国目前以商业化、市场化为主体的小企业融资担保体系，在客观上加剧了小企业融资的“难与贵”，即使是各地地方政府创设的担保机构也是随行就市。从发达经济体的情况看，小企业在其社会经济生活中也普遍占据了重要的地位，欧美等发达国家和地区的中小企业数量占全部企业的90%以上，创造的价值占GDP的50%左右，提供的就业岗位占60%左右，创新发明占50%以上。为解决小企业的融资难问题，各国高度重视，采取了许多措施，设计了若干模式，从美国、欧洲、日本等发达经济体的实践经验看，政府的非商业化政策性信用介入是一个值得我国借鉴的重要经验。

1. 美国通过小企业管理局为小企业提供多方位服务

1953年7月，美国在商务部设立了“小企业管理局”（以下简称SBA），之后成为一个永久性的独立的联邦政府机构。小企业管理局为小企业提供融资、经营、技术、法律等方面的服务，并一直延续至今。它主要通过四种途径帮助小企业发展：向小企业提供融资服务；创业发展——教育、信息、技术援助和培训；帮助企业参与政府采购；为小企业提供法律援助。SBA是美国政府制定小企业政策的主要参考和执行部门，在各政府部门中有相当高的地位，局长由总统亲自任命。美国政府为小企业融资的支持表现为：

（1）直接为小企业提供分阶段、全过程的资金支持。小企业管理局直接管理了众多的资金支持项目，包括504贷款项目、社区快速贷款、社区调整贷款和投资项目、微型贷款项目、污染控制贷款、能源贷款等，并可经国会授权拨款，向有较强技术创新能力、发展前景较好的小企业直接拨付。另外，还向小企业提供协调贷款服务，小企业管理局与地方发展公司、金融机构协商为小企业提供贷款。

（2）提供贷款担保服务，由小企业管理局向放款机构担保。通过提供担保，促进商业金融机构向小企业融资，形成了由小企业管理局直接操作的全国性小企业信用担保、由地方政府操作的区域性专业担保和社区性担保三个层次小企业信用担保体系。

（3）对小企业进行风险投资。1958年，小企业管理局建立了小企业投资公司，该公司从联邦政府获得优惠的贷款支持，其融资方式可以是低息贷款，也可以购买和担保购买该公司的证券，投资方向主要是中小企业发展和技术改造。为满足小企业融资的需要，负责向小企业提供商业银行不愿涉足的风险投资，1971 年美国创建了纳斯达克市场，为小企业尤其是科技型小企业的发展提供了大规模资本。

2. 欧盟通过欧盟委员会制定统一政策，改善小企业资金环境

从 1994 年开始，欧盟按照一体化方案全面推动小企业的发展，并由欧盟委员会下属的总理事会负责小企业政策的制定和实施。在欧盟统一政策推动下，欧盟各国政府采取的小企业政策具有两个明显的特点：一是政府在政策制定中居于主体地位，并依靠自愿组织、私营机构来完成，把政策真正贯彻到实践中，避免政府对企业的直接干预；二是政府实施政策的内容主要包括教育和培训、减轻行政负担和减免税收、加强法律支持、推动跨国经营和贸易出口、提供贷款担保、加强技术能力和推进革新、加强网络服务信息等方面，并取得了突出效果。由于小企业发展过程中面临的最大困难是资金问题，因此欧盟把政策重点放到了改善小企业资金状况上，主要包括 5 个方面：

（1）为小企业获得贷款提供直接帮助。如为促使私人投资者为启动和发展企业提供资金和专门技术，欧盟委员会支持建立了“企业天使网络”（Business Angel Network），并承担了 50% 的可研费用及 50% 的实验费用；为促使种子资本基金会和类似组织为技术性小企业提供股本资本，欧盟实行了“克里计划”（CREA Programme），并承担了 50% 的运作费用；为促成跨国性小企业的联合，欧盟于 1998 年开始实施“欧洲联合企业计划”（JEV），并对小企业项目进行资助。

（2）解决小企业主要依靠贷款融资但很难获得合理贷款利率的问题。欧盟通过欧洲投资基金会（the European Investment Fund）为小企业提供贷款担保；同时，通过欧洲共同担保方案（Mutual Guarantee Schemes），促使私营企业互相提供银行贷款担保，提高小企业获得贷款与风险资本融资的机会。

（3）支持采取提高小企业财务管理能力的行动，减少拖延付款。

（4）发展符合小企业利益的专门的金融工具，特别是通过保付代理和信用保险帮助小企业解决资金问题。

（5）采取措施促进小企业证券交易市场形成，支持发展迅速的小企业、特别是高新技术领域的小企业通过买卖证券筹集资金，为小企业提供直接融资渠道。

3. 日本建立了政府、银行和民间三位一体的小企业融资服务体系

在对中小企业融资支持中，日本政府的作用主要体现为法律政策支持、财

政税收优惠、专业金融机构资本支持三个层次。日本相继成立了3个由政府直接控制和出资的为中小企业服务的金融机构，即中小企业金融公库、国民金融公库和商工组合中央公库，并利用财政资金对中小企业进行资金融通。由日本政府和银行共同出资成立的中小企业信用担保公司，负责对中小企业申请贷款提供担保。它们在为中小企业的贷款提供担保后，可以将相当于担保贷款的金额转到政府独资的中小企业信用保险金库进行再保险。在日本，不仅有政府全额出资成立的中小企业信用保险金库，而且有民间的信用担保协会。保险金库和担保协会订立一揽子保险合同，只要在一定限额内，协会对某一企业的担保便自动生效。此外，日本各地的信用保证协会还可以对净资产3亿日元以上的中小企业发行的企业债券进行信用担保，这一制度为中小企业实现直接融资开辟了通道。

4. 韩国依托政策性银行、政府担保及信贷政策限制等手段解决小企业融资问题

在对中小企业融资支持中，韩国政府的作用主要体现为法律政策支持、资金支持、信贷担保等方面。韩国政府在1961年便成立了韩国中小企业银行，该银行是韩国政府的一家政策性银行，主要提供一种高息的贷款，由于风险的增加，通过高利息来降低银行所承担的风险，银行也对最低贷款比例做了规定，中小企业虽然能够获得一定的贷款，但也承担较高的利息支出，对于发展初期的企业来讲，这是一个比较合适的选择。根据《中小企业创业支援法》的规定，设立“地方中小企业培育资金”，提供技术革新资金扶持，提供低息并允许分期偿还的贷款，并实行减免税收优惠政策，引导金融机构贷款支持。规定全国性银行和地方商业银行及外国银行分行有义务向中小企业提供一定比例的贷款；设立产业银行为中小企业提供融资和担保；设立中小企业创建支持公司对中小企业提供融资技术、信息等方面的服务。早在1976年，韩国政府就建立了信用担保基金，主要任务是为向金融机构贷款缺乏担保品的中小企业提供信用担保服务。此外，韩国政府在信贷担保方面有一个明显的特色，即建立了中小企业共济制度，通过中小企业的相互保证、风险分担的原则，借助成员之间互助的力量，在无须动产及不动产担保下，取得金融机构的贷款。

通过上述分析我们可以看出，现代市场经济不是自然市场经济，不能放任小企业自生自灭，由于小企业在社会经济生活扮演极其重要的角色，而自身又存在天然的脆弱性，是必须加以保护的弱势群体，政府必须有所作为，西方发

达国家如此，中国各级政府更应承担起为小企业融资提供政策性信用增级的职责，不能完全推向市场。

（四）为中小企业提供融资服务对于大型商业银行同样具有重要的战略意义

由于中小企业的规模实力和生命周期有限，信用水平不足以支撑其在资本市场上直接融资，只能主要依靠金融机构间接融资。在我国现阶段和今后相当长一个时期内，随着市场发育不断成熟、经济结构不断调整、经济增长方式不断转换以及市场化改革不断深入，中小企业将步入快速、健康发展轨道，相应地，金融服务也蕴藏着巨大的市场机会。从国外发达国家的情况看，很多大型商业银行都把小微企业作为重要的业务支撑。根据统计，2011 年底，美国富国银行小企业贷款占全部贷款余额的 11.7%，中间业务收入占比为 14.44%；摩根大通、美国银行、花旗银行、富国银行四大行的总资产占美国 7000 多家银行总资产的 45%，其小企业贷款余额占全美银行的 37%。西班牙桑坦德银行的小企业贷款占全部贷款的 24%，利息收入占比为 33%，手续费占比为 41%。对于中国大型商业银行来说，发展中小企业金融业务同样具有重要的战略意义，这不仅是大银行应该自觉承担的社会责任，也是适应中国经济转型的战略举措，更是加快自身经营转型、实现可持续发展的必然选择。

综观西方主要银行中小企业信贷业务，银行不仅在市场战略上高度重视，而且还努力适应中小企业生存发展规律，通过持续不断的金融创新，尽可能提供安全的无抵押信贷服务。从本质上讲，银行是经营风险的企业，不能期望不承担任何风险，不可能将所有风险都转移出去，过分要求贷款抵押、第三方担保是违背银行经营逻辑的；银行不是典当行，不能将精力放在审核押品、收取押品、保管押品、处置押品上，信用是经营的本质，小企业信贷业务应回归其信用本质。

为中小企业提供安全的无抵押信贷服务，不仅是一种理想与追求，也有大量的实践经验佐证。以阿里巴巴为例，由于其拥有上百亿笔交易以及上万亿元交易额，连同数以亿计的活跃买家和数以千万计的活跃卖家，共同构成了一个拥有足够订单、付款信息以及交易记录的数据库。在对客户进行违约概率和履约能力判断时，利用大量公开、透明、真实可信的电子商务平台数据，包括订单数据、交易数据、货运数据、客户网络活跃度数据、客户交互行为数据等，并将这些数据进行量化处理后作为主要的授信依据，纳入贷款审核数据模型中，对企业的交易真实性、交易履约能力、还款能力及还款意愿进行较准确的评估，大大降低了客户的违约概率。在贷款发放前，通过客户在互联网上进行的所有交易和资金流转记录，自动从后台数据中找到最需要贷款、最有可能获得贷款的客户，判断客户的融资需求、对客户进行较为准确的预授信，一旦客户申请贷款，在提交资料、通过验证后，直接可以发放贷款，大大提高了贷款发放效率，减少了交易成本。在贷款发放后，通过网上支付渠道监控客户是否出现与贷款目的不符的资金运用，并且可以轻易实现对客户的实时监控，客户的每一笔交易情况都会被数据库记录下来，并反映到模型中去。发现客户存在特定风险时，直接从支付宝账户中扣款，即使个别客户发生违约，也在风险承受范围之内。这种依托互联网平台、基于真实交易活动的信用评价模式，有效解决了传统金融模式下客户财务数据不真实、信用记录缺失带来的信息不对称和企业抵（质）押资产不足的问题，极大提高了对小微客户的金融支持能力，代表了未来小微金融的发展方向。

与阿里巴巴等互联网企业相比，我国商业银行缺乏真实、实时、足够的企业交易活动记录和数据，因此无法简单复制阿里小贷等小微金融模式。但商业银行也有自己的优势，在现实生活中，很多小微企业是大型核心企业的供应链客户，即核心企业的上游供应商或下游销售商，这些小微企业的生产和交易活动主要围绕核心大企业进行，在整个供应链中完成大量的交易活动并形成相关交易记录。大型核心企业一般都是商业银行尤其是大型商业银行的重要客户，与商业银行具有紧密的合作关系。因此，银行可以借鉴阿里小贷的经验，发挥与大型核心企业的合作优势，依据小微企业与大型核心企业的交易记录，充分挖掘交易记录和订单数据，包括商品的运输、仓储、流通、加工等信息，商业信息和交易条件情况，应收/应付账款信息，订购单、存货记录、确认函、发票等信息，运用大数据技术，为核心企业供应链上下游的小微企业提供金融支持，即通过供应链金融为小微企业进行融资安排。这种供应链金融模式，完全基于企业的交易活动，通过大量的、真实可靠的历史交易记录，有效识别交易背景的真实性、交易的连续性、交易对手的履约能力，并通过信贷业务的封闭运作和贷款的自偿性，保证贷款的安全性。这种业务模式既突破了商业银行传统的评级授信要求，也无须另行提供抵押质押担保，切实解决了小微企业融资难的问题。

10　再谈商业银行表外业务

进入21世纪以来，在派生性金融需求和美国监管偏好调整助推下，以表外业务为主体的金融创新井喷式发展，以致引发国际金融危机。随着近年来中国金融结构的快速变化，客户金融需求与传统银行供给渐行渐远，迫使银行进行大量的表外业务创新，不仅花样繁多，业务扩张速度也是前所未有的，引起了监管部门和社会各界的高度关注。然而，由于银行表外业务十分庞杂，人们看待问题的角度又各不相同，相关判断与政策建议的分歧很大。

一、正确理解和把握银行表外业务特征

说到商业银行的表外业务，人们一般会援引一些个案或国外教训，由此而较多地联想到监管套利、脱离管控等，基于此提出的建议也多是限制、限额、审批。这种看法貌似合理，但实际上反映出对表外业务的理解不客观和不全面，既无助于风险的防控与化解，也不利于经济金融发展。因此，深刻理解、正确对待表外业务，就显得十分重要和必要。

（一）理解银行表外业务并不难，难的是跨界定义不好理解

表外业务之“表”不是指损益表，也不是指现金流量表，仅是指银行资产负债表。表外业务之“外”则是因该业务“结果具有不确定性、其结果必须由未来事项决定”，而无法列入资产负债表。表外业务的要义有以下三个：第一，不是银行当前已经享有的权利或已经承担的义务；第二，是潜在的义务或未来可能享有的权利；第三，未来是否会转变为表内资产，取决于未来某一不确定事项发生或不发生。进一步分析，表外业务中的交易行为是在现时对基础工具未来可能产生的结果进行交易，交易在现时发生但结果要到未来某一约定的时刻才能产生。或有性是表外业务最基本的特征。或有性具体表现在三个方面：

一是发生与否。以贷款承诺为例，在竞争性的信贷市场上，贷款承诺的存

在主要是为了满足借款人不确定的信贷需要。信用证为银行表外业务，发生垫款时转入表内核算。

二是方向不明。以衍生交易为例，衍生交易的合约价值取决于到期日基础金融因子（利率、汇率、股票等）变动的方向和幅度大小。

三是金额待定。这有两重含义。其一，未来价值/金额取决于未来情况而难以决定；其二，该价值/金额难以进行公允和可靠的计量和估计。如果可以进行公允计量，也可转为表内核算，如贷款拨备（预期损失）。

目前，权威定义的银行表外业务，来自于银行监管部门。但监管机构是引用会计准则来定义表外业务的，这种跨界和交叉界定的方式大大增加了理解上的难度。例如，按照中国银监会的定义，表外业务是商业银行从事的，按照现行的会计准则不计入资产负债表内，不形成现实资产负债，但有可能引起损益变动的业务。国际上目前比较通行的是巴塞尔委员会关于表外业务的定义，即商业银行从事的、按通行的会计准则不列入资产负债表，不影响其资产负债总额，但能影响银行当期损益，改变银行资产报酬率的经营活动，主要包括了衍生产品、承诺、承兑、信用证、失败交易和未清算证券等。由银行监管机构引用会计准则来定义表外业务，意味着准确理解和把握表外业务，既要熟悉银行具体业务，又要了解会计准则，这种跨界定义方式大大增加了理解和管理上的复杂性。

（二）表外业务内涵丰富，外延广泛，但具体业务形态不外乎三大类

业界习惯上将表外业务分为金融服务类、担保承诺类和新型表外业务三大类。前两类业务是银行传统的表外业务，无论是从会计核算、报表披露的角度，还是从监管的角度，都已形成了比较成熟的管理体系。新型表外业务则五花八门，体系庞杂，受到较大质疑和关注。

金融服务类。对于这类业务，银行不承担任何风险，不会影响银行表内业务的质与量，能为银行带来服务性收入。这包括支付结算业务、代理与咨询业务、投行业务、代销基金、代销保险以及托管业务等。对于该类业务银行不用承担任何风险，就是从中赚取手续费，比如替客户办理汇款转账、购物付款结算等。

担保承诺类。这类业务也是传统的银行表外业务。银行与客户开展此项业务时不用支付现金，但会约定当客户违约不能支付款项（担保类），或客户需要使用资金时（承诺类），银行就会承担客户的信用风险。对于这类业务，银

行承担的是潜在的支付义务。比如投标保证，在这项业务中，银行应投标人的要求，以出具保函的形式向招标人承诺，当投标人中标后不能履行承诺时，银行必须支付招标人一定的赔偿金。在这项业务中，银行承担了投标人不履行承诺的赔偿风险。

此外，还有备受争议的新型表外业务。近年来，在市场竞争和盈利压力驱动下，银行出现了形式上是金融服务业务，但实质上承担潜在付款义务的新型表外业务，如非保本理财产品、代销信托产品等各类通道业务，表内不良贷款打包出售给平台公司等。这类业务的主要特征是从业务条款、合同约定看符合“金融服务类”业务的性质，银行只是一个管理人或中间人的，不承担其中的风险。但是从实践结果看，无论是从当前的法律环境、社会公众的普遍预期还是现实情况看，银行都没能与这些业务形成完美的破产“防火墙”，一旦这些业务出现了风险，银行往往可能承担相应的风险。

（三）表外业务理解的“随意性”、旁观者的“困惑与恐惧”源自会计制度与监管未能跟上业务发展步伐，导致表外业务信息披露“犹抱琵琶半遮面”

很多人以为，表外业务，顾名思义，放在表外，既不记账，也不核算。这种理解在理论上是错误的，任何一项业务，无论是表内还是表外，都要严格记账及进行会计核算。国际准则对表外业务的信息披露提出了一些规范性要求，国内会计准则也对金融资产和金融负债终止确认的条件和判定标准做了比较详尽的规定，明确了商业银行报表附注中关于衍生工具、银行承兑汇票等或有事项的披露要求。

虽然表外业务定义、核算、披露都源自会计准则，但是现行企业会计准则的框架和理论基础侧重于规范表内业务，并没有专门针对表外业务的会计准则。在具体应用中，表外业务主要分散在《企业会计准则第 13 号——或有事项》《企业会计准则第 23 号——金融资产转移》和《企业会计准则第 37 号——金融工具列报》三个国内会计准则。国际准则方面，主要涉及《国际会计准则第 30 号——银行和类似金融机构财务报表应揭示的信息》（IAS30）、《国际会计准则第 32 号——金融工具：披露和列报》（IAS32）、美国财务会计准则（FAS133）。总体看，会计准则关于表外业务的规定比较零散，且主要是禁止性规定，对于如何确认和计量没有明确统一的标准，相关指南和解释中也缺乏可操作性的指导意见。

虽然银行需要对表外业务进行记账和会计核算，但通过财务报表进行信息披露时，总是遮遮掩掩，“犹抱琵琶半遮面”，要不就是放在脚注里面，要不就是零散地放在管理层讨论里面，要不干脆就不披露。这种不透明性，让公众和监管部门产生了巨大的不安全感，但是，对于怎样才能使表外业务像表内业务一样规范清晰透明，现有监管指引还显力有不逮。

二、市场需求是驱动表外业务发展的深层原因

回顾商业银行发展历史可以看出，任何业务创新与发展都是市场需求驱动的结果，表外业务也不例外。实体经济对于非传统金融业务需求迅速增长，是推动银行表外业务产生和发展的根本原因。传统的表内业务收益率日趋下降，资本要求越来越高，发展表外业务就成为银行业监管寻租和提升盈利能力的必由之路。

商业银行的中介功能经历了货币中介—信用中介—信息中介的转换过程。传统的银行业务脱胎于货币兑换和保管业，仅具有货币中介的性质。金属货币制度下，西欧的货币兑换商从最初提供货币兑换服务到保管货币，聚集了大量货币，随之衍生出以收取利息为目的的放贷业务，进一步形成了主动吸收存款、发放贷款的商业模式，出现了真正意义上的银行。随着银行商业模式日臻完善，银行功能也由货币中介逐步向信用中介拓展，银行传统商业模式也由提供货币清算和资金借贷，转向提供信用支持，方便客户甚至参与市场信用交易。人们逐渐倾向于通过银行来作为一个安全的第三方交易者，出现了用银行信用来替代商业信用以增进交易安全的业务模式，出现了银行的担保、承诺等表外业务。直接融资市场的快速发展、互联网技术的广泛应用以及资本和利差等经营环境的日趋恶化，显著削弱了银行信用中介职能基础，银行出现了向信息中介转型的趋势。通过自身在客户信息、风险管理、信息技术等方面的比较优势，通过信托、保险、投行、资管、基金、托管、咨询、代办服务等方式，为客户提供进入各种金融市场（如货币市场和资本市场）的通道和跨界服务。这些业务和服务形成了银行前所未有的表外业务规模。

随着金融市场发育程度的提高，特别是资本市场的快速发展和金融自由化改革在全球范围内的日益深入，实体经济对金融服务也提出了新需求。与传统上要求银行提供资金支持不同，实体经济对进入资本市场融资便利、利率和汇率等市场风险对冲、全球范围内的资金收付清算等新型金融服务需求日益

高涨。

信用增级。运用各种手段和金融工具确保债务人按时支付本息，以提高直接融资（股/债）和间接融资的安全性。主要业务：担保、承兑、信用证、流动性支持承诺等。

风险对冲。通过投资与标的资产收益波动负相关的某种资产或衍生产品，来对冲标的资产的潜在风险损失，是管理利率、汇率、股票和商品风险的有效方式。主要工具：远期、期货、期权、互换、贵金融交易等。

智力支持。银行利用自身具有的信息优势、风险管理专业技能、信息技术平台和金融市场操作便利，为客户量身定制理财、资管、融资、托管、咨询等一系列专业化金融服务。主要业务：投行、资管、咨询、托管等。

交易便利。借助金融市场的交易组织、交易规则和信息技术平台与网络，为全球范围内的贸易和资本交易提供清算、结算、代收代付等便利服务，大幅降低了交易成本和交易风险。

广受诟病的表外业务，在国际金融危机后仍得到了快速、大规模发展。国际大型银行业务重心已经从表内转移到表外，已然撑起国际银行业半壁江山。美国先进银行表外业务的发展相对于国内银行业已经是一骑绝尘，花旗银行表外业务收入已经达到占总业务收入 70% ~80% 的水平。但是，国内银行在一定程度上依旧视表外为“副业”。

从表外业务收入占全部营收比重看，2008 ~ 2015 年，国际大型银行除 2008 年（次贷危机）外，其他年份占比均超过 40%，其中摩根大通占比超过一半。国内大型银行方面，农业银行为 3%、工商银行为 5%、建设银行为 8%，中国银行为 18%。

从表外具体业务发展重心看，国内银行和国际银行业呈现较大差别。国内商业银行实务中，传统的表外业务主要是保函、银行承兑汇票、信用证等担保业务和贷款承诺、信用卡透支额度等承诺业务，已经开展了衍生金融工具，但品种和规模有限。近年来业界还出现了一些银行不承担现实义务但可能对其损益产生影响的新兴业务，如部分同业业务、资产证券化、非保本理财产品等。

国际银行表外业务的类型和重点与国内有较大区别。从花旗银行及 JP 摩根 2015 年财报信息看，其表外业务主要包括以下几类：

1. 投资于各类无须合并的 SPV。以购买或留存资产支持证券，或信贷抵押证券，或信用卡债权证券等方式投资无须纳入合并范围的特殊目的实体

(Special Purpose Vehicle，SPV)；通过持有优先级或次级债权、股权的方式投资于合伙企业（包括有限合伙及普通合伙企业）或其他无须纳入合并范围的特殊目的实体（SPV）。投资于各类无须合并的 SPV 是两家银行表外业务中最重要的部分。以花旗银行为例，截至 2015 年末，花旗银行在各类无须合并的 SPV 中涉及的资产总额为 4121 亿美元。

2. 给 SPV 提供贷款或咨询类服务，为一些 SPV 基金提供资产管理服务并赚取佣金。

3. 提供信用证、保函、贷款承诺、担保、开展经营租赁业务等。截至 2015 年末，花旗银行开展信用证、贷款承诺、保函、担保、贷款回购等业务涉及的名义本金余额为 20 亿美元，不可撤销的经营租赁合约为 88 亿美元。

由上可以看出，目前国内银行业大力发展的各类代客理财业务、资产管理计划等表外业务在美国银行业已开展得如火如荼，且是各家银行经营业绩中非常重要的一部分。传统的表外业务，如金融衍生品、贷款承诺、保函等已是表外业务中占比很小的一部分。

三、全面把握银行表外业务风险并不容易

“表外业务”纷繁复杂，人们对表外业务风险的认识远没有到位，甚至存在错误理解。其实，微观上的技术与业务结构缺陷不难解决，但主观认识错误和客观认知困难，才是表外业务风控的重点和难点。总体而言，宏观上表外业务的风险交叉传染路径、规律尚未找到，潜藏的系统性风险一直是监管当局的心忧。

（一）警惕银行脱离客户需求的表外业务自我膨胀

在欧美发达市场，20 世纪就出现了以监管套利为目的的银行表外业务，大量脱离实体经济需求的自我循环的表外业务急剧膨胀，最终酿成惨祸。中国近年来银行表外业务发展似乎在重蹈覆辙。

近年来的中国市场，随着宏观经济环境变化和政策调整，以银行为中心、以规避信贷调控和监管为主要目的的表外创新业务有快速兴起、不断出新之势。从早期的银信合作、同业代付，到近年来的信托受益权、银证合作、银基合作、银保合作等，围绕资产出表的通道类业务层出不穷，一定程度上具有与调控和监管博弈的特征，监管机构不断出台政策进行限制，甚至“叫停”。

银行资产出表的主要动力多样。一是为了释放表内贷款空间。近年来基于宏观审慎管理下的宏观调控，对银行表内信贷资产有总量约束，银行基于追求利润或留住客户的考虑，积极寻求“类信贷”通道，转移存量资产出表。二是为规避存贷比要求。信贷绕道流出或存量资产出表可以规避75%的存贷比监管规定。存贷比考核的是表内贷款/一般存款。三是降低资产风险权重，提高资本充足率。同业业务风险权重一般在20%~25%，而常规贷款风险权重在100%左右，可以大幅节约资本。四是规避针对融资平台、房地产和产能过剩行业的监管调控措施。此外，在存款尚未完全市场化情况下，银行借助理财产品、银保合作等可以规避利率管制要求，扩大存款规模。

（二）主观认识不到位是表外业务风险管理的最大障碍

表外业务类型多样，业务模式差异很大。有些业务的风险特征与表内业务基本相同，譬如担保承诺类业务，但人们往往以低风险业务加以对待；有些业务具有与表内业务完全不同的风险，人们往往不去深刻理解。由于在表外进行记录与核算，会计准则与监管政策都自以为风险不会发生，只有到了某种表外业务风险急剧大量暴露时，才开始亡羊补牢，以至于银行从业人员也形成了一系列认识误区。

误区一：表外业务是低风险业务，不会给银行带来颠覆性系统性风险。表外业务由于不动用银行资金，或很少动用银行资金，所以风险低，即使有风险也是局部性风险，不会对银行构成致命性损害。

误区二：表外业务不是银行的主要业务，即使存在一定风险也不会产生大的后果，银行不需要花大力气去构建风险管控体系。

误区三：表外业务只能通过合约的完备性体现风险管理，损失处理主要是依据合约的权利和义务而定，而不能像贷款等表内业务那样，通过计提损失准备和超额损失的资本抵补来管理风险。

误区四：银行表外业务监管是银行监管机构的事，如果监管机构没有提出要求，就说明没有问题。

（三）客观认知上的困难增加了表外业务风险管理难度

表外业务或有事项的不确定性高、标准化程度低、信息披露不够透明，导致人们对表外业务“不知道是否有风险”“不知道风险有多大”。

隐蔽性强。在现行会计准则下，表外业务大多不在财务报表中反映，只在财务报表附注中予以简单注释，不足以全面系统反映表外业务经营的规模和质量。信托计划、理财产品等大多有银行的隐形担保，实际风险并未转移出表，衍生金融产品的高杠杆特征背后潜藏着巨大的风险敞口。在实际业务中，资产转出方大多会通过其他方式为所转让资产提供担保或保证，在这些已证券化的资产出现信用危机时，将会承担全部或部分责任。这也是次贷危机中，证券化资产原始持有者受到牵连的一个重要原因。

自由度大。表外业务开展大多不受资本金和存贷比约束，相关的监管法规也不够完善，只需买卖双方签署协议就可开展，为银行提供了在一系列规则之间辗转腾挪的空间。次贷危机前，美国商业银行之所以能够将这类 SPV 业务确认为表外业务，其中一个原因是由于美国会计准则 FAS140 对特殊目的实体留了一个免于合并的口径，赋予 QSPV 免于合并的“特权”，许多公司在证券化业务的设计和安排中，都尽量将设立的 SPV 满足 QSPV 的要求，从而使所转让金融资产在公司层面“出表”且不需在合并报表中反映，以达到表外融资的目的。

不确定性高。与表内融资相比，表外融资流程长、环节多，参与主体利益诉求各异，潜在风险点也多。表外业务同时面临利率、汇率和交易对手违约风险，各类风险之间相互转化和影响，风险综合化评估和整合化计量不足。富国银行、摩根大通、花旗银行等表外业务规模，已达到表内业务规模的数倍，这些游离于银行资产负债表外的业务，如果未能与银行实现真正的风险隔离，一旦形成不良，对银行、投资者而言往往是致命的。

创新活跃。表外业务作为创新最快的领域，包含了多种新型金融工具。进入 21 世纪，国际大型银行纷纷设立管道公司来隔离风险，投资于 CDO（担保债务凭证，Collateralized Debt Obligation）等高风险资产，逐渐形成了“影子银行体系”。根据金融稳定理事会（FSA）的定义，“影子银行体系”是指游离于银行监管体系之外，可能引发系统性风险和监管套利等问题的信用中介体系。美国商业银行表外大量的 SPV 均属于影子银行。一直以来，对于银行理财产品是否属于影子银行，业界有过广泛争议。

（四）计量难题有待攻克，管理面临挑战

表外业务风险的核心是不能确定发生还是不发生，相对于表内业务而言，风险计量十分困难。表内业务有充分的数据，且违约数据的规律性很强；表外业务的数据不够充分，即使有历史数据，但发生或者不发生的历史规律性不强。

按照现行会计准则，拨备计提的前提是出现减值迹象，即使是组合计提也需用历史滚动损失的方法，以出现过违约事件为前提。由于历史数据积累不够，合同表述和实际法律关系相互矛盾等，导致表外业务拨备计提难以开展，资本无法准备。出现损失后，也无法像表内贷款资产一样，有明确的核销、出售等处理通道和模式，导致银行在出现问题后倾向于掩盖风险。

近年来，银行自身驱动的表外业务需求和实体经济的真实需求相互交织，共同驱动了业务创新的快速多变。这要求监管机构“火眼金睛”，能够识别和分辨哪些是客户和市场的客观需要，哪些是虚假的套利性创新，对商业银行的内部管理能力和监管能力都提出了较大挑战。

四、完善会计准则是首要任务

针对前述分析，对外表外业务要有正确态度：不是洪水猛兽，也不是可有可无。银行不去满足这种需求，非银行金融机构甚至互联网金融等非金融企业也会去积极拓展。对于表外业务发展中出现的问题，需要通过监管政策强化银行表外业务初心（满足真实的客户需要），完善会计准则，制定表外业务计量指引、拨备计提与资本预留要求，制定危机时期阻断市场风险传染的预案等措施，引导和规范表外业务发展。

表外业务是随着客户需求和市场需要而出现的，实体经济对表外业务的需求是客观存在的。发展表外业务有助于银行缓解《巴塞尔协议Ⅱ》下银行面临的资本短缺问题，是银行提高客户忠诚度、持续提升盈利能力的必然选择，也是银行抵御经济周期性风险的重要途径。实践表明，金融市场越完善、市场化程度越高，表外业务形式越多，产品结构越复杂，规模体量也越大。商业银行与监管机构必须正视，无法回避。

表外业务发展中出现的问题，既有表外业务本身存在的技术问题，也有内部管理（主要是激励考核偏差）问题，更多的是监管缺失。即使表外业务风险迅速暴露，也不意味着表外业务应被终止，或全部纳入表内，正确的选择是改进监管机制和强化银行内部管理，及时完善会计准则。

实施总量约束也不是一个好办法。有观点建议对银行实施表外业务总量约束，针对所有表外业务的存量和单个表外业务的存量都设定相应的资本约束指标。同时，设定表外业务发展速度指标，使表外业务的增长速度与银行资产的增长速度保持一个合适的比例。实际上，这是一种“懒汉”监管思维，容易形成对“坏银行”的奖励及对“好银行”的压制，无助于整体风险改善。

促进银行表外业务健康发展的重要前提是尽快完善会计准则。金融工具会计准则本身属于会计准则体系中比较复杂的内容，而表外业务由于自身的复杂性，对会计准则制定者而言又有着更高的挑战。从实践上来看，准则制定者一直在积极应对这些挑战。

1990 年，国际会计准则委员会（IASC）发布了《国际会计准则第 30 号——银行和类似金融机构财务报表应揭示的信息》（IAS30），除了对表内资产、负债损益提出披露要求外，对因或有事项可能承担的风险也提出了披露要求，包括披露：（1）不可撤销的贷款承诺；（2）直接信贷的替代手段，如一般债务担保、银行承兑担保和备用信用证；（3）与某项交易有关的或有事项，如履约保证书、投标保证书、保单和备用信用证；（4）由货物运送引起的短期内自行消除的与贸易有关的或有事项，如以有关货物作为抵押的跟单信贷；（5）在资产负债表中未予确认的售后购回协议；（6）与利息和汇率有关的事项，包括掉期、期权和期货；等等。

1991 年 9 月，IASC 公开发布了金融工具会计处理的征求意见稿，但由于金融工具会计问题的复杂性，各方意见难以统一。因此，IASC 决定采用先易后难的做法，分两步制定金融工具的会计准则，第一部分主要涉及金融工具的披露和列报，第二部分主要涉及金融工具的确认和计量。1995 年 6 月发布了第 32 号会计准则《金融工具披露和列报》，1999 年 7 月发布了第 39 号会计准则《金融工具：确认和计量》，明确了衍生金融工具在资产负债表中的确认与计量问题。

为了从财务报告中看到银行的整体风险情况，IASB 整合了 IAS30《银行和类似金融机构财务报表中的披露》和 IAS32 中关于披露的规定，于 2006 年发布了 IFRS7《金融工具：披露》。IFRS7 要求银行披露受金融工具风险影响的程度以及管理层管理这些风险的目标、政策和程序。所有这些披露要求都意图从总体上反映银行使用金融工具以及因此而承担的风险情况，进而使银行因使用金融工具（无论是表外工具还是表内工具）而承担的风险更加透明化。

中国会计准则在 2006 年实现与国际会计准则趋同后，其各项要求与国际会计准则基本一致。从结果看，也未能完全跟上业务发展的步伐，会计准则受到很多质疑，包括贷款减值的计提太晚、太少，套期会计太过复杂、金融资产分类种类繁多等，相关监管者认为大量游离于会计报表主体之外的风险性业务被遗漏掉了，表外风险披露的会计准则亟待改善。

根据国际会计准则理事会 IASB 的回应和取向，下一步改进会计准则的着力点有：

严格业务出表规则。对于银行在表外开展的、未纳入银行法人资产负债表的业务，只要银行有实质上的控制权力以及获取收益的权利，需要合并纳入银行集团财务报表，从集团层面完整反映银行承担的风险性业务。

完善信息披露。通过更加充分、透明的披露信息，帮助财务报表使用者了解企业在其他主体中权益的性质、相关风险和这些权益对企业财务状况、经营成果和现金流量的影响，评价权益的价值，从而有助于财务报表使用者做出相关决策。

改进拨备计提要求。新发布尚未实施的 IFRS9《金融工具：确认与计量》，已要求对贷款承诺等表外信贷类业务按照贷款要求计提减值准备。

不过我们应该看到，会计准则的完善只是银行外部对会计信息披露的要求，是一种来自于外部的约束力。这种外部约束性规则，永远不可能达到完美的状态；即使能够达到完美，也无法解决人为的规避和绕行。因此，对于表外业务的健康发展，我们更应寄希望于银行自身“不忘初心”，强化自身责任。从客户真正的需求出发，发展表外业务，而不是将表外业务变成规避监管的手段和途径，只看见眼前的利益而不计长远的风险。

五、管控表外风险的关键在于改进监管

表外业务的杠杆性、不确定性和风险的传染性特征，要求商业银行必须高度重视表外业务风险，始终不忘表外业务“初心”，准确认识表外业务的意义，着力加强风险计量能力建设，完善内部考核机制，提高法律合同文本和交易条款设计能力。必须解决表外业务无风险、低风险的错误认识。要统一风险偏好。表外业务形式多样，创新活跃，新增表外产品不断涌现，需要将表外业务纳入风险偏好管理，建立与表内业务风险准入标准、风险收益平衡取向、“经济资本回报率”（RAROC）要求等相一致的风险政策体系。要强化全流程管控。表外融资流程长、参与主体多，应明确在产品研发、风险分级、客户适应度评估、市场中介机构选择、客户风险提示等关键环节的风险管控标准，对

于部分杠杆率高、潜在风险大的表外产品，要在上述关键环节引入平行作业机制。

与此同时，我们还要看到近年来许多交叉、跨界的表外产品越来越多，各金融机构之间的关系也日益错综复杂，系统性的金融风险有上升态势，需要监管部门高度关注表外业务理财以及银证、银基、银保、银信等合作类交叉性业务领域风险可能引发的系统性和区域性金融风险。

观察国际、国内实践，监管缺失是风险不断积累、传染并最终失控的主要原因。“了解市场需求、理解银行业务、洞察风险机理、平衡风险收益、降低寻租机会、阻断交叉传染”是解决监管缺失的前提。

首先，监管部门需要深刻理解市场需求，真正把握表外业务“初心”，在清晰化表外业务风险机理的基础上着力细化表外业务风险监管指引，明确鼓励什么、反对什么的监管导向。

其次，组织市场和行业专家集中攻关表外业务风险评价技术，尝试建立拨备覆盖预期损失、预留资本覆盖非预期损失的风险覆盖机制。这是解决监管套利的前提。国内外大量实践证明，银行表外业务出现系统性风险失控以至于引发金融危机的重要原因之一是引力巨大且无节制的监管套利。很多理财业务与传统银行的业务逻辑和风险机理几乎是一样的，但在资本要求、拨备计提等监管政策方面则有天壤之别。

最后，高度重视表外业务风险跨界传染的杀伤力，构筑有效识别与防控系统性风险的监管机制。这一点，在新金融业态尤其是互联网金融快速发展时期，显得格外重要。互联网金融的关联性、交叉性、重叠性很高，其风险传染能力与传染速度不仅远远大于传统银行业务，而且会直接波及银行体系，放大系统性风险。对此，监管部门尚未引起足够的重视。

应该看到，大量表外业务无法准确分类为银行经营行为或非银行经营行为，甚至也无法区分为金融行为或非金融行为，由此对现行的分业经营、分业监管的金融体制带来一系列挑战，亟待研究。从中长期看，要解决这一问题，需要重新审视中国金融监管体系，明确监管目的与目标，优化联合或协调监管机制，推进中国金融行业的整体协调发展。

附　中国的影子银行问题

自国际金融危机后，影子银行逐渐进入国人视野。自 2009 年开始，中国银监会连续在年报中谈及影子银行。2012 年 IMF（国际货币基金组织）在《全球金融稳定报告》中提到中国的影子银行急速膨胀，并对其风险提出警示。近两年银监会不仅对部分银行机构开展了影子银行及相关业务现场检查，也针对理财产品、同业业务等加大了监管力度。一些研究机构对于中国影子银行风险的提示应该重视，但我国影子银行应运而生并非偶然，必须关注金融体系结构性失衡与影子银行之间的关系，客观评价影子银行在我国经济发展中起到的积极作用，解决现实风险的根本出路在于积极推动经济发展所需要的多层次金融市场体系建设，加快金融改革，尤其是金融监管改革和国有商业银行改革。

第一，金融体系结构性失衡与经济发展的矛盾催生了影子银行。

我国金融体系长期以来存在着严重的结构失衡，主要表现为：一是以银行为主的间接融资占比过高，直接融资渠道较窄。根据上海交大潘英丽教授的研究，“金融领域最重要的结构失衡表现为经济增长对银行信贷的过度依赖”，“G20 国家除了英国和法国外，其他发达国家 2010 年银行资产占 GDP 比例都在 100% ~200%之间，除中国以外的其他发展中国家则在 100%以下。而中国已经达到 200%以上，已近极限”。虽然笔者对所谓的“极限”说法有不同认识，但全社会金融结构中间接融资与直接融资比例严重畸形、金融市场层次单一、金融压制引致金融难以深化从而不能满足经济发展需要则是显而易见的。二是银行资产主要集中在国有大型银行、国家开发银行、邮政储蓄银行等七家大型银行，人民银行公布的数据显示，其总资产总和接近所有银行总资产的 60%，而主要为小微企业、“三农”、社区居民服务的地方性银行、小型民营银行占比较小。三是银行贷款总量中，客户结构主要以大中型客户、集团客户为主，而具有轻资产性质的小企业、高科技或服务业由于报表的真实性问题、缺乏抵押品等原因较难从银行获得融资。正是由于以银行为主的传统融资渠道无法满足实体经济发展需求，催生了影子银行的出现。

第二，监管寻租为中国影子银行的产生提供了空间。

我国对银行信贷业务至今仍实行较为严格的监管政策，银行发放贷款同时受贷款规模、存贷比、宏观调控政策（政府融资平台、产能过剩行业等）等因素限制。通过发展理财产品、委托贷款等影子银行，银行能够在一定程度上避开上述限制，同时通过获得可观的中间业务收入加快业务转型。

第三，投资者追逐高收益回报加速了影子银行的发展。

我国长期实行利率管制，近几年低利率政策下实际利率为负，资金富余方需要寻找更高收益的投资品，在股市长期低迷、其他投资工具匮乏的情况下，收益率高于银行存款利率且一定程度上可以说是“旱涝保收”的理财产品、委托贷款等影子银行业务得到青睐。P2P 等各种民间借贷、地下钱庄均开辟了自己的市场。

客观地说，我国影子银行业务在特定经济和金融时期还是起到了积极作用的。一是有利于改善中国金融结构的失衡，填补传统融资空缺。由于影子银行具有更加灵活的融资功能，通过与银行贷款平行的理财产品、委托贷款、小贷公司贷款、民间借贷等满足不断增加的社会融资需求，在一定程度上填补了民营企业和中小企业的融资空缺。数据分析表明，自 2009 年之后，我国影子银行的季度增速一直明显高于本外币贷款增速，且多与贷款增速负相关，说明在贷款规模受到控制的时候，影子银行自发地满足了部分实体经济的融资需求。二是有利于防范金融体系的系统性风险。目前中国金融资源过多地集中于银行体系内，在政府的隐性担保下，无论是作为债权人的银行，还是作为债务人的国有背景融资主体，都或多或少存在着道德风险。若放任中国金融体系的结构性失衡，必然会造成宏观经济风险在银行体系逐步堆积，使得宏观经济风险和金融体系风险相互交织。而影子银行的发展，促使金融活动参与主体多样化，很多产品在合约中要求投资者自负盈亏，实际上将过度集中于银行的风险适度分散化。社会融资总量的结构分析显示，本外币贷款占比由 2002 年约 90% 左右的水平降低至近两年的 50% ~60% ，而剔除本外币贷款、股票、企业债直接融资的其他社会融资，国际金融危机后占比稳定在 20% ~30% 的水平，若加上民间融资、理财产品、小额贷款公司等社会融资，影子银行占比会更高，对银行体系的风险分散度更强。三是影子银行的信用创造功能为宏观经济增长提供流动性。根据测算，影子银行增速与 GDP 高度正相关，2008 年以来两者相关性高达 71%；而受调控影响，同期本外币贷款与 GDP 相关性仅为 12%。2009 年“四万亿元”投资刺激政策出台后上马了大批项目，但其后的信贷紧缩使一些尚未建成的房地产项目、政府融资平台项目陷入了资金链紧张，应运而生的理财产品、委托贷款等因不受宏观政策的严格限制，在一定程度上为这些项目注入了新的“血液”，拉动了宏观经济增长。若没有影子银行的信用创造能力，中国有可能陷入严重的通缩。

不可否认，我国影子银行在对经济发展起到积极作用的同时，也存在一些值得关注的问题，主要有：一是针对民间借贷等影子银行的监管相对偏弱。当前，针对民间借贷、PE 投资基金等影子银行的监管相对较弱，有些仍是监管空白，有些正处于起草规范性条例阶段。在监管不全面的情况下，民间借贷等影子银行信用创造活动快速增长可能会导致 M_2 以及其他宏观和金融监管指标失效，或者引发单体风险甚至区域性风险。如前期发展得如火如荼的 P2P 网贷业务中，大部分公司逐渐脱离网上撮合的纯中介模式，发展成线下、资金池模式，并向项目推荐资金，“无银行之名行银行之实”，出现经营混乱的不规范现象。根据《新财经》2013 年 12 月的报道，“2013 年 10 月，15 家 P2P 企业倒闭，20 家 P2P 平台陷入兑付危机”，迫切需要对该模式进行有效监管。二是银行、信托等金融机构对影子银行的内控管理存在不足。由于影子银行属于新型融资工具，如理财产品，其交易结构和涉及的法律关系比普通贷款复杂，对银行、信托公司等参与机构来说，如何甄选基础资产、准确估值和科学核算都是新的课题，同时还面临着专业人才较少、信息技术工具开发滞后等问题，这些都为影子银行良性发展埋下隐患。三是部分影子银行资金投向高风险领域或非实体经济领域。由于影子银行资金的投向范围比信贷资金宽泛，部分影子银行资金投向了产能过剩、贵金属投机等高风险或非实体经济领域，对于宏观经济来说，存在一定的资产泡沫，也影响了宏观调控政策的实施效果。

在实际工作中，中国影子银行面临的主要风险集中在以下几个方面：一是基于项目本身的风险，评估问题导致决策失当进而形成项目风险，已经出现的违约个案很多属于这种情况，在银根紧缩时期很多项目往往借道影子银行，违约率明显高于正常时期；二是欺诈风险，目前出现的集资案例中有许多这方面的情况，前几年借助影子银行的欺诈风险十分严峻，近期随着国家有关部门打击力度加大而趋于好转；三是监管缺失（包括监管空缺和有监管而不到位）引致的市场无约束风险，这种情况在 2013 年之前比较严重，2013 年之后明显改观。

鉴于影子银行在宏观经济中的积极作用，对其不能一味地否定、简单限制甚至因噎废食，关键是关注主要风险，尽快完善监管制度、手段，将影子银行的发展引导到良性规范的路径上，以继续发挥它对实体经济的积极作用。笔者也赞成这样的说法，中国的影子银行与欧美的影子银行有着根本的不同，但并不意味着这种现状是可以容忍的。市场经济发展必然产生金融需求，金融压制导致金融结构难以适应经济发展需要，市场力量最终会不断突破金融压制，在现有法定体系之外以影子银行的形式提供市场所需要的金融服务。这是其产生与存在的基础性原因。由此看来，影子银行给我们提出的不仅是加强监管、引导的问题，更重要的是必须推动经济发展所需要的多层次金融市场体系建设，加快金融改革，尤其是金融监管改革和国有商业银行改革。

11 违约管理永远是信用风险经营的核心

信用风险是商业银行面临的最主要风险。在银行内部，信用风险敞口主要包括信贷类、交易对手类、资金类、投资类和其他类，几乎涵盖了全部主要商业银行业务。信用风险涉及商业银行众多的业务领域和产品，不同业务领域和产品的信用风险管理方法、手段和技术也各不相同。目前，在商业银行的对外信息披露中，不良贷款率受到广泛关注，在一定程度上甚至成为衡量商业银行信用风险管理水平和成果的主要指标。应该说，从业务总量和信用风险总量来说，不良贷款率的确反映了商业银行的信用风险管理水平和成果，但这并不代表不良贷款率就是信用风险管理的核心。信用风险管理作为商业银行最重要的经营管理流程，其核心是防止信用风险事件发生或者避免承担信用风险，也就是说要确保债务人或交易对手能够履行合同约定的义务或承诺，即违约管理。

一、违约管理的基础是量化违约风险

所谓信用风险，就是指债务人或交易对手没有履行合同约定的对银行的义务或责任，使银行可能遭受损失的风险。因此，信用风险最终表现为客户履约状况。客户是否履约由其履约能力和履约意愿双重因素决定。根据违约是否由主管意愿驱使，可以将违约区分为能力型违约和意愿型违约。能力型违约是指由于借款人的履约能力出现问题，造成无法还款，并非是主观意愿上不想还款，而是因能力不足而被动违约，可以分为经营型违约和系统型违约。意愿型违约是指由于借款人的还款意愿出现问题，有不履行还款义务的动机，从而恶意主动违约，可以分为一般意愿型违约、欺诈型违约和赌博型违约。①

违约管理的基础和前提是要先判断客户的违约概率（PD）。所谓违约概

① 详细讨论可参见黄志凌：《金融风险管理的新视角——宏观应对与微观经营》，300～302 页，商务印书馆，2011。

率，是指未来一段时间内借款人发生违约的可能性，巴塞尔委员会将违约概率定义为债项所在信用等级一年内的平均违约率①。目前对违约概率计量最为完备的是内部评级法（IRB）。非零售信用风险内部评级法涉及治理结构、政策流程、风险缓释、计量模型、参数估计、应用、审计、验证、数据及信息系统。客户评级模型嵌入对公信贷业务流程管理系统，每一个客户都必须经过评级才能开展授信业务，评级结果已广泛应用于银行内部的信贷管理、授信审批、贷款定价、经济资本管理、损失准备计提、风险偏好设定等领域。基于违约概率（PD）、违约损失率（LGD）等指标，银行具备了计算风险成本和单笔交易风险调整后收益的能力，提高了客户选择能力和综合业务方案的合理性。

在零售评级模型方面，基于评分卡的优化应用，大幅提升零售业务的批量化管理能力和市场响应能力，极大地提高了审批效率和客户满意度。同时，紧跟业务发展趋势和风险管控重点，研发申请反欺诈、交易反欺诈、商户反欺诈评分卡，提高欺诈侦测与应对能力；研发早期催收、晚期催收、专项催收评分卡，实现智能化催收，有效降低损失；构建小微企业申请评分卡、行为评分卡，实现小微企业批量化自动审批，增强贷后风险评判能力，支持小微企业管理的零售化转型。

二、风险计量结果必须运用于违约管理实践

违约管理除了直接针对客户违约概率进行计量以外，还必须将计量结果落实到具体的商业银行经营管理中，进行不同形式的具体实践。这些具体实践既是违约概率计量的应用，也是对违约概率计量的补充。

（一）政策底线

政策底线是银行违约管理的一种有效手段，其本质是一种客户选择政策。(1) 客户准入退出标准。客户原则上分为三类：优先支持类、审慎进入类和退出类。优先支持类客户一般是指重点营销和维护的目标和存量客户。审慎进入类客户一般是指有选择进入和保留的客户，在进入时需要根据宏观经济形势、外部行业政策、市场状况和客户经营情况进行初步地识别，在流程上必须履行核准申请手续。退出类客户是准备放弃和退出的客户，此类客户一经认

① 详细讨论可参见付正辉：《商业银行资本管理与风险控制》，121 页，经济日报出版社，2005。

定，原则上新客户不再介入，存量客户要在限期内（一般为三年）尽快退出。(2) 名单制管理。名单制管理其实蕴含于客户准入退出标准中，在部分行业的准入标准中已经明确了优先支持的客户名单，例如钢铁、焦化、铝冶炼、汽车制造、水泥、公路等。在实行名单制管理的行业中，原则上集团公司进入准入名单，其下属从事该行业的全资子公司及控股子公司享有集团公司同等政策；仅有下属子公司进入准入名单的，其集团公司及其他成员企业不享有准入政策；对于下属子公司及集团公司均进入准入名单的，列入名单的子公司与集团公司按照各自分类分别享有准入政策，其他成员企业属从事该行业的全资子公司及控股子公司，可享有集团公司同等政策。(3) 政策底线。即稳健的资产负债比例控制要求、坚持环保达标要求、拒绝有不良信用记录的客户、拒绝连续两年亏损的客户、拒绝战略不清、规模扩张过快、治理结构明显不合理的客户。从概率的角度而言，底线管理具有明显的合理性，为银行选择客户提供了明确的、简单易行的标准。但是，希冀通过底线管理来完全解决客户选择问题也是不现实的，对底线管理的非议也一直没有停止过。因为客户的情况千差万别，在底线之上可能有坏客户，在底线之下也有可能有好客户，如果仅仅依靠底线来选择客户、以底线管理替代风险判断，显然也是不合适的。需要明确的是，底线管理是从一般规律中、从概率上为我们选择客户提供了一个可以依赖的标准，是选择客户的有效工具，是客户风险判断的有效补充，但底线是很难做到完美的，也不是包治百病的灵丹妙药。

（二）风险画像

风险画像其实是一种风险管理方式，它试图通过专家对话式管理来深入分析和准确把握客户风险状况，着重从成长性、经营实力、财务状况、管理能力等多方面对目标客户进行定位画像，以明确信贷政策支持导向，不断提升资产组合抗风险能力和信贷经营能力。商业银行不同于投资银行，在业务经营中追求的是稳定收益。因此，其对优质客户的定义，不能仅从收益或风险的角度进行衡量，而要综合分析客户的情况。具体而言，商业银行视角下的优质客户的风险画像，应具有以下六个标准：

第一，具有技术领先的优势。好的客户应在同业内拥有或参与相关核心技术标准的制定，拥有独特的工艺手段，重视相关技术水平在业内的领先程度，能够投入足够的资金、人力等资源用于技术研发和产品创新，且具有可持续研发能力。

第二，具有良好的市场、技术成熟度。对于商业银行而言，好客户不仅应具有技术领先的优势，更应该在领先的同时具有成熟的市场空间和技术应用。一是技术必须是成熟的技术。对于技术的领先和成熟度，不应形式主义地去理解，而是应要求技术既要领先，更要成熟。商业银行在评估企业和项目的过程中，在把握技术领先程度的同时，更要关注技术应用的成熟度。从金融机构对不同技术条件企业支持的经验看，技术不够成熟的项目，是投资银行重点发展的客户，而不是商业银行信贷资金支持的客户群。例如，2009 年国际金融危机后，美国等传统制造业大国反思其丢掉制造业带来的后果，又开始致力打造制造业强国的国际地位。对于我国而言，技术领先而且成熟的现代装备制造业将是未来中国制造业乃至整体经济发展的重点领域，因为中国改革开放后 30 多年的发展，依靠的重点就是制造业的进步，而中国未来的发展还应靠现代装备制造业，像宜昌船用发动机制造企业，其技术水平较高，如果该技术应用成熟度较好，则可以大力支持其发展。二是产品面对的市场必须是真实、成熟的市场。真实、成熟的市场，是指具有实实在在需求的市场，而不是靠某种制度或补贴人为培育出来的、不可持续的市场，例如光伏市场，过去几年能够得到迅速发展，主要是由于欧洲对光伏的大量补贴，堆积了因补贴而生产的巨大泡沫需求，而随着美国、欧洲对光伏项目补贴的取消或大幅削减，对光伏行业的整体需求出现了大幅度萎缩，整个市场陷入产能严重过剩的困境中，这就是由于政府补贴不能持续而导致光伏行业需求不能维系的后果。

第三，企业组织管理规范，制度健全。好的客户，一是企业长期战略规划清晰明确且符合业务发展的常理；二是股东、董事会重视企业的长期发展，具有现代企业管理体系架构；三是管理团队稳定，素质较高，行业经验丰富；四是财务制度健全，信息披露规范。只有组织管理规范的客户，商业银行才能充分了解其内部具体的经营状况，例如，浙江部分民营企业内部管理复杂，外部债权人难以客观掌握其真实状况，因此在风险处置过程中较为被动。

第四，企业和股东具有责任感，能够为投资者、债权人、消费者、员工等企业相关群体负责。企业只有拥有强烈的责任感，才能对相关企业利益群体负责。责任感体现在企业的方方面面，例如，企业能够为相关债权人、投资者负责，体现在企业集团客户的各成员之间关系清晰透明，关联交易正常公允；对消费者负责，体现在对产品的售后服务态度端正、效果良好等；对员工负责，体现在关心员工成长和发展、不拖欠工资、提供基本福利保障等；对企业自身负责，体现在重视企业的声誉、信誉等。只有重视责任感、荣誉感的企业，才是商业银行信贷业务支持的优质客户。

第五，在市场上有话语权。拥有市场话语权，意味着企业拥有稳定销售渠道，市场占有率高或具有行业内的定价权。对于市场话语权，可细分为行业话语权和区域话语权，行业话语权可以根据行业协会发布的主要指标（销售收入、资产规模、出口数量等）排名，分析客户的市场地位；市场或区域话语权，可以根据地方政府发布的各种评比（如纳税大户、出口大户、名特优企业评选）分析判断客户在市场或区域的话语权。

第六，企业专业专注经营，形成某个领域的优势。从2012年江浙等地区企业发展情况看，在经济下行中遭受重创的企业，往往具有主业不明确、投机性经营严重等特征，而经营战略专注、稳健，不去乱投资，不以追求企业的规模和产业多元化为目标，而是把自身经营领域内的业务做精做强的企业，虽受一定影响，但经营较为稳定，并在同业内备受尊重。因此，对于商业银行而言，好的客户应该主营业务突出，主要从事实体经济相关行业及业务，对外投资并购等主要基于产业链上下游延伸，同时，建立较为科学的投资决策机制及风险内控体系，而不是单凭企业拥有者的个人判断做决策。

三、管控信用风险需要有更宽阔的视野

实践中，信用风险往往成为其他风险，如市场风险、操作风险的最终表现形式。以下三个例子，就非常明显。

第一个是次贷危机。这次危机，有很多人认为次级抵押债券市场价值的大幅缩水导致大量金融机构亏损倒闭，即市场风险的积聚爆发和蔓延是一个很主要的原因。但我们再向前深入分析一下，就会发现归根结底的原因在于借款人还款能力下降，在美国房价下跌、利率升高的情况下，很多次级抵押贷款客户出现了违约，从而导致以次级抵押贷款为基础的次级抵押债券等金融衍生产品的价格下跌。从根本上讲，还是信用风险控制出了问题。

第二个是操作风险事件。我们曾经对银行业以前年度暴露的与信用风险相关的操作风险损失事件进行过分析，结果表明内外部欺诈、内部操作环节出现漏洞、管理控制不到位等操作风险事件是形成不良贷款的重要原因之一。最近银行业也暴露出一些由于操作风险引发信用风险形成银行贷款损失的案件。比

如银行内部人员与二手房中介相互勾结，向虚拟借款人或者不具备贷款条件的借款人发放贷款的“假按揭”；内外勾结以个人消费名义发放贷款、实则炒股或从事其他投机生意，最后贷款难以回收；等等。在当前票据融资规模快速上升时期，银行也要防止一些不法分子利用虚假票据、克隆票据、偷盗票据等诈骗银行资金，从而造成银行损失的案件。

第三个是代客衍生产品交易。银行作为中介代客户投资衍生工具，由于对这些衍生工具缺乏研究，有的企业在这方面产生损失，当客户无力承担这些损失时，就形成银行垫款。可见，如果管理不当，银行中间业务也会形成信用风险。所以说，尽管目前中国银行业面临的风险形态越来越丰富，但它们之间并不是割裂开来、相互独立的，信用风险往往会成为这些风险形态的最终表现形式。因此，对信用风险的关注不但不能削弱，反而更应加强。

既然信用风险是商业银行当前面临的最主要风险，那么与过去相比，新形势下信用风险有什么不同呢？会给传统的信用风险管理模式带来怎样的挑战呢？

由于所处的外部经营环境不同，加上局限于经营范围和资产结构，国内银行过去的信用风险管理基本等同于贷款管理，主要任务是“防范不良贷款发生、降低不良贷款比率”，采取的措施包括改进贷前调查评估、分级授权、集中审批、统一授信、五级分类等，对化解历史包袱、夯实信贷管理基础发挥了重要作用。但随着经济发展方式转变、产业结构大力调整、金融市场日益完善、利率汇率机制渐进改革、金融创新不断推出，特别是近年来商业银行经历了“脱胎换骨”式的重组改制后，银行面临的信用风险发生了重大变化，呈现出一些新的特征，给我们以贷款为主的传统信用风险管理模式提出了新的挑战和课题。笔者认为，这些特征和挑战主要体现在以下四个方面：

一是银行业属于亲周期行业，如何应对系统性的信用风险是一个重要课题。在经济快速发展时期，个别企业违约并不会影响银行整体运营；而处于经济下行周期，大量企业经营不善可能引发系统性违约，给银行带来灾难性的系统性风险。从历史上看，中国商业银行不良贷款形成的高峰期主要集中在20世纪80年代、90年代初和1997年东南亚金融危机后这三个时期，和经济周期波动的关系很大。2008年次贷危机引发全球金融危机后，首先给国际金融业带来全面冲击，企业违约率上升，银行坏账增加，据穆迪统计，仅2009年3月全球共有35家企业债券违约，创下自1929年大萧条以来最高的单月纪录，违约率上升至7%。中国银行业虽未受到直接冲击，但由于危机影响持续发酵，特别是欧债危机、美日财政困局等问题造成国际经济恢复进程迟缓、前景不明，同时国内经济面临发展转型和结构调整的艰巨任务，市场不确定性增大，局部的企业客户违约已不断增加，给银行资产质量造成巨大压力。这充分说明，经济进入缓慢发展或衰退时期往往伴随着信用风险事件的集中爆发。因此，经济下行时期的信用风险管理工作正在考验各家银行的管理水平。但是客观地说，国内商业银行还缺乏管理完整经济周期系统性风险的经验和能力，防范经济周期性波动的机制还未根植到银行的风险识别、评估、应对和缓释流程之中，也缺乏相应的管理工具、系统及经验数据，应对经济波动的各种信用风险管理手段还显得较为“稚嫩”。因此，应对经济下行时期的系统性风险是当前银行信用风险管理面临的最主要挑战。

二是资产相关性和风险集中度上升，对组合风险管理能力提出挑战。资产的相关性上升体现在资产分布的行业之间相关度较高，如在国内银行资产中占比较高的房地产、建筑、钢铁、水泥等行业的相关性较高；同一区域内产业集群现象日益普遍，如我国的珠三角地区、长三角的环太湖地区、浙江宁波和温州地区以及福建闽东地区，而上述地区是银行信贷投放的集中地；上下游企业关联度很高，银行提供的供应链融资工具向上下游延伸的同时，信用风险也相应扩散，一旦某家核心企业出现风险，整条供应链都可能出现问题。

风险集中度上升体现为银行业信贷资金“扎堆”在大项目、大企业现象比较普遍和严重。据统计，主要银行业机构的贷款亿元以上的大客户数占其全部客户数不足1%，但贷款余额却占全部贷款的50%以上。2011年以来，全国金融机构贷款绝大部分都投向了铁路、公路、港口、电力、城建等国家重大基础设施项目或地方政府融资平台，国内银行贷款行业结构相似度较高。在资产相关性和风险集中度上升的情况下，国内银行组合风险管理刚刚起步，还不具备很好解决该问题的能力和水平。

三是利差收窄趋势下，对银行科学定价和提高风险溢价能力提出挑战。近两年利率市场化改革有所加速，未来几年可能有重大步骤出台。在西方成熟市场，一般来说对大客户能够争取20~30个基点的贷款利差就不错了，而近年国内银行贷款利差都在300个基点左右，只要能吸收存款再发放贷款，就能有非常可观的利润，所谓“得来全不费功夫”。另外一个重要问题就是银行竞争高度集中于大客户，议价能力很低，如果利率市场化，银行将失去重要的收入来源。从这些方面来说，利率市场化对国内银行将是一次强大冲击，因为面对息差收窄，如果缺乏足够的数据和计量技术，不能准确计算出每一笔贷款或交易的各项成本和风险调整后收益（RAROC），将不能科学定价，不能很好管理银行的收入和成本，银行可能成为难以适应环境的“恐龙”。

四是综合化经营以及金融创新对传统风险管理模式提出挑战。以前，我们主要面对贷款这一类业务，随着创新步伐加快，我们的产品名单拉长了，变丰富了。现在银行面临的信用风险不光来自贷款人，还来自发行人以及市场交易对手；不仅包括因债项违约带来的风险，还包括由于交易对手（债务人）信用状况和履约能力上的变化导致债权人资产价值发生变动遭受损失的风险。同时，随着综合化经营、国际化战略的逐步实施，信用风险管理对象从个人、企业上升到包括国家主权在内的所有层次，管理范围从银行分支机构扩大到租赁公司、信托公司、海外子公司等多种经营机构，由此产生了很多新的风险管理问题，比如，如何控制集团层面和各个子公司的信用风险，如何设置“防火墙”，防止信用风险的传染和蔓延等。因此，风险管理亟须根据银行经营业务范围、资产结构、收益结构的变化做出相应的变化和调整，满足业务创新和综合化经营的需要。

那么，银行应该如何应对这些挑战呢？要回答这个问题，首先必须明确银行信用风险管理的目标是什么，只有围绕这个目标，并结合自身实际情况，找到现存的差距，才能很好地理清下一步的工作思路和应对措施。

过去国内银行信用风险管理的目标较为单一，现在情况不同了，信用风险管理具有多层次的目标，涉及成本、收益、风险、质量等多个维度。但简单地说，就是既要保证信贷资产质量稳步向好，还要通过主动经营和安排信用风险，实现风险调整后的收益最大化；既要很好地控制住银行承担的信用风险总量，还要优化信用风险敞口结构，并通过提供风险管理技术和工具支持前台业务发展，最大限度地创造银行价值。

坦率地讲，目前国内银行的信用风险管理水平离上述目标还有一定差距。在当前流动性普遍比较充裕，但外部市场环境比以往都要艰难的形势下，我们应如何将有限的信贷资金投放到优质客户或项目以及投资品种中才能带来良好的经济效益和社会效益？对于大量的存量信用风险敞口，我们如何才能够保证质量往上迁徙而不是往下迁徙，始终保持良好的报表状态？这需要银行拥有清晰明确的市场定位和风险偏好，同时有一套科学的风险识别和计量技术与工具，以及缓释和处置风险的方法和手段。这就是我想讲的主动防控信用风险的问题，我认为，在当前形势下，我们无法也不应回避风险，而应该通过风险选择和安排，借助信贷杠杆切实推动结构调整和经济发展方式转变，在促进经济社会持续健康发展的同时，实现银行的价值创造和内涵式发展，这是目前国内银行应对信用风险领域挑战、取得风险管理工作突破的必然选择和关键思路，是商业银行获取领先优势的重要环节。

具体来说，主动防控信用风险有以下五个主要特征：

一是信用风险管理的原动力来自商业银行内部，其出发点和终极目标是商业银行自身的价值创造。

二是追求风险调整后的收益最大化，而不是风险最小化。

三是强调以风险偏好为中心的信用风险管理战略导向，突出对风险的事先安排，具体表现为：根据自身比较优势确定目标市场并扩大风险经营的种类和规模；风险控制策略从过去被动接受风险敞口，转向主动规划风险结构，通过风险选择实现优化配置，体现银行“经营风险”的本质；在风险应对手段方面，从过去的被动“持有”和“定价补偿”，扩展到主动的风险转移、风险对冲、风险分散等。

四是风险管理技术从辅助手段逐渐成为发展重要驱动力，依托风险管理技术实现对关键风险参数的准确计量，并由此更有力地支撑业务发展。

五是风险管理重点逐步从单一客户、单笔交易的管理转向资产组合管理。在单项信贷决策中，既考虑单项交易本身的风险收益状况，又考虑该项交易对资产组合风险收益的影响。在资产组合管理中，通过主动规划风险敞口来提高组合层面的风险收益水平，避免出现“当海水已经漫过了整片沙滩，有人还在用放大镜检查每一粒沙子”的情况。

主动选择和积极安排信用风险，银行要抓好以下几个方面的工作：

一是明确风险偏好并保证在银行内部准确传导。明确风险偏好包括确定最大风险容忍度，在既定容忍度内选择风险品种来经营，最终形成合理的风险结构。这次金融危机中倒下的国际知名金融机构，无一不是风险偏好出了问题，为了追逐高收益采取了激进的风险偏好政策，购买了大量“有毒资产”，这种风险偏好选择超出了银行、投行、保险等金融机构的风险承受能力，最终导致风险失控和危机蔓延。明确了风险偏好后，银行应通过信用风险管理政策、资源配置和考核机制等工具将风险偏好传导到银行各个层级和各个业务单元，保证全行风险选择的一致性和风险安排的有效性。

二是强化组合管理，对银行面临的整体风险做出合理安排。商业银行尤其是大型商业银行应该从这次金融海啸中充分吸取经验教训，切实重视组合风险管理。组合风险管理就是以既定的风险偏好，挖掘那些与现有组合呈负相关或正相关很小的资产，充分利用分散化的可能，在规模和整体收益基本保持不变的情况下，将组合的风险降到最低，或者在可承受风险能力基础上，实现收益最大化。

加强组合管理需要做的工作包括：一方面，运用相关性分析、集中度分析等工具，在单一客户和单一风险管理基础上，对单项交易的风险分析除关注其自身风险外，更关注对整体资产组合的边界风险贡献，灵活运用各类信贷资产组合管理手段改变贷款组合风险特征，通过分散化效应降低贷款组合波动性，提高资产整体回报水平。另一方面，通过经济资本配置等手段，对愿意并且能够承担的风险进行预先安排，主动挑选风险对象，将有限的资源在各业务领域进行最佳配置，通过主动承担这些风险敞口谋求更高收益。

三是提高统一管控意识，加强整合化信用风险管理。当前形势下出现了一些值得关注的新风险问题，比如对同一客户既发放贷款又承销债券，由于房地产开发贷款和个人住房贷款、制造业贷款和贸易融资、项目贷款和资本金贷款、个人贷款和中小企业贷款等都有关联，需要统一考虑信用风险管理，过去对各个产品和条线“泾渭分明”的风险管理模式需要重检。扩大来说，三大风险之间也不是独立的，本次国际金融危机中出现的信用风险、市场风险、流动性风险等相互交织和转化的现象，充分说明过去那种管信用风险的不注意研究分析市场风险变化、管市场风险的不懂或不关注信用风险等问题，显然已经不能适应现代金融风险管理的客观要求。因此，在加强专业化管理基础上，银行应注重对各个产品、条线及各类风险的整合化管理，在政策、流程和工具方面做好信用风险、市场风险、操作风险和流动性风险的整体统筹和一体化的管控安排。

四是强化贷后管理，保证存量资产质量稳定向好。贷后管理是个老生常谈的问题，但确实也非常重要。根据统计，国内银行约50%的不良贷款产生于贷后管理不力。针对普遍存在的薄弱环节，国内银行业可以考虑从以下几方面重点加强贷后管理工作：首先，推进押品管理体系建设。强化押品价值变化的动态管理，发现押品价值损耗不足以弥补信贷风险敞口时，要及时补充或变更抵（质）押品，充分发挥押品风险缓释的作用。其次，建设集约化、流程化贷后管理中心。按照流程管理和流程再造的要求，在贷前、贷中流程优化的基础上，运用先进方法和工具，系统梳理贷后管理的关键环节和风险点，完善相关政策制度，优化贷后管理业务流程，加强贷后管理基础建设。最后，完善配套措施建设，建立预警客户跟踪管理配套系统，实现便捷、高效、网络化的预警信息传递，为管理层提供贷后跟踪管理成效统计数据。建立有效的激励机制，充分调动贷后管理工作积极性。

五是警惕表外风险表内化，加强表外业务风险管理。这几年，国内银行在表外业务领域的金融创新步伐加快，在规模上升的同时可能也潜伏着一些风险。如融资性保函业务，由于期限相对较长，加上又是表外资产，因此风险具有一定的隐蔽性，不易引起日常关注；一些理财业务属于银行承担连带担保的业务，一旦基础资产出现问题，银行不得不垫款，使表外风险转化为表内风险。这些表外业务风险都需要引起银行高度重视，相对于贷款等表内业务，国内银行在表外业务配套管理制度和风险监测体系方面还不健全，风险管理一直比较薄弱。

六是防范外汇业务风险，提高风险管控能力。在经济全球化过程中，国内银行通过各种产品和服务参与到国际经济金融市场，国际市场的一点“风吹草动”必然也会影响到国内银行的外汇业务。这次国际金融危机中，国内银行除了一些传统的外汇贷款或表外业务，如贸易融资，因进出口企业经营困难而出现违约外，还有些创新产品，如代客衍生品交易、理财产品等银行本以为不会有风险的外汇中间业务也出现了信用风险苗头，需要引起关注。以代客衍生品交易为例，银行仅根据客户指令代其进行期权、掉期等交易，本身并不承担市场风险，但由于市场环境恶化，部分客户在交易交割日拒付，银行只得垫款而被动承担信用风险。

这充分说明，国内商业银行要高度关注外汇业务风险，并切实提高外汇业务风险管控能力。个人认为需要注意以下三个方面：一是要知己知彼，对国际市场上提供的各种产品不仅要做到知其然，还要知其所以然，了解其背后的基础资产风险状况；不仅要了解交易对手情况，还要“多看一步”，了解交易对手的前一手或前二手的情况。二是要加强外汇业务管理，比如根据市场变化及时调整国外金融机构额度或主权额度，严格规范业务流程，梳理各类外汇业务的风险和应对措施，增强风险识别和控制能力。三是要做好与客户的风险提示和沟通工作，及时将理财、衍生等产品的盈亏情况通知客户，积极采取补充保证金、追加抵押担保等措施，防止避免客户市场风险转化为银行信用风险。

七是加强信贷流程管理，控制由于操作风险引发的信用风险。笔者前面提到过，信贷流程中积累的各类有章不循、违规操作的操作风险，最终很可能以信用风险形式爆发出来。特别是在当前形势下，要特别关注信贷扩张下的各类操作风险。加强信贷流程管理在一定程度上能够有效防范由于操作风险引发的信用风险。具体措施上，除了要制定并严格执行各类业务操作规范外，还要积极利用先进管理工具和系统，实现从“人控”向“机控”的转变。建设风险管理系统，在业务系统中实现风险管理功能，不仅可以提升工作效率，还可以通过系统的刚性控制，避免人为操作产生的误差和风险隐患。中国银行业近期的风险管理“机控”建设，可把重点放在以下几个方面：其一，实时掌握本行总风险敞口，并对本行（集团）能够承担多大风险敞口有清晰准确的判断；其二，要掌握和了解风险敞口的内部结构，支持组合管理的决策和策略实施；其三，具备对单一客户的管理能力，准确掌握客户的风险敞口（包括信贷、理财等各类产品，还包括集团、关联客户的授信情况），衡量是否超过其承受能力；其四，通过系统参数、授权设置，实现对业务交易过程的风险管理，实现对业务交易事前主动的风险控制，避免事后的“被动处置”；其五，具有全方位、多维度的风险预警、监测、报告的能力。

四、反欺诈能力建设在中国银行业违约管理中具有特殊重要意义

信贷反欺诈是一个古老的课题。可以说自从有信贷业务，就伴随着信贷欺诈，也就存在反欺诈的问题。欺诈和反欺诈“如影随形”。现代银行业对信贷风险的理论和技术方法研究已经到了较高的专业化、精细化的水平，很多信用评级和风险计量模型可以定量地衡量违约概率。近年来，国内银行业在吸收借鉴国际先进银行实践经验的基础上，初步建立起了信用风险内部评级体系，开发了信贷风险管理的系统和工具，提升了风险管控能力。应该说，进步是非常巨大的。但是，由此也产生一个误区，认为构建起了这一套“先进”的风险管理体系，就可以一劳永逸地解决信贷风险问题。

实际并非如此。信贷风险的本质是客户违约的风险。而违约包括两个类型：非意愿性违约和意愿性违约。所谓非意愿性违约，通俗地说就是客户愿意

还款，但是因为经营和财务状况恶化等因素，最终还不起款；与此相对应的意愿性违约，通俗地说就是客户根本就不想还款，即使其有能力还款。当然，这只是通俗的界定，从学理上讲还要复杂得多，意愿性违约实际上涉及行为金融学的很多有意思的话题。现代银行建立的“美轮美奂”的信用风险计量和管理体系，关注的主要还是非意愿性违约。例如信用风险评级模型，可以预测客户未来一定时间（通常定为 1 年）的违约概率，它是基于大数法则、统计平均的方法，从客户常态化、规律性的信用表现中做出是否违约、违约可能性大小的预测。换句话说，其假设前提是客户主观上是愿意还钱的，是否可以按时足额偿还主要取决于客户未来的经营财务状况、现金流状况等。但是，针对客户意愿性违约的情况，模型预测通常是无能为力的，因此，现代银行风险管理专家往往将其归为异常或偏差，摒弃于模型之外。实际上，这种异常和偏差是客观存在的，是“常态”，并不会因为大数法则、统计平均而消除，而且在特定的情景（如经济不景气、法制不健全、社会诚信环境不佳等）下可能会变得非常突出。

信贷欺诈是意愿性违约中最典型、危害最大的一种类型，值得重视和研究。2010 年下半年以来，经济下行压力增大，社会资金面趋紧，民间借贷活跃，在此背景下信贷欺诈现象越来越多，风险日益凸显，给银行信贷资产质量带来很大压力。因此，无论是为了进一步健全现代银行信贷风险管理体系，还是为了解决现实紧迫的问题，信贷反欺诈都必须作为一项重要工作、一个关键课题提上日程。

从银行业发生的案例来看，信贷欺诈存在于信贷业务流程的各个环节，表现形式也是多种多样的。为了便于识别和管理，我们可以把它分为三类：外部欺诈、内部欺诈以及内外勾结欺诈。

从外部来看，主要是客户通过编造虚假的交易背景材料、提供失真的财务信息、伪造证明文件等方式骗取银行信用。就银行业风险案例来看，外部欺诈在银行主要产品中基本上都曾经出现过，比如贷款欺诈、信用卡欺诈、信用证欺诈、票据欺诈等。而贷款欺诈则是案件的“重灾区”，其手段也多种多样，不仅有假报表、假项目、假合同、假发票这些由客户实施的变造、伪造行为，还有一些中介机构、担保机构等第三方机构协同欺诈造假的情况。

从内部来看，银行在信贷经营过程中过度营销、过度授信、过度服务的现象也助长了客户的欺诈行为，一些银行人员为了完成任务指标，盲目营销，审查不严，忽视管理要求，甚至不按规定流程办理业务，使欺诈行为有机可乘。而有些人员则是为了个人私利，故意隐瞒不利信息，提供虚假数据或无事实依据的主观判断，甚至协助、勾结客户造假，这种内外勾结的欺诈行为对银行来说风险最大，也最难防范。

值得关注的是，随着现代科技的不断进步，信贷欺诈手段也呈现出高技术特征，逐步向新型化、智能化、隐蔽化方向演进。例如，不法分子伪造的克隆票、克隆卡都足以乱真。这给银行识别和防范欺诈风险带来很大困难。作为风险管理者，我们也需要不断更新我们的风险管理方法与技术，以应对可能出现的新的欺诈类型。

国内银行专门针对信贷欺诈的研究和风险管控时间还不长，只能说刚刚起步，但也有些重要的经验：

一是认识要提高。不仅要清醒地认识当前信贷反欺诈工作的严峻性和现实紧迫性，还要认识到这项工作的探索对构建现代银行风险管理体系的重要意义。信贷反欺诈是信贷风险管理中一个相对独立的范畴，有其自身内在的管理逻辑。现在有一个认识误区，就是一看到信贷风险暴露增加（尤其是近年来部分银行发生了一些信贷欺诈案件），第一反应就是要去调整信贷的准入标准、管理规则或流程，最终往往是“一个人生病，所有人吃药”，既不利于业务发展，也不利于对信贷风险的有效管控。通过管理非意愿性违约的技术方法、底线标准、风控流程来解决意愿性违约导致的风险，结果必然是南辕北辙。

二是流程管理要加强。从过去银行业发生的信贷欺诈案例来看，在业务流程的贷前、贷中和贷后均可能出现欺诈行为。贷前阶段，容易产生在企业基础资料的审查环节，例如，假营业执照、假报表等；贷中阶段，容易产生在贷款条件落实环节，例如，假立项报批、各类假许可证等；贷后阶段，容易产生在资金使用环节，例如，假发票、假签字等。信贷人员在针对关键风险点逐项核实，保存好尽职记录的同时，要通过建立持续改进的基本工作规则和程序，利用定、测、析、改、控的方法，对流程及时进行优化，以达到通过全流程控制来降低欺诈行为发生概率的目的，改变以往按部门分割、各管一块、难以控制的情况。

三是岗位制衡要发挥作用。制衡机制是反欺诈的关键，也是银行风险管理的基石之一。要明确岗位制衡职责、不相容职责实现分离。各岗位人员应根据各自的岗位职责和业务特征，在反欺诈行为中发挥作用。客户经理是第一责任人，风险经理、信贷经理也要对真实性负监督责任，要分工协作，发挥各岗位制约作用。此外，还要充分发挥三道防线的作用：第一道防线建立一线岗位双人事先、事中、事后监控制度；第二道防线建立相关部门、相关岗位间相互制约的工作关系及程序；第三道防线建立内部监督部门对各部门、各岗位、各项业务监督反馈制度，以实现立体交叉控制。

四是合规文化要靠教育引导。要做好对员工人生观、价值观和道德观的宣传教育，建立科学合理的激励和约束机制，协调好内部机构和人员间的利益冲突，防止将非真实性信息以非正常渠道进行传递。要培育合规理念，准确把握底线标准。由于信息自利性的客观存在，银行作为信息接受者不可避免会接收到欺诈信息，关键是要在可识别的前提下管理起来，对于一些合规性风险和涉及底线标准、“触高压线”的真实性问题，是绝对不能逾越和接受的，是“零容忍”的。

在反欺诈管理方面，还要从制度流程的规范化、精细化方面下功夫，建立反欺诈与真实性管理的工作机制，把反欺诈管理嵌入信贷流程之中。实践中有几种做法还是切实可行的：

一是明确重点领域反欺诈核查要点。例如制定相关制度办法，对客户、信贷产品、风险缓释工具、第三方合作机构以及授信材料等分别制定反欺诈与真实性管理要求。帮助基层信贷人员提升识别信贷欺诈的能力，更好地防范欺诈风险。

二是利用管理工具，提高识别欺诈风险能力。如建设贷后跟踪管理系统、关键风险监测管理系统，开发反欺诈评分卡等基于数据挖掘的智能化反欺诈工具和信息平台，提高对欺诈的“精准打击”能力。

三是完善“黑名单”制度。把曾经发生信贷欺诈的客户建立内部“黑名单”，并在加大内部“黑名单”推广、使用的基础上，推动外部机构建立信用奖罚机制，将不诚信单位和个人纳入“黑名单”管理，定期更新并发布，使不诚信者难有立足藏身之处，营造良好的社会信用环境。

四是坚持重大信贷风险报告制度、贷后跟踪管理例会等制度，密切跟踪信贷欺诈行为的变化趋势，通过及时收集客户、产品数据和信息，找出问题发生的原因、性质和规律，提高分析、研究和应对能力。及时补充完善规章制度和细化操作行为规范，指导和提高基层行有效识别造假和欺诈行为的能力。

五是严肃问责和处罚机制。在加强教育培训和日常管理的同时，对于发现的各类违规或失职行为要严格按照相关管理制度对当事人及时进行追究处理，对存在有章不循、玩忽职守的相关人员进行处罚，逐步提高全体员工的合规意识。

在当前复杂多变的经济、金融形势背景下，发生各类风险的概率有所增加。银行对于信贷欺诈风险的管理会是一项长期而艰巨的任务，我们必须给予持续、足够的关注和重视，根据新的形势、新的情况不断完善现有的管理措施，加强自身建设来努力防范和遏制欺诈风险，为维护金融秩序的稳定和安全以及构建良好社会信用环境和信用文化而努力。

不可否认，银行在市场经济体系建设中具有特殊的作用，但银行毕竟是在社会经济大环境中的一分子。作为信用体系中的重要一环，自身加强反欺诈的能力固然重要，但仅仅依靠银行自身是远远不够的，反欺诈工作需要标本兼治，必须发挥合力作用。虽然证监部门对于上市公司的监管日益完善，企业信息逐渐透明、真实，国有企业也在国资委的监管下逐步规范，但我们也应当看到其他一些企业的监管问题逐步浮出水面，成为一个很值得思考的课题。在目前，各级社会管理部门需要积极引导社会公众培养诚信的意识和品德；监管部门需要对欺诈风险的防控进行必要的指导和规范；法律法规的制定者也需要建立起必要的法规，有法可依、公平公正地衡量和约束经济体在市场经济中的活动。提高经营者信贷欺诈的成本，使之不能做、不想做、不敢做。通过内部、外部各方的努力，笔者相信信贷欺诈行为必将得到遏制，诚信体系将逐步培育起来，我们的信用环境也会得到相应的改善。

12　银行竞争的本质与风险经营能力培育

经过多年改革，国内银行基本完成了重组改制的各项任务，战略重心已转向“应对市场竞争，提升价值创造能力”。此间，伴随竞争环境的复杂化，各类竞争理念、观点层出不穷。如何正确认识和解决竞争问题，应引起我们的充分关注和深入思考。

一、怎样认识国内银行业的竞争态势

近年国内银行业竞争日趋激烈，但这种“激烈”是相对于历史而言的；市场内部的供不应求现象仍广泛存在，竞争空间并未饱和。在此境况下，摒弃依赖政策的思想误区，尽快挖掘、培养、巩固国内银行的竞争能力，应是近期工作的一个重心。

（一）银行之间的竞争更加激烈，是相对于过去市场环境而言的

近年，根据加入世界贸易组织的承诺，中国金融市场对外开放的步伐不断加快，外资银行通过直设、参股、收购等多种形式逐步进入中国商业银行传统的金融服务领域，并迅速在新兴金融服务领域形成竞争特色优势。同时，国有独资银行、中小银行、城商行和地方信用社，通过财务重组，纷纷转制为实力较强、具有规范意义的现代商业银行。受此一外一内因素影响，同一地域、业务领域的竞争参与者大为丰富，构成当前市场的基本竞争格局。

目前，国内大型银行虽然在网点布局、专业人才储备和客户积累等方面起步较早，具备一定的占位优势，但由于市场格局改变，大型银行地位受到冲击是不可避免的。主要原因包括：一是来自中小型银行和外资银行的竞争挑战更为频繁。行业新进入者和追随者较领先者有更强烈的扩张冲动，由于客户基础的薄弱，其对大型银行传统市场的渗透不遗余力。同时，新兴业务和新兴电子渠道的出现，削弱了网点和人员的规模优势影响，为挑战型竞争提供种种便

利。二是各大型银行定位趋同，目标市场重叠，相互间的客户、市场争夺愈演愈烈。以“工农中建交”五大商业银行为例，近年市场战略极为相似，20世纪80年代形成的“专业分工”特征早已不复存在，造成对同一热点区域、行业、客户群体的激烈争夺。三是替代市场的发展，使传统商业银行业务发展潜力受限，形成多种金融服务共同参与竞争的局面。较为典型的例子是，股市、债市等直接融资市场的发展使大型企业转为寻求约束更少、成本更低的融资方式，对信贷的依赖减少。

需要注意的是，当前所指的竞争激烈，主要是相对于过去市场环境而言的，是与市场不开放、金融管理以计划性为主、金融服务主体较少的时期相比较而言的。而从金融发展史、国际比较看，目前的竞争仍处于较为初级的阶段，主要表现为：市场集中度显著（国内最大5家银行市场占有率合计超过50%），利差空间较大（2%～3%），行业内的优胜劣汰不明显。对此，一方面，对这种竞争发展趋势要有长期准备，认识到其复杂性，提早筹谋；另一方面，也不宜过分夸大竞争水平，要准确评判自身所处竞争环境。

（二）我国的市场竞争尚未达到饱和状态，开展多层次竞争的空间仍较为广阔

竞争者的丰富，并不意味着竞争已在各领域、各层级达到饱和状态，当前市场中既存在着局部银行服务的“供过于求”，也存在着局部的“供不应求”，开展多层次竞争的空间仍然很大。

一是国民经济继续保持较快发展，在总量上为金融服务快速增长提供充分空间。从国际经验看，一方面，GDP快速增长必然伴随着货币供应的快速增长，增加了对金融中介服务的需求；另一方面，市场经济快速发展伴生着越来越频繁的资金融通需求。如美国在1960年至2000年，GDP增长了19倍，而M_2增长了16倍，各类贷款增长了约28倍；日本经济增长较快的1960年至1980年，GDP增幅徘徊在8%左右，M_2长期保持两位数增长，而银行信贷占GDP的比重也由60%激增至190%。可以预见，在近期，随着我国国民经济稳步增长，金融服务的整体需求也将持续扩大。

二是差别化需求未能得到全面满足。根据国际经验，对于处于转轨过程中的经济体，金融服务需求多样化水平将快速提升，而供给创新短期内无法与新生需求同步，形成了局部的供给空白。例如，对于企业结构重组、产业升级伴生的结构性融资和内部资金交易需求，国内少有银行可提供相应的全面财务解

决方案。

三是企业和国民对金融服务的认知在逐步提升，投资、消费和理财文化逐步变迁，一方面促成了若干新生金融需求领域，另一方面提升了传统业务的持续开发潜力。例如，“提前消费”的观念为大众逐步接受，为个人消费类贷款和信用卡的跨越式发展提供机遇。

四是银行存在传统经营思维惯性，忽视或者轻视、放弃了部分市场有效需求，形成市场空白。例如，长期以来对大量小企业、个体工商户金融需求的忽视，使小型市场主体在银行服务方面长期保持“饥饿”状态。

五是技术手段升级促使银行服务产品、渠道体系、管理方式不断改变，为银行引导客户需求、拓展新兴市场（如电子银行业务）提供了途径。

以上变化创造的市场空间，使银行开展多层次、差别化竞争成为可能，各家银行仍然可在竞争较少的领域创新服务、培养特色以赢得客户和收益，市场竞争状态尚未达到“白热化”阶段。

（三）当前市场环境下，不能再寄望政策保护和支持，而只能依靠自身能力保持和提升竞争地位

伴随竞争压力增加，国有银行内部出现了抵制市场开放、觊觎国家政策扶持以维持国有银行市场地位的观点，例如提出应限制市场准入、减缓利率市场化进度、进行专项补贴等。这反映了一种惧怕竞争的心态。其理由无非是对国家经济命脉部门、核心企业应予以保护，否则影响金融体系的稳定。

实际上，无论是从国际同业发展历史还是本土市场改革经验看，完全封闭、少数垄断的市场从未起到扶植行业的作用。相反，从近代商业银行的兴起到当前股份制银行的快速变革发展，都得益于一定程度的开放和竞争。类比较早放开市场的国内家电产业可以看出，早期外资品牌进入时，依靠其产品和技术优势一度形成市场领先，业界也有封闭市场、扶持主要民族企业的呼声，但民族企业在几无保护的环境下，不断将外来技术与本土实际环境相结合，把握细分市场，最终依靠集群规模、人力优势和自主创新能力，迅速形成多个强势民族品牌，并使中国成为世界家电制造中心。而当前银行业所处境地，远好于当年的家电产业，正是深化改革的合适时机。

需要特别考虑的是，银行业遭受冲击时产生的广泛外部性，可能对经济体系产生各种衍生负面影响，所以决策者对此市场的开放和改革也尤为慎重，但这也不应成为个别企业特殊化的理由。作为政策的主导者，近期监管当局对于

金融体系的各类举措，无一不是指向维护市场秩序、防范系统性风险这一核心目标，旨在实现金融市场整体的长期稳健运行，而非仅仅关注企业个体绩效，乃至经营成败。伴随改革开放的深化，针对企业个体的保护行为已逐步从金融市场中淡出，政府更加趋向鼓励公平竞争，支持各类企业获得同等待遇，在这种情况下，再无封闭市场、限制竞争的回头路。因此，与其等待国家给予银行特殊化照顾，不如趁当前较好的财务表现和资本基础，加快战略转型，直面竞争压力，借助积极竞争中积累的核心技术优势，自力更生地保持和提升自己的市场地位。

二、怎样认识银行竞争的本质

银行竞争的表象是市场份额、盈利水平和资产质量，其本质主要在以下几个方面体现：一是客户选择的竞争；二是风险综合安排的竞争；三是定价能力的竞争；四是风险管理服务延伸能力的竞争。归结起来，竞争都在某种程度上基于积极主动的风险管理实践。

（一）银行竞争是客户选择的竞争

毋庸置疑，服务企业的价值在根本上来自于客户，这决定了客户选择问题是银行在竞争中首先要处理好的问题。对于国内大型银行，客户选择必须兼顾全面和重点。“全面”是指服务对象应面向各类合格市场主体，包括各种企业、机构和自然人，既体现全能服务能力，又体现企业社会责任，树立企业形象。“重点”是指在竞争当中，银行必须关注如何选择细分市场、选择特定客户群体作为自身服务重点，形成客户战略。抓住快速成长、回报丰厚的客户群体，也就抓住市场先机，有利于进一步提升自身的竞争地位；反之，则易限于困境。

传统上，银行客户选择主要依据客户规模、信用评级。一种流行观点是规模大的客户就是好客户，就是目标客户，造成各家银行对大企业、大项目的集中争夺。这种仅仅依靠“垒大户”的客户选择并不能形成银行长久的竞争优势。首先，议价能力较低，造成对大客户的边际收入和利润降低，摊薄资产回报；其次，大客户的服务选择较多（多种服务渠道，多个服务供应商），对其业务份额不易稳固，要维持服务关系需要大量的竞争投入；最后，大客户需求增长率不一定高于其他客户，单位管理成本、风险成本也并不一定低于其他客户。另一种流行观点是信用评级越高、违约概率越低的客户就是好客户、目标客户，这也需综合考虑其他因素做评判，信用风险成本低并不意味着整体成本低，也不意味着整体回报高。

确保客户选择的科学、合理，必须关注以下三个方面：

一是要对所有合格客户进行全面客观评价。不以规模、信用等级等单一因素评判客户，应该既关注其单笔收益、管理成本、当前业务规模，又关注其综合贡献（多产品贡献等）、综合成本、未来业务增长潜力和忠诚度。将增长快、边际回报更高的客户组合作为重点发展的客户群体。

二是客户选择要与自身优势结合起来。在客户选择中也须强调知己知彼，将对自身能力和本地优势等考虑纳入客户策略中。其他银行认定的好客户，不一定是适合本行、与本行服务特色和优势相匹配的好客户；从局部看较好的客户，放在一个更宽泛的视野看，未必是好客户。例如，对于国内银行来说，对境外某些公认的“好客户”并不熟悉，既欠缺服务手段，也欠缺风险安排手段，不应是本行的目标客户；再如，对于国内某个区域，当地规模最大的客户，如果在本行业内没有比较优势，也不一定适合作为银行的首要目标客户。

三是客户选择要与特定经营方式结合起来。对于不同客户要有不同的经营方法和策略，在经营管理体制和政策设计上更加精细化，为客户多样化和专业化服务提供基础，既能发现客户需求，又能合理满足客户需求，以此实现客户结构的丰富，形成对实现银行可持续发展有益的配套客户选择策略和服务策略。

例如，对小企业，过去我们认为其规模小，单位资金管理成本高，违约概率高，单位风险成本高，不是好客户。现在综合评判看，银行对小企业溢价能力高，通过“信贷工厂”等批量化管理手段、小企业评级等针对性风险管控手段，可降低单位管理成本，只要实现收益覆盖风险，由于小企业的高成长性和相对忠诚性，可实现业务的跨越式发展。因此，应将小企业作为战略重点，同时加快发展特定经营模式。

（二）银行竞争是风险综合安排的竞争

基于银行的行业特性，在客户选择确定的情况下，风险综合安排是否合理，决定了银行的服务水平，从而决定了银行竞争水平。就一般行业而言，市场交易的内容是由实物商品、劳动服务换取资金回报，交易时间往往归集到一点，交易过程和范围比较容易控制；而银行面对的交易是以资金或信用为标的，换取资金的增值或信用回报，交易的范畴不仅跨越一个时段，还可能涉及多方、多领域。这种时间、领域的延展性，使交易暴露于各种外界影响，不确定性更高，一方面，如果缺乏合理交易安排，客户阶段性需求无法满足，客户承担不必要的成本或产生负面感受，则降低了继续维系交易关系的可能性；另一方面，一旦交易过程未按预期实现，即可能形成直接和间接损失。这种各方面的不确定性，即是风险。与传统中介服务业的迥异之处在于，银行经营最需要关注的问题不仅仅是完成签约、付款，而且是从签约前一段时间开始对客户信息的深入了解，到客户服务的量身打造，再到银行服务周期的完结。这个过程不仅要兼顾客户需求与运营成本，还要特别注意对风险的控制，往往经营成败均系于此。因此，银行的竞争实际上是综合风险安排能力的一种竞争。

单客户风险安排的两个核心点是产品设计和风险缓释。产品设计的首要任务是满足客户需求，在此前提下，进行客户可接受的敞口、期限、服务方式、渠道等设计，可有效应对风险。例如，对于行业风险相对较高、客户财务实力相对较差的批发、物流企业，考虑其运营特点，在贷款产品方案中可设计资金流封闭管控措施和委托代付措施，避免贷款被挪用，加速资金回流速度；对于部分小企业的季节性短期资金需求，设计按天计息、利率大幅上浮的超短期放款产品，控制风险暴露期限，同时提升年化收益率；等等。风险缓释是另一个风险应对的主要措施。对每个客户的风险缓释安排应根据其所在领域的风险规律，合理设置担保方式、押品标准和认可担保水平，确保市场波动的情况下能够实现押品变现价值覆盖风险损失。除了传统的保证金、抵（质）押缓释手段外，根据客户的信用状况以及具体交易结构特征，还可采取风险对冲手段。无论是产品设计还是风险缓释，其根本目标都不是实现零风险、完全消灭风险，而是控制风险水平，提升单位风险的回报。

在单笔交易的风险安排和权衡之外，提升组合风险安排能力是银行提升竞争能力的一个重要方面。重视组合风险安排主要出于以下考虑：一是由于个体风险耦合效应和分散效应的存在，对个体形成组合后的风险规律要整体把握；二是银行业务总体暴露于市场的系统性风险，无法通过分散方式绝对消除，要综合考虑应对；三是评价业务组合价值和绩效评价时，必须以组合维度开展，从而要求掌握和控制组合的风险成本；四是从执行战略的角度看，必须将风险要求先落实到组合层面，再进行分解，以确保企业范围内风险观念的统一。国际实践显示，组合风险管理对银行的长期存续至关重要。开展组合风险管理旨在实现双重目标：一是抵御长周期市场波动和系统性风险，形成保障稳健运行的长效机制；二是调整以规模增长为单一重心的发展方式，转向收益、份额、风险、效率、质量并重的集约发展方式。其实施策略可以涵盖几个方面：信贷政策方面，在贯彻统一风险偏好的同时，强调政策的差别化导向，实现资产结构的动态优化调整；企业资源分配与绩效考核方面，借助经济资本管理和组合分析工具明确管理导向，实现单位风险回报的不断提升；业务边界管理方面，建立全面的限额管理体系，确保结构风险敞口在可控范围内。

（三）银行竞争是定价能力的竞争

价格是企业控制盈亏平衡点、实现银行和客户“双赢”的核心工具。对于银行而言，控制风险收益平衡、实现投入产出，最终反映在定价问题上。因此，银行竞争在某种意义上也是定价能力的竞争。

在基准利率调整日趋频繁、利率市场化方向明确的情形下，国内银行已形成了以成本导向、需求导向和竞争导向为特征的三种定价模式。其中，成本导向定价要求目标业务的收益不但要覆盖全部成本，还要满足本行的价值目标，是各大行总部主要倡导的定价方式，而实际上，由于基层业务竞争的激烈，经营一线往往以竞争导向确定服务报价，主要特征是以低于竞争对手的定价向客户报价，并向上级送审。在此过程中暴露出三个显著问题：一是在总部倡导的成本导向定价中，对风险成本的考量不足，可能造成收益仅仅覆盖资金成本和管理成本；二是在基层惯用的竞争导向定价中，往往将降低价格视为唯一手段，而忽视通过合理定价、提升服务水平，最终以性价比高凸显竞争特色，造成低收益的业务大增；三是定价方式没有根据对象细分，对同一机构同一类业务而言，定价方式单一可能造成市场丧失、收益下降等各种负面影响。

考虑定价机制存在的各类历史问题，大型银行应从以下几个方面变革定价模式：一是将客户综合回报分析模型、基于 RAROC 的资金成本定价模型、基于 EL 模型的风险成本模型引入定价中来，计算资产、负债、表外业务的综合回报和各类成本（特别是风险成本），以确立价格底线；二是针对不同类型客户应用不同定价方式，例如对战略性客户重点考虑竞争导向，确保收益覆盖风险的情况下保持价格的竞争性，对价格敏感性较低、风险较高的企业采用成本加成模型，充分考虑风险贴水；三是倡导以提升综合服务水平、保障服务的性价比替代“盲目降价”作为“促销”手段，避免定价在竞争环境中的持续下行；四是将定价与其他风险安排综合起来考虑，针对不同客户需求确定相应的利率浮动方式、计结息方式，在帮助客户控制总体财务成本的同时保持自己的收益水平；五是完善对组合和单一客户定价的动态调整和监督机制。

（四）银行竞争是风险管理服务延伸能力的竞争

服务的本质是满足客户需要，当这种需要是客户无法实现或者不擅长的内容，则服务的可替代性就比较低，相应其价值回报就比较高。在银行的各种能力中，风险管理能力是客户最缺乏也最不易替代的一种能力。从历史上看，正是基于金融交易过程的特殊性，风险难以把握，市场参与者才需要银行充当合理的媒介。对银行而言，风险管理的目的是降低自身经营的不确定性，而对客户而言，风险管理可帮助其控制损益，降低自身经营的不确定性。如果一家银行将自身的风险管理能力延伸至客户服务，使客户感受到银行能力的核心部分，则客户对银行的依赖性就会增强，客户忠诚度和回报率即可大幅提高，因此，银行竞争也是风险管理服务延伸能力的竞争。

风险管理的延伸服务可以在以下几个方面体现：

一是帮助客户分析自身财务状况，建立自身的风险偏好。银行具备在金融财务领域的专业性，能为企业和居民提供更为客观准确的财务评价，帮助客户建立合理的财务目标及风险偏好。例如，在理财工作中，居民个人往往只知道自己的基本收入支出，有一些简单的期望，不能构建一个理财体系，而银行在充分分析客户特征的基础上，可提示客户，基于教育、大额消费、生育、养老等不同阶段性需求，需要避免哪种不必要的支出、不谨慎的投资，需要进行哪方面的财务规划，从而形成客户个性化的财务目标体系和风险管理边界。

二是为客户选择服务组合，以使客户达成自身的财务目标和风险偏好。对于如何利用金融服务，更好地为自身服务，客户也需要银行的专业指导。例如，对于一家全国性销售企业，一方面要满足跨地域、季节性的资金融通需要，保证资金链条健康运转；另一方面要尽可能控制闲散资金。对此，银行可充分应用自身的流动性风险管理能力和信用风险的结构化安排能力，帮助客户选择多期限、多品种的信贷组合和结算网络产品，达成企业控制成本、降低风险、提升资金运用效率的目标。

三是在具体金融交易行为中，代客户做出风险安排，保障客户权益。除了金融企业外，客户自身完成交易风险安排的能力一般较低，需要银行帮助完成。例如，对于商品期货、外汇买卖，大量国内企业交了高额“学费”，而银行可以借助自身的风险管理经验，向客户提供、推荐风险分散、对冲策略，甚至帮助客户设计交易整体方案。

四是通过以上过程，银行可进一步了解客户，为客户创新出更契合需求的产品体系和运作模式。

三、怎样认识银行的核心竞争力

核心竞争力是企业保障和提升竞争地位所依赖的关键能力。对于银行而言，核心竞争力既不等于业务规模，也不等于不断降低底线，而来自于替代性较低、能够保障银行长期存续发展的风险经营能力。

（一）银行核心竞争力不等于业务规模

以往，银行竞争的唯一目标是获取更大的业务规模、更多的市场份额。这种行为背后的支撑观念是，银行业领先者的竞争力仅仅来自于市场规模、市场占有率，只有做“大”才能做“强”。这种观点具备一定的合理性，企业必须通过扩张实现规模效应，以提高营业收入、控制边际成本、扩展产品线并维持创新投入。但是，前提是这种规模增长是“健康的”，如果是低收益、高风险或者不可持续的份额，其增长越快，银行发展质量越差。急功近利的“不健康”份额增长，一方面使资产收益率不断被摊薄，无法实现股东预期回报目标；另一方面客户忠诚度不高、风险积聚，无法实现长期稳健发展的战略意图。更为合理的选择是将市场规模、占有率视为形成竞争力的重要组成部分，评价竞争力的高低，不唯“规模”论，要强调“规模”应对银行价值创造产生持续的正效应。

（二）银行的核心竞争力不等于妥协、让步

目前存在一种观点：当面临同样的区域、行业，同样的目标客户和同样的服务需求，只有依靠降低服务价格，放弃底线，减少对客户的要求，才能赢得市场。这种竞争思想在一些金融需求有限的地区更为盛行，其背后，是认为银行服务都是同质化的、“大同小异”的固有思想。这种以抢客户为单一目标，以降价、降标准、降要求为手段的低水平竞争，对整个行业而言都是具有破坏性的：一是银行服务能力长期没有实质性改变，支持经济发展、资源配置的功能未充分发挥；二是银行底线的降低使银企信息不对称、要约地位不对称的情况加剧，整个银行业的系统性风险增加；三是行业风气败坏，给商业贿赂、洗钱乃至欺诈提供土壤；四是专业人员能力无法得到全面培养，与客户“拉关

系”成为银行人员主要工作，专业服务能力却被弱化。

对银行个体而言，由于这种竞争不是关注客户的真实需要，竞争结果往往适得其反。真正优秀、审慎的客户一定会选择保持底线而突出自身服务优势的服务供应商。例如，在重庆的一家跨国公司进行综合授信和结算网络采购时，各家银行应征，多以减少担保、简化手续、降低价格为承诺，而此公司反觉得附加承诺是这些银行内控不足、风险把握不够的表现，难以合作。公司最终选取了一家坚持底线、充分展现服务特色与优势的银行，表明金融服务市场需求方并非只期望标准降低。

纵观国际银行业发展历史，以让步、妥协为特征的竞争纵然能取得短期业务增长，但由于其增长质量堪忧，很快风险就会集中暴露，种种低水平竞争终究会被规范的多层次技术竞争所替代，仅维持低水平竞争的企业必将逐渐被淘汰出局。例如，21 世纪初韩国、中国台湾地区的大量信用卡公司，依靠放松审查、降低标准、增加赠品促销以盲目加大发卡量，甚至使很多无业者也申请到信用卡。很快，多家公司陷入坏账泥潭，淡出了市场。

（三）银行核心竞争力是风险经营能力

从国际经验看，企业核心竞争力应该表现出几重特征：一是这种能力必须有利于市场份额的稳固、客户忠诚度的提高、资本回报和股东价值不断提升；二是必须区别于同业对手，从而支持差别化服务能力的形成；三是这种能力必须在相当长的时间内无法被模仿、替代。创造和保持这种竞争力几乎是所有行业领先者的“金科玉律”。例如，沃尔玛、家乐福等批发行业企业具备快捷、可靠和低廉的物流体系，形成一种长期的成本和效率优势，IBM、惠普等 IT 设备供应商在商用服务器领域形成长期的技术领先，维持一支熟悉大型行业客户的技术专家队伍；再如四大会计师事务所在审计行业形成的专业素养和良好口碑。这些都是差别化竞争力的表现，其形式并非唯一。国内银行要从低水平竞争中摆脱出来，也必须尽早有意识地培养这种能力。

对于国内大型银行而言，企业核心竞争力既要符合上述“价值创造、差别化和不可替代”三个特征，又必须实现前述“优化客户选择、做好风险安排、丰富定价机制和提供服务延伸能力”四种功能。如此企业才能抓住竞争本质，形成自己独特的竞争优势。这就使风险管理能力在各种管理能力中凸显出来，成为竞争力的核心部分。除了在客户选择、定价、产品等方面的积极影响，风险管理能力对于竞争的意义还包括以下几个方面：

首先，风险安排能力是金融企业的立足点。风险的存在是信用机构、金融中介机构存在的主要原因。具有较高风险安排能力的银行同时具有良好的口碑和形象，自然获得更多的市场机会。

其次，当产品、价格、渠道和技术平台都易被模仿时，风险管理能力作为一种替代可能性较低的核心能力，是保持长期竞争力的关键部分。不可模仿性来源于几方面：一是风险管理方法与企业自身个性特征匹配，无法被另一家直接移植；二是风险管理能力依赖特有技术，难以全面借鉴；三是风险管理依赖专业人才队伍，包括其知识、经验积累，直接模仿和学习难以产生同样效果；四是这种能力的形成依赖长期的理念传导和执行力培养，一朝一夕无法复制。

最后，风险管理是维系银行长期存续发展的基础。对一般工商业企业而言，仅凭企业规模或盈利水平，即可判断企业生存状态、发展走势。而对于银行，在很大程度上，决定生存的是对所有风险的把握和预控能力。从此次国际金融危机可以看出，长期保持盈利的行业旗舰很可能瞬间倾覆，诸如危机中破产的雷曼兄弟。即使在经济上升和平稳期，一次操作风险事件、一段错误的交易策略，都可能终结一家百年老店的历史。从内外部要求看，风险管理都是维系银行长期存续发展的基础。

在依靠风险管理能力打造核心竞争力的过程中，传统意义上的“风险管理”逐步转变为了“风险经营”。风险经营工作兼具了多重内涵：第一，风险经营不是视风险为洪水猛兽，而是将其视为产生价值、产生回报的核心要素；第二，风险经营在收益覆盖风险的前提下，追求单位风险的最高回报；第三，在可承受风险底线内，合理、灵活地选择风险，通过调整结构促进组合风险回报水平的提高；第四，风险经营不是单一部门、单一交易层面的风险管理，而是涵盖企业各层级、各领域的；第五，风险经营不仅依靠风险管理的组织架构、人员职责等体制安排，而更要依靠对风险的准确定位、评估和合理的风险规避、分散、缓释等应对措施。从这几方面看，风险经营与传统风险控制观念的最大区别在于风险管理是在主动选择风险、全面合理安排风险的进程中完成的，不是被动等待风险、忙于风险的事后处理。

如果风险经营理念和方法贯穿于银行战略决策和执行过程中，国内大型银行将真正形成自己独有的核心竞争力，真正意义上的行业领先地位方可稳固，盈利增长前景才可期。

四、从战略上培养跨周期经营能力

2007年以来的次债危机将全球银行业推向了风口浪尖，银行亲周期性对全球经济的伤害直追1933年的大萧条。据不完全统计，自2008年以来，美国倒闭的银行已经达到198家，亲周期性让银行付出了惨痛的代价。目前针对银行亲周期性的反省和探讨已成热点问题，全球也正在着手建立宏观审慎监管体系来抑制银行的亲周期性。而从银行经营角度来看，如何最大限度地避免经济收缩期的破产，实现跨周期可持续发展，也就成为一个非常重要的课题。

（一）银行必须正确认识经济周期的客观性和复杂性

经济周期是市场经济的常态。在这种波动的过程中，有的银行度过经济的萧条期，重新赢得发展的机会，有的银行则折戟沉沙，成为经济周期过程中的牺牲品。从美国的历史数据来看，被联邦存款保险公司接管的银行数目会随着经济周期的变化而变化。一般来说，在经济扩张时期，接管的银行数目较少；而在经济收缩期，其数目就会较高。

如何才能避免在经济危机中破产呢？历史的经验和研究表明，对经济周期的管理能力在其中发挥了重要作用。例如，对于动物来说，虽然无法避免冬天因食物缺乏而饥饿致死的风险，但可以通过冬眠来将死亡风险降至最低。然而，并不是只要冬眠就可以免于死亡。过早或过晚进食储存脂肪或选错睡眠地方的动物，其死亡的风险甚至会高于不冬眠的动物。只有在合适的时机采取了合适的冬眠策略，动物才能更好地适应气候的变化，也才能更长久地生存下去。同样，对于银行也是如此。只有准确把握经济周期的运行阶段，及时做出合适的战略安排（退出相关市场或提高资本水平等），银行才能将经济周期中的破产风险最小化，实现跨周期的稳健经营。

虽然在前面我们将气候变化类比于经济周期，但季节变化具有定期重复的特点，如春夏秋冬的时间大致固定，而经济周期的最大特点就是重复的不定期性。有的学者提出经济周期大致分为短周期（3年左右）、中周期（10年左右）和长周期（60年左右），熊彼特将其关系归纳为一个长周期包含6个中周期，一个中周期又包括3个短周期，但这只是一种统计平均观点。在现实中，这三类周期的出现并没有必然的长短顺序。例如，20世纪90年代美国经济增长表现出一波中周期，但却没有明显的3个短周期。

这种不定期重复性反映了驱动经济周期因素的动态作用的复杂性。熊彼特曾认为存货变动驱动短周期，固定资产更新带动中周期，而科技进步则引导长周期。在现实的经济体系中，由于行业的差异性，存货变动、固定资产更新和科技进步影响的力度和时间并不相同，总体经济波动就体现为这些效应的相互累积、更替或抵消，扩张或收缩的持续时间自然就难以相同，每轮经济周期的长短也就难以表现出规律性。

因此，只有持续深入地研究经济周期，银行才能对影响各行业周期性波动的主导因素理解得更清楚、更全面，才能对宏观经济周期运行阶段的把握更准确，才能做出合适和及时的战略决策，通过调整行业、客户和产品等组合结构来保持风险与收益的整体平衡，实现最大的风险收益——避免破产。换句话来说，银行在跨周期经营中表现出来的竞争就是经济周期研究能力的竞争。

(二) 跨周期经营能力决定了银行的长期命运

自1854年以来，美国已经出现33个经济周期，平均大约5年一次。经济周期性波动已经成为经济活动的一个基本事实，跨周期经营也就应当成为银行的主旨，而这种能力的强弱也将直接决定银行的命运，因而也是银行最基本、最有效和最持久的核心竞争力。原因很简单，通不过经济周期考验的银行就意味着终止和失败。无论曾经如何辉煌和成功，破产意味着一切都归为零。在这方面，雷曼兄弟提供了最好的注释。通过观察不同银行经营的历史表现，可以对银行应具备的跨周期经营能力做出勾勒和描述。这些银行具备以下特征：

一是对经济周期具有较强的研究能力。在前面我们已经讲过，对经济周期的研究把握能力将直接决定银行战略的正确性，这对未来经营走向的影响是决定性的。毁于本轮次债危机之手的银行，与其对次贷市场基本走向把握失误有极大的关系；相反，对经济走势判断准确的金融机构，则免于损失或受损有限。例如，太平洋投资管理公司（PIMCO）就十分看重对宏观经济形势和市场基本走向的分析和预测，早在2005年其就预测和判断出次级债券市场的风险性而未购买相关债券，最终令其在次债危机中全身而退。再看一个例子，高盛在2007年早期判断出次债市场已经开始出现泡沫，进而马上开始调整组合结构，沽出持有的次级债券，在2008年次贷危机集中爆发之时持有的次债资产已较少，所形成的损失已不足以威胁到其生存。姑且不论商业道德，单看其对经济运行的预判和把握能力，还是很令人称道的。

二是具有较强的风险选择和安排能力。虽然对经济运行阶段的预判和把握至关重要，但这体现在战略层次，要将其分解为具体的战术安排，就需要非常高超的组合选择能力。再看看太平洋投资管理公司的例子，在其对宏观经济运行做出最基本的判断之后，将据此来完成具体的行业/产品判断和选择。其投资组合中，曾经有4000亿美元住房抵押债券，其中3500亿美元为机构债券，但未买次级债券，原因是其在2005年就做出预测与判断，认定这类债券资产资质不好，不符合公司的投资政策，评级公司的评级未能客观揭示风险。正是这种风险的选择和安排，使得太平洋投资管理公司在起始于2007年的次贷危机中得以幸免。

三是结构调整效率高。对于经济周期的研究能力以及相应的行业/产品选择能力非常重要，但结构调整能力同样关键。能够预测出市场的拐点，但如果不能及时调整组合结构，降低整体风险水平，那么最终也很难消除破产倒闭的威胁。虽然我国银行持有的次债资产占比较小，所造成的损失并无妨正常的经营，但我们应看到，国内银行在次贷危机中表现出来的结构调整效率十分令人担心。直至危机集中爆发时，国内银行才开始逐步减持次债产品，只能以较低的价格出售，不得不承受较高的损失。试想一下，如果国内银行的国际化程度较高，持有较大规模的次级债券，那么这种结构调整效率还能让我们全身而退吗？

四是资本充足率高。由于银行的负债经营特征，在市场急剧收缩出现巨额损失的情况下，只有资本能够挽救银行。充足的资本水平才是银行能够经历经济周期考验的最后保障。肇始于美国银行业的次债危机，其中一个诱因就是资产证券化造成的银行经营的高杠杆性。这里有一个大家熟悉的经典案例，雷曼兄弟的杠杆率一直维持在较高的位置，在2008年第二季度末杠杆率为24.3，而在2008年初的时候曾高达31.7。过低的资本充足率无异于拿命赌钱，使雷曼兄弟最终以寻求破产保护终结其“百年老店”的生命。

五是拨备覆盖率高。拨备反映了银行吸收损失的能力，这在经济紧缩时期就尤为重要。2008年底，西班牙BBVA银行的贷款不良率为2.1%，拨备覆盖率为91%（2007年底拨备率达到223%），在与其规模相仿的欧洲银行中，拨备覆盖率排名第一。正是由于西班牙BBVA银行的高拨备水平，才有效地缓冲了本次国际金融危机造成的损失，其稳健的表现与花旗等银行形成鲜明的对比。从银行业整体的表现来看，破产风险不能免除。无论采取什么样的措施，并不能将银行破产风险降到零。但是，对于单个银行来说，在经济收缩期免于破产却是可能和可行的，关键就在于形成跨周期经营的能力，这种能力决定了银行的命运。

（三）最大限度地防止银行破产是商业银行跨周期经营的首要目标

前面已经提到，商业银行在危机时期的破产概率要远远高于繁荣时期，最大限度地防止银行在经济下行时期破产应作为商业银行跨周期经营的首要目标。

破产有三种不同的含义：第一种是法律意义上的破产，即银行进入清算等破产程序；第二种是经济上破产，即银行依靠自己的能力已经不能持续经营，必须借助政府救助，或者被托管、兼并、收购；第三种是技术上的破产，即银行资不抵债，虽然还能运转，但损失已经超过资本。这三种类型的破产都是银行力求避免的。在经济危机中，这三种类型的破产都会增加。自 2007 年美国次贷危机爆发以来，全球范围内金融机构的巨额损失就不断涌现，技术破产的银行增加；进入 2008 年以后，美国银行业倒闭危机频现，在恐慌情绪呈弥漫态势之下，经济破产、法律破产的银行增加；2009 年美国破产倒闭的银行数目达到 140 家，2010 年的头两个月，美国破产的银行已经达到 20 家，创下了近 14 年来之最。因此，防止在经济下行期破产应该作为银行跨周期经营的首要目标。

亲周期经营的典型特征是在经济繁荣时期，采取资产扩张策略，随着银行资产的不断扩张，系统性风险会不断积聚，一旦积聚的系统性风险超过其风险承受能力，在这些风险不得不释放的时候，银行将会面临倒闭破产的命运。当经济处于萧条时期，银行将会通过收缩信贷投放以减少损失，由于信贷规模的锐减，会严重制约经济的恢复，银行的不良资产反而会进一步上升，从而严重影响银行的稳健经营，最终导致银行破产。

在经济繁荣时期，商业银行的亲周期经营会促使经济泡沫迅速形成，对经济过热起到了推波助澜的作用，进而造成供求关系出现严重失衡，影响宏观经济的平稳发展。当经济处于萧条时期，商业银行的亲周期经营会使其不得不采取信贷紧缩策略，这对于经济的恢复无疑是雪上加霜，从而加重了经济周期对社会的破坏性。如果金融机构都能够采取稳健的跨周期经营战略，将防止破产作为首要目标，将会大大降低经济周期对社会的破坏性。

银行危机具有传染性，一家银行的危机往往会传到另外一家银行，相互叠加，相互放大，而且这种叠加和放大在中国的商业银行体系中可能会表现得更为显著。首先，我国社会融资的82%（2009年）是通过银行信贷来达成的，银行基本成为社会机构和个人几乎唯一的融资渠道；其次，我国社会的资金结算体系全部由银行构成，日常的交易与经营活动完全离不开银行；最后，我国居民主要的金融资产——存款，也全部由银行吸收，而信用卡等金融产品也几乎完全由银行所垄断。由此可知，我国银行在经济体系中完全不可替代，一旦银行体系中的某个环节出现问题，就会演变成系统性问题，对整个经济体系造成毁灭性的打击。从这个意义上讲，防止破产对中国的商业银行具有特别重要的意义。

（四）跨周期经营的核心是时刻保持可持续发展思路，关键是减少在经济周期波动中的积累，要诀在于抓住周期波动中的机会

跨周期经营战略首先要解决的问题是如何防止破产，但仅仅防止破产是不够的，还应该在防止破产的基础上寻求可持续发展，这是商业银行跨周期经营的核心。

哲学上认为发展的本质是指事物的新旧交替过程，而发展经济学则认为发展应当是可持续的，通过优化与相关事物之间关系的要素与结构，提高自身适应环境的能力，同时，提高自身存在的价值。由此看来，我们讲银行的发展应该更接近于后者，是一种可持续的发展，这与通常认为银行发展就是拼规模、拼份额的观念有着本质的不同。

银行跨周期经营的核心就是时刻保持可持续发展思路，要求银行应利用经济周期的基本规律，未雨绸缪地采取措施来保持经营的稳定性，在防止破产中获得发展。在经济上行期盈利的同时就要看到下行期亏损的风险，不盲目追求规模和份额，坚决执行既定的风险偏好战略，严守风险管理边界，充分利用上行期的盈利预先提高资本和拨备水平，为在下行期可能面临的损失做足准备。当经济下行期到来时，也要看到其中蕴藏的机会，不过分惜贷，积极寻求新的业务增长点，抢占市场的先机。虽然在经济上行期会损失部分利润（提高资本充足率和拨备等），但换来的却是生存（由高资本充足率保障）和更多的发展机会（由高拨备水平保障），这正是可持续发展的精髓。

经济周期是一种常态，银行不可能独立于经济周期之外，经济发展中的问题肯定会在银行经营中有所反映。但跨周期经营能力强的银行，能凭借出色的经济形势预判能力、行业/产品选择能力和结构调整能力，回避“有毒”或“垃圾”资产，做到在经济上行时期少积累问题。这样在经济下行期，因为问

题较少，相对而言在经济恢复时期能尽快恢复。比如，对于次级贷款及其证券化产品，高盛、摩根大通等银行也有涉足，但相对而言少一些，这样在经济危机中，相对容易渡过难关。

经济周期波动是一次重新洗牌的过程，优胜劣汰是洗牌的规则。银行不但要在市场上行期看到机会，更要看到经济下行期中的大量机会。一般而言，受经济下行的影响，陷入经营困境的企业增多，重组兼并以及产业结构调整会频繁出现，而受冲击较小的优秀银行能够以较低的成本进行业务的重新布局和安排，从而能够在未来的经济复苏中获得更多的竞争优势。当然，作为优秀的银行家，不但要看到这些机会，还要依据对客观规律的准确判断，制定科学的经营战略，不盲目跟风，不盲目抄底，合理地选择利用这些机会，达成银行跨周期稳健发展的目标。

13 银行管理精细化的内涵与方向

2004 年以来，随着中国商业银行改革的不断深入，精细化管理被广泛应用于商业银行的经营管理中。如在内部控制、风险管理、成本控制、市场营销等环节中，通过在不同层面的沟通和协作，各家商业银行力图最大限度地实现精细化管理。2015 年以后，中国银行业风险暴露加快、息差不断收窄、盈利能力面临巨大挑战，精细化再次受到前所未有的重视。很多学者认为，精细化管理是中国金融企业做大做强乃至走向世界的必由之路，也是应对激烈竞争的必然选择，但到底怎样理解精细化、银行经营管理精细化的本质是什么、精细化战略重心该怎样把握等，仍然有待研究。

一、精细化的根本目的是拓展“资源”利用的深度与广度

现代管理学体系中并不存在对精细化的唯一标准解读。不同学者和管理者在分析精细化这一概念时，往往基于各自不同的学术背景和实践经历，提出形形色色的观点。要在众多概念中，厘清精细化理念的核心和实践主线，就必须研究精细化的根本目的。对于众多企业管理者而言，思考管理问题、推行管理举措的最终目的，是为了企业的存续发展，提高企业长期存续发展能力，这种能力就是核心竞争力。从局部和表象看，企业竞争力可能来自差别化的客户服务策略，可能来自丰富的产品线，可能来自广泛的分销渠道，也可能来自灵活的定价机制或集中高效的批量生产能力。从全局和本质看，竞争力水平的高低取决于一个企业超出其他企业、使其保持长久市场优势的方面，即一家企业能做到，其他不能或者很难做到的。这种能力是突破一般市场主体局限的能力，而这种局限不因时间和空间变化而消除，对企业存续发展至关紧要，符合这个条件的，只有企业的核心资源。那么竞争力在这里可以归纳为突破一般企业核心资源局限，区别于其他同业企业的能力。

在理解竞争力本源的基础上，对精细化的解读应遵循这样的逻辑：精细化

必须有利于培养核心竞争力，也就是培养企业突破核心资源局限、形成差别的能力。所有管理精细化的举措均应以充分挖掘核心资源为出发点，以“拓展资源应用的深度和广度”为主要形式。挖掘资源应用的深度，就是在同样资源条件下提升资源的产出效率。自1964年起，耐特菲姆公司开始在以色列国内推行滴灌技术，滴灌通过小量分散的管道孔将水滴入土壤，有效减少蒸发，控制水、肥、农药剂量。发明滴灌以后，以色列农业用水总量30年来一直稳定在13亿立方米/年，而农业产出却翻了五番。这是有限资源深度应用的一个显著例子。另一个广为人知的例子是海尔的“一流三网”物流模式：“一流”是以订单信息流为中心；“三网”分别是全球供应链资源网络、全球配送资源网络和计算机信息网络。以“三网”为支持，按单采购来生产必需的物资，也就是按订单来进行采购、制造等活动，从根本上消除了呆滞物资、库存，从而有效控制成本。海尔物流自整合以来，占用物资降低了73.8%，仓库面积减少50%，库存资金减少67%，这种等量产出的总成本降低意味着单位资源产出的提升，资源应用大为深化。拓展资源应用的广度，一方面是扩充资源的来源方，另一方面是扩大资源产出的多样化。在此方面，日本钢铁企业提供了范例。长期在业内领先的新日铁、神户钢铁，发明专门技术选用废铁炼钢，支持了节能环保的小钢厂建设，反映了对资源来源开发的重视；同时，新日铁等日本钢企重视钢铁产品特别是高端产品的研发，形成汽车用钢板、造船用厚度钢板、高强度防腐钢材的广阔产品线，在细分市场长期领先，反映了对资源产出的多样化拓展。

再以石油加工为例。石油是一种自然资源，是工业社会的“血液”，人类在很早以前就发现了这种黑色液体的特性和功能。有人研究后认为，中国最早发现石油的记录源于《易经》：“泽中有火”，“上火下泽”。泽，是指湖泊池沼。“泽中有火”，是石油蒸气在湖泊池沼水面上起火现象的描述。《易经》在西周时（公元前11世纪至公元前771年）已编成，距今3000多年。一直到北宋时期，人们对这种黑色液体的认识仅仅限于可燃的程度。中国宋代著名科学家沈括在《梦溪笔谈》中，把历史上沿用的石漆、石脂水、火油、猛火油等名称统一命名为石油，还第一次用石油制成石油炭黑（黑色颜料），并建议用石油炭黑取代过去用松木、桐木炭黑制墨，以节省林业资源。真正改变人类对石油认识的是1852年波兰人依格纳茨·卢卡西维茨发明了从石油中提取煤油的方法。1861年巴库建立了世界上第一座炼油厂，从此，利用钻井获取石油、利用蒸馏法炼制煤油揭开了石油精细化的序幕。科学技术的进步不断深化着人们对石油的认识深度和使用范围。人们开始认识到，石油中有多种多样的成分，有的成分密度大一些，有的小一些，利用这种密度的不同，可以得到轻油和重油，轻油包括了汽油等，重油包括了柴油等。这种仅仅靠沸点不同的加工方法得到的产品还是很初级的，人们很希望得到的汽油等轻油的产量是很低的，后来人们发现在1000度左右的高温下，石油中的成分经过裂解，可以提高轻油的获取比例，可以得到新的产品，这就是二次加工。经过二次加工，还可以进一步得到更加精细化的产品。目前人们从石油中可以得到汽油、喷气燃料、煤油、柴油、燃料油、润滑油、石油蜡、石油沥青、石油焦等900多种产品，应用范围比原来直接把石油燃烧大大扩展。从这个例子可以看到，这种扩展与对石油的深度加工利用是同步的。如果仅仅到此为止，石油还不能真正成为工业的血液，人们又在这些石油产品的基础上进行裂解，得到了以乙烯、丙烯、丁二烯、苯、甲苯、二甲苯为代表的基本化工原料，再用这些基本化工原料生产出多种有机化工原料（约200种）及合成材料（塑料、合成纤维、合成橡胶），比如可以制造医药、农药、合成染料、有机颜料、涂料、催化剂、食品添加剂、饲料添加剂、功能性高分子材料、生物化工制品等多种多样的产品。

石油加工链条清晰地表明了精细化的特征：第一，精细化的特征首先是深化、细化，人们从石油中可以得到上千种的产品，主要得益于对石油的深加工。仅仅把石油作为一种黑色液体燃烧的时候，这种使用是谈不上精细化的。第二，精细化的结果是资源利用范围的扩大，从燃料、纺织、农业扩展到洗发水、调味品等生活的方方面面，可以说整个世界已经离不开石油化工产品。第三，精细化的过程不仅是单向的细化，更是在细化的基础上相互组合的过程。比如日常生活中的食品袋、保鲜膜等制品，其基本原材料来自石油的乙烯，在乙烯的基础上生成聚乙烯，再加工成食品袋和保鲜膜。如果没有精细化，这种合成是不可能的。在细分精细化的同时，又有可能通过合成的方式形成新的产品，这种过程是相互促进、相互影响的。第四，石油的价值在这样的精细化加工过程中，不是总量不变的分解，而是一个乘数增值过程。因此，精细化既是资源利用的扩展和深化，又是资源的整合和创造。

二、商业银行运营最稀缺的是“风险资源”

银行是一种特殊的金融中介，它吸收存款人的资金，承诺一定的存款利息，同时发放贷款或进行投资，以求获得超过资金成本的回报。在这样的经营过程中，银行面临流动性风险、信用风险、市场风险、操作风险、战略风险、声誉风险等多种风险；尤其值得关注的是，与投资银行、基金公司等金融机构不同，银行的资产负债表上一直持有这些风险，采取了风险内部化的管理方式。银行在客户端以存款形式吸收资金，承诺到期无条件偿还本金、支付利息，然后将资金按约定的条件贷放给借款人，并以自有资本承担借款人的违约风险，在这一过程中，银行并不能因为借款人违约而拒绝偿付盈余单位的本金和利息，这样，银行就将资金融通的信用风险内部化为银行自身的风险。与此同时，银行必须保证存款人随时提取存款、获得流动性的需求，但不能在存款人提取资金时提前收回借款人未到期贷款；如果银行为了保证存款人提现的需要，低价变卖资产或高价借入资金，那么所产生的成本要由银行自身承担，这样，银行就将资金融通过程中的流动性风险内部化为银行自身的流动性风险。银行必须按照约定的利率向存款人支付利息，按约定的利率向贷款人收取利息，将资金融通过程中的市场风险内部化为银行自身的风险。商业银行采用风险内部化方式的必然结果是“软资产、硬负债”。

与此形成鲜明对照的是，基金在管理金融风险的过程中并没有将风险内部化。所有的风险损失，都由基金持有人直接承担，所有风险收益都由基金持有人分享，基金管理人只收取固定的管理费用，既不承担风险损失，也不直接享有风险收益。这样，基金的资产和负债是对称的，是“软资产”对“软负债”。

风险内部化是银行经营的本质之一。银行如何抵御这些风险呢？只能依靠银行获得的收入和资本，其中资本是最后的一道屏障，资本的多少决定了银行能够承担多大的风险，资本和风险成为一个硬币的两个方面。在资本一定的情况下，银行承担的风险总量也是一定的。研究如何拓展风险资源利用的深度和广度，既是业务经营问题，也是风险管理问题。以贷款为例，一般而言银行的贷款是非标准化的，银行所发放的每一笔贷款都是根据借款人的具体需要所设计的，无论是贷款的金额、期限、利率，还是其风险缓释安排、提款安排和偿还安排，都是与借款人的特点和未来现金流相对应的。从银行贷款机制看，贷款是有条件地让渡货币使用权，这种有条件让渡包含三层意思：一是银行只将货币的使用权转让，同时保留了货币的所有权；二是让渡是有时间限制的，不是永远不收回货币的使用权；三是让渡是有代价的，银行有经济利益的要求。这种让渡的过程就是要实现风险与收益的平衡，而要实现这种平衡，银行必须注意到这一过程中的风险特征：第一，借款人的还款能力是能否实现信贷过程中三个经济人不同利益要求的关键，既关系到银行对存款人的债务承受能力，也关系到银行经济利益的实现。第二，对于银行来说，在贷款之前有充足的理由和余地同贷款客户进行讨价还价，贷与不贷抉择权掌握在自己的手里，一旦贷款发放出去，银行就相对地失去了主动地位，借款人则处于主动地位。第三，存款硬约束，银行必须保证客户的随时兑现和转账支付；贷款软约束，银行很难做到全过程的监督，也很难实现提前收回贷款，银行必须针对不同借款人设计贷款。在贷款期限上，根据借款人的资金情况设计合理期限；在贷款用途上，根据借款人的实际需要设计固定资产贷款、流动资金贷款、个人住房抵押贷款；在贷款缓释手段上，根据借款人的资产特征要求抵押、质押、保证等方式；在贷款利率上，可以设计不同的利率浮动比例或浮动方式。所有这些差别化的设计，背后的核心都是借款人的风险特征和针对这些风险特征要求的交易安排。

商业银行虽然是经营风险的，市场上的风险机会好像空气一样取之不竭，但银行经营也不能随心所欲。从理论上说，银行能做成多大的规模，并不取决于市场上有没有可以经营的风险机会，而是取决于能承受多大的风险，即有多少可以用来承受风险的资本。换句话说，银行与普通工商企业的不同之处在于，资本不是用来作为日常的运营资金，而是用来覆盖经营风险；商业银行的核心资源并非财务资源和人力资源，而是“风险资源”——资本。究其原因也很简单：一方面，由于商业银行高杠杆运营特点，资本只能作为承担风险的“保证金”，因而资本就成为“唯一的风险资源”；另一方面，由于银行资本的“风险保证金”特点，其承担的风险远远大于普通工商企业的资本，因而资本回报要求更高，资本募集也相对困难，对于银行经营者来说，“资本是昂贵的、稀缺的”。随着资本监管渐趋严厉，外源性资本筹措的难度和成本增大，资本已经成为大型银行发展中面临的最突出的约束条件，精细化“风险资源预算”、科学化“风险资源考核”的要求也越来越迫切。

在银行领域，一个精细化管理的成功例证就是美国银行。美国银行与花旗银行2006年净利润分别为211亿美元和215亿美元，但两个银行的员工数分别为20.3万人和32.7万人。美国银行通过成功引入精益六西格玛管理，大幅度提高了投入产出效率，在净利润基本相同的情况下，员工数仅为花旗的62%。作为国际领先管理实践的核心，精细化已为国内银行管理者所熟知，先行者已开始具体推行管理精细化实践。事实上，推进精细化工作将有利于达成以下多方面战略目标：第一，通过精细化把握客户需求，改善客户服务，应对竞争环境变化。近年来，以同质化、价格战为主的低水平竞争现象在银行市场频频出现。未来一段时间，银行必须通过创造客户急需的、替代性较低的综合服务方案，培养自己的忠诚客户群体，形成细分市场的差别化竞争优势，取代低水平竞争模式。这个过程必须以管理精细化为基础。第二，通过精细化平衡风险和收益、质量和效率、收益和成本关系。中国银行业已渐由偏重规模的粗放增长模式，转向统筹价值创造与可持续发展目标的集约增长模式，这个过程中要处理好各种关系，必须通过精细化的环境分析、自我优势判断和具体企业行为的规范和引导。第三，通过精细化提升资本利用效率。资本是最为昂贵的资源。通过精细化，合理安排资产结构，提升服务定价能力，控制高风险领域，降低风险成本和资本成本，将促使单位资本回报提升，确保银行的盈利水平和持续扩张能力。

三、风险经营精细化基础建设任务繁重

银行精细化的核心是风险资源的深化应用，既要追求风险资源来源和产出的多样化——实现应用广度，又要追求风险资源运作效率最优化——实现应用深度；从根本上说是必须不断提升规划、设计、安排、调整这种资源的能力。

基于从业经验，以下几个方面十分重要：第一，必须精确测算自身所能控制的风险资源量，定位目标风险轮廓，明确风险战略和风险偏好。银行在超出自身能力的领域和数量级上承担风险，将招致银行业务失控，酿成影响企业生存根基的重大威胁。反之，银行过度保守而不愿意承担风险，实际应用的风险资源远低于自身能力的最优资源量，则风险回报总量水平相对较低，表现为难以达到股东和关联利益方要求。因此，精确测算风险，确立风险战略目标和管理偏好，是深化应用风险资源的第一步。第二，必须把有限的风险资源合理分

配到不同业务单元、机构、产品和渠道等细分领域，确保每个单位的风险资源投入获得最大产出。这种资源分配过程，可以理解为风险战略和偏好的一种分解和结构化处理，战略上优先发展、风险回报水平高、风险回报成长性好的领域，应该多分配风险资源，通过资源分配的结构调整，实现风险回报的总体最优化。第三，必须依靠精确的风险选择确定具体交易对手和交易载体，实现微观领域风险经营效果的最优化。在风险资源初步分配的基础上，必须解决与谁交易、交易什么的问题，通过客户群体、产品类型的选择，实现风险资源对应到具体交易对手和交易工具，从而实现风险资源的产出，逐步提升风险资源的挖掘水平。近年来，国内银行在风险选择方面的一大进步是培养了边界意识，制定了体现边界意识的风险政策，例如，将一定的客户信用等级作为业务准入门槛，这将风险成本高的大部分客户排除在经营范围之外。但是，边界仍然是个宽泛、不精确的标准，边界之内可能存在不好的客户和交易，边界之外存在更合理的选择，这就要求在边界管理基础上，更为精确地定位目标客户和交易，对风险资源利用更精确，对其挖掘也更充分。第四，必须将风险综合安排与风险选择相结合，主动创造风险综合回报最高的业务解决方案。在客户和交易选择的基础上，需要改变目前主要依赖标准化产品和固定交易安排的服务模式，要根据客户特点主动地定制交易，以实现单位风险资源的最优应用。以授信业务为例，过去仅仅重视对特定客户的选择和产品选择，在交易安排方面的考虑偏重担保内容，实际上客户还款方式、期限、还款资金控制、差别化和结构化价格等，都是可调整的因素，应结合客户的偏好、需求、承受能力和银行自身的风险回报目标、战略导向进行综合安排。

做好风险资源的精确测算、分配，科学地实施风险选择与风险因素的安排，是风险管理精细化乃至银行经营精细化的主线。以风险资源深化应用为目的，宏观方面的风险战略决策、中微观的风险政策管理和计量工具体系建设，是银行推进精细化战略的重点领域。

1. 重视建立宏观分析和决策机制，做好风险战略决策

风险战略是基于内外部环境，对风险资源分配、风险选择和风险安排的总体决策，是风险资源深化应用的行动纲领。以往国内银行确立的风险战略内容，主要以笼统、定性的描述为主，主要强调稳健、低风险的经营原则，定量方面一般强调不良贷款额、不良贷款率等既成风险指标水平。从资源视角出发，风险战略决策应该在以下七个方面做出更为清晰的表述：一是可接受风险

的种类；二是可承受的风险总量和各类型风险的总体结构；三是风险总量在各个条线、机构、资产组合中的排布；四是风险经营的原则；五是风险回报目标和预期风险指标；六是主要风险限额指标；七是对各种风险应对手段的框架性描述，包括风险规避、分散、转移、缓释、抵补等内容。客观、科学、明确、细化的风险战略，必须建立在对宏观环境的准确判断之上。这要求银行将风险战略决策与宏观分析紧密联系起来，具体而言，需要做好以下几个方面工作：第一，对宏观经济的监测分析不能仅限于直观信息，还要分析经济整体和局部变化对于银行的广泛内在影响，作为风险战略的依据；第二，对市场的监测分析不能只限于基本面，还要总结突出问题，针对具体领域，形成风险资源分配、风险选择和安排专项举措，纳入整体战略；第三，建立从基层的宏观分析岗到高管决策层的快速信息传递通道和从高层决策到基层执行的快速贯彻通道，构成灵活、多变的企业前中后台联动体系，显著缩短“分析—决策—应对”这一链条。

2. 兼顾全局和个性特色，做好风险政策的细分和执行

风险战略更为偏向解决风险资源的分配问题和确立风险管理行为的基本导向，精确的风险选择和风险安排都需要完善的政策体系来具体实现。从落实风险战略的角度看，各级机构、部门都需要统筹考虑自己控制的风险资源要素，立足自己的优势，在政策确立的行为体系下向统一方向努力，以达成风险战略目标。从风险资源深化应用角度出发，进一步完善银行现有政策体系，提升企业风险管理行为效率，需要从以下几个角度入手：

第一，强调政策制定的主动性，保持风险政策体系与风险战略的适应性。制定和重视风险政策的首要驱动因素，应该是银行风险战略行动意向，而非简单的外部压力。因此，要改变以往以落实监管导向为主的政策制定思路，在继续做好监管政策落实工作的同时，根据风险资源的运营要求，建立一套风险选择和风险安排的行为准则，引导所辖机构为达成风险战略目标而努力。

第二，注重全局性要求和差别化内容的统一，提高政策的可操作性。过去内部政策体系重在原则性表述和方向性引导，给了分支机构和部门一定的解释空间，这在表面上避免了政策僵化，提升了政策执行的灵活性，但实际上不仅使政策解读的随意性加大，而且给蓄意绕开政策、背离政策主旨的行为留下运作空间，使统一行为标准的初衷难以达成。在兼顾全局目标的基础上，为避免“一刀切”，需要在对地方、条线、项目个案情况进行具体分析的基础上，加

强政策对各业务领域、工作环节的指导，形成高度细分的差别化政策体系。在政策内容上，不仅需要明确行业、地区、产品、客户等细分维度组合的管理要求，还要明确各类交叉组合（如地区—行业—客户）的管理要求；不仅在传统的准入环节进行引导，还需要在定向营销、贷后管理、产品设计、风险缓释、绩效考核等各个环节进行综合安排。通过差别化政策，使局部风险资源的应用发挥最大功效，在风险资源应用的整体效果方面不断优化。

第三，完善政策执行体系，确保政策传导和执行，重视执行监督与反馈。继续重视文件、培训等传统政策传导手段，在此过程中做好政策理念、依据的解释，让执行单位理解政策出台的背景和初衷，发挥基层在执行中的主观能动性，形成一种政策管理文化。

此外，注意利用新手段传导政策，例如充分借助 IT 平台，将政策要求转变为一系列流程、标准和参数，以技术手段保证政策的刚性执行等。同时，借助现场和非现场的监控手段，把握政策执行结果，将其与动态的环境分析结合起来，进行政策的适时优化。

3. 加快风险计量细分体系的建设，实现风险管理工具的精细化

先进管理工具的运用是实现风险精细化管理的“利器”。商业银行应当充分依托信贷业务管理系统、客户信用评级系统、各类评分卡系统、押品管理系统等对信贷业务实施全方位的精细化管理，不断提升风险管理定量化水平，实现对风险的准确把控。

计量工具体系是确保风险资源科学分配、风险精确选择、风险合理安排的关键基础。因此，需要开发和投产一批计量分析和管理工具，使风险决策的依据可追溯、行为可分析、表现可预期，通过一定程度批量、集中、标准化的自动决策，降低成本和失误，更好地支持和配合专家决策，提升风险资源的运用效率。在风险计量工具领域，虽然国内银行起步较晚，但伴随实施《巴塞尔协议Ⅱ》工作的推进，以内部评级体系为代表的一批工具已引入管理流程，主要用途体现在对公和零售客户的信用评级，广泛支持了信贷业务科学决策。但从计量工具的细分程度、方法论到应用领域来看，各项工作仍大有潜力可挖：第一，针对计量工具分类仍然较粗、量化管理手段仍然较少的现状，要继续开发细分领域的计量工具。当前国内风险计量工具的建设工作是开创性的，受制于经验和数据积累，目前只是针对主要业务类别、客户进行模型建设和量化管理体系建设，工具分类相对较粗，对管理的个性化问题考虑不够。为此，

需要继续扩大计量工具对业务、产品的覆盖面，并将工具应用到各流程环节。第二，现有计量工具、方法本身尚有较大的改善空间，应适时对已有模型进行优化。首先，随着时间推移，现有工具在开发阶段所依据的历史情况与现实情况存在的差异可能逐步加大，进而影响计量工具的预测和区分能力，因此依据新数据、新情况对工具进行更新将是一个常态工作。其次，现有工具开发时历史数据的长度较短，收录信息有限，需要清洗的数据较多，随着数据长度、内容、质量改善，计量工具可在更好的数据基础上进行优化，从而提升工具的决策表现。最后，部分现有工具代表的量化管理方法还比较简单，存在向高等级方法优化的选择，在有条件的情况下应尽快推进。第三，充分挖掘风险计量工具的应用价值，实现计量工具投入产出效益的最大化。多数风险计量工具是针对单一用途开发的，但由于计量工具本身具备预测和区分能力，其应用功能可大为扩展。例如，公司类客户的违约概率（PD），主要用于确定客户的信用等级和风险限额，而在贷后管理工作中，PD变化趋势是预警和风险预处置的重要监测指标，PD计算同时为差别化定价政策、风险缓释政策的制定提供依据，为经济资本管理和绩效考核都提供了重要的分析标尺。因此，将已有计量工具的管理功能向前台营销、中台管控和后台监督与决策扩展，将是计量体系建设的一个重要组成部分。

4. 推进信贷管理制度体系和管理流程的精细化

制度的细化是风险管理精细化的前提和基础。制度包括四个层面，即政策、业务管理制度、业务规程、业务操作流程。在政策层面，国内银行应当将以风险管理为核心的政策体系涵盖至所有层面，将各个领域和各个条线的职责、权利和义务进行精细化的安排，将各类政策制度实行手册化，既要保证银行内部运营效率，又要为风险资源的利用提供高效的管理效率。在业务管理制度层面，应充分体现风险管理的对策和职能。在业务规程层面，在所有业务、产品和领域都要有风险管理环节，并且将风险管理的流程精细化。在业务操作层面，精细化的管理应对关键节点、关键岗位提出风险控制措施。

四、资产组合管理能力和水平决定银行对风险资源利用的深度与广度

银行经营风险不仅要关注单一客户或单一业务，更应该关注整体资产组

合，以获得风险资源利用的最佳效益。资产组合管理的核心是风险—收益的最佳匹配，就是以既定的风险偏好，挖掘那些与现在组合呈负相关或正相关很小的资产，充分利用分散化的可能，在规模和整体收益基本保持不变的情况下将组合的风险降到最低，或者在可承受风险能力基础上实现收益最大化。通过对各类风险的整体把控和资产组合主动安排，对整体资产组合实施积极主动的管理，实现资源最佳配置。可见，组合管理的核心是把握相关性，强调风险资源在银行资产组合间的结构安排，最佳的组合结构就是最佳的风险资源配置结构，风险资源的有效利用有助于实现银行资产组合目标。一是风险资源确保银行永续经营。通过实施资产组合分散化和多元化，不断降低资产风险集中度和相关性，风险资源能够确保银行在危机情境下也能持续经营，提高银行应对外部冲击的韧性和吸纳性。二是组合管理通过风险资源的动态使用，促进银行业绩稳步增长。良好的资产组合结构及具有经营弹性的资产负债表，赋予银行在风险可承受范围内超常规发展的实力。积极的资产组合管理，通过动态处理资本和风险资产、风险与收益的辩证关系，把握市场时机，立足当前谋划长远，积极进行资产结构调整，无论在正常市场状态下还是在经济下行周期的压力环境下，促进银行经营业绩稳步增长。三是组合管理理念下对风险资源的弹性管理，提高了银行运营效率。银行的竞争也是内部管理效率的竞争。在单笔业务、单个客户风险分析基础上的组合风险管理，综合考虑了资产/业务的风险相关性，并通过主动和富有前瞻性的压力测试，进一步提高了银行对自身风险状况的认知能力和认知水平，大大提升了资产质量和盈利能力可预测性，进而为管理决策水平的提升奠定良好基础。四是组合管理持续提升银行品牌和市场价值，充分挖掘了风险资源的效用价值。组合管理在实现经营业绩不断提升、市场地位持续巩固的同时，还可提高银行对目标客户群和市场的细分能力，支持银行将适当的产品（或产品组合）推送给适当的客户（或客户群体），提高客户黏性，提升银行品牌价值。

在单笔业务、单个客户管理基础上，组合层面则需要进一步关注以下问题：一是资本风险协调。在综合考虑银行经营战略的基础上，根据对外部市场走势的分析和预判，前瞻性地分析银行资本和风险承担情况，通过调节风险资源总量或积极采取主动的资本补充行为，在满足监管合规的同时，确保银行风险承担始终在可承受的范围内。衡量资本和风险层面的组合风险指标主要包括目标债项评级、资产充足率、经济资本占账面资本的比例和资本回报率的波动性等。组合管理特别强调在组合层面“熨平”收益在不同期间的波动性，相应地，风险资源的价值创造可以长期稳定。二是资产负债匹配，从组合层面解决“软资产”与“硬负债”问题。通过实施积极主动的资产负债匹配策略和风险对冲策略，确保在流动性良好的前提下银行的息差水平始终居于行业前列。资产负债层面的组合风险指标主要有利率敏感性缺口（GAP）、净利息收入（NII）、股权经济价值（EVE）、在险收益（EaR）、流动性比率以及累计外汇敞口头寸与资本净额之比等。三是负债结构稳定。逐步培育稳定均衡的负债结构，适度降低存款下协议存款占比，建立以项目保证金存款、定期存款和活期存款三足鼎立的存款结构。同时，研究通过发行债券等金融工具主动负债的时机和机制，在负债来源多元的同时降低负债成本。相关指标主要有息差水平（NIM）、活期存款沉淀率、核心负债比率等。四是通过风险资源动态管理，实现组合配置平衡。根据信用利差（Credit Spread）和信贷市场、金融市场交易成本的变化，动态调整银行信贷组合、投资组合和交易组合的分布结构，实现在既定风险承担下的收益最大化。结合当前和未来信贷风险的稳定性和长期回报特征，促进批发业务和零售业务、自营业务与代理业务、传统投资业务与另类投资业务组合等的合理分布。资产组合层面的组合风险指标包括信用风险/市场风险经济资本占比、各类业务余额结构和增速配比、信用风险和市场风险敞口结构等。五是行业分布合理。在深入分析各细分行业风险状况和发展趋势的基础上，通过实施跨行业的相关性研究和压力测试，确定并动态调整行业信贷限额，防范集中度风险。衡量行业组合风险的指标主要是单一行业集中度、顺经济周期/逆周期/周期中性行业风险敞口分布、行业关联度等。六是客户结构良好。在客户综合贡献度分析基础上，逐步构建橄榄形的客户结构，提高综合贡献度最高的中间层客户占比，构建稳定的价值贡献群体。评价客户结构方面的组合风险指标有信用等级结构、客户综合回报水平、资产不良率、风险迁徙率、风险敞口分布、信贷成本率等。七是风险缓释充分。在改进单笔拨备计提的基础上，优化资产组合拨备计提模式，进一步发挥拨备的风险缓释功能。加大抵（质）押等风险缓释手段对零售和中小企业贷款的风险缓释作用。风险缓释层面的主要组合风险指标包括资产损失准备充足率、信用贷款占比、贷款与抵押物价值比（LTV）、资产组合平均 LGD、市场风险敞口对冲程度等。

当前国内银行业资产组合管理面临以下四个方面的挑战：

一是资产组合管理如何解决风险资源配置过度集中问题。集中度风险是导致银行危机的重要原因之一。集中度风险是银行对源于同一或相关业务领域、客户、产品等而直接或间接形成过大风险敞口，有可能给银行带来巨额损失，甚至危及银行安全。同一或相关业务领域，包括市场环境、行业、地理区域或国家等；同一或相关客户，包括借款人、存款人、交易对手、担保人和融资产品的发行主体等；同一或相关产品，包括融资来源、业务、币种、期限和风险缓释工具等产品要素。需要引起格外警觉的是，风险资源如果过于集中在某一领域，集中度风险在形成和积聚过程中可能产生“收益错觉”。因为银行形成较大风险敞口的业务领域，往往是市场热点或具有相对竞争优势，初期常表现为收益持续增加，进而强化了扩大业务规模的冲动；而恰恰是收益的增加模糊了对集中度风险的判断和警醒，难以做到“适可而止”。雷曼兄弟破产原因之一就是房贷有关衍生品的过度集中。20 世纪 90 年代，房贷衍生品市场飞速发展，雷曼兄弟大力拓展这方面业务，成为住房抵押债券和商业地产债券的顶级承销人和账户管理人，获得“债券之王”的称号，来自上述业务领域的收入占其营业收入一半以上，但也由此埋下了固定收益债券等业务过度集中的隐患，激进的风险安排最终酿成大祸。

二是通过积极主动的组合管理实现风险资源在具有相关关系的各领域间有效配置。组合管理的核心是相关性问题。银行计算风险暴露应以股权管理关系或经济相关关系为依据，将多个具有相关管理的交易对手方的风险暴露共同作为同一债务人的风险暴露，作为配置风险资源的依据。例如，银行给几家看起来毫不相干而实际上都有赖于某一共同上游供货商的客户贷款，这些客户都应作为关联客户，归集为该供货商的风险敞口，“一损俱损，一荣俱荣”。实践表明，由“隐蔽”风险因素相互关联、产生连锁影响形成的风险往往更加严重，是对组合管理的挑战，也是对风险资源在不同领域间合理配置的挑战。而业务经营过程中对关联关系的识别和界定缺乏统一标准，难以对相关性做出判断。如果用更高的标准，对关联客户在整个银行集团范围内，特别是对信托、租赁、证券和保险等附属机构形成的融资关系和风险敞口进行统一管理，就更加缺乏数据基础和有效手段。

三是资产组合管理是对各风险类型的统筹管理，需要对风险资源在不同类别风险中的安排进行“跨界”评估。银行经营过程中面临的各类风险本身就已错综复杂，而跨不同风险类别的组合风险相互交织，对银行的负面影响更加难以预期，甚至造成致命打击，银行对此往往束手无策。以英国北岩银行为例，其资产质量很高，但80%以上是住房抵押贷款，信用风险高度集中；同时，批发市场拆入资金占比为25%，近一半期限不足1年，流动性风险问题也十分突出。国际金融危机爆发后，市场流动性趋紧，拆入资金难以为继，北岩银行最终被国有化。

四是资产组合管理往往需要利用复杂的金融衍生品，风险资源的有效使用必然涉及这些金融衍生品的“穿透”问题。金融衍生品具有信用放大效应，客观上也放大了资产组合整体风险，必须运用“穿透法”识别潜在风险来源，通过复杂的交易结构识别实际交易对手，并对同一交易对手的风险总敞口进行度量和约束。实际业务中，由于银行与交易对手之间存在严重的信息不对称，复杂的交易结构下银行很难层层“穿透”把握住基础资产、最终交易对手等风险的实质。

国内银行初步建立了组合管理框架。第一，定期对组合管理涉及的各类风险进行评估，建立了行业、国别等多维度限额体系建设。在行业限额方面，以风险调整后收益（RAROC）最大化为目标值，根据各行业历史平均RAROC、历史增长率、信贷政策以及集中度等约束条件，构建最优化配置模型，确定不同行业风险暴露上限，并定期监测预警。在国别限额方面，根据国别风险评级和资本占用情况，综合考虑国别风险管理政策和海外发展战略等因素，确定国别限额并定期监测。在特殊情况下，如发生重大国别风险事件，或因政治、经济等指标恶化或国别风险等级下降触发预警信号，则立即启动应急工作机制，确保国别风险敞口可控。第二，为解决组合管理中涉及的多风险类型问题，对市场风险予以充分关注，制订年度交易业务及市场风险政策限额方案，对各类金融市场业务的集中度提出明确管理要求。例如，各特定类别资产占债券组合的最大比例、单一发行体债券投资最大名义余额等，不同指标适用于不同的监测频率和管理机制。针对流动性风险管理，定期监测集团融资来源的多元化和稳定程度，关注表内外负债在融资工具、交易对手、币种等方面的集中度，并分析其对流动性风险的影响，特别是对于同业大型客户，严格执行大额资金预报制度，实时监控资金进出情况，避免资金来源大额变动对流动性造成不利影响。第三，加强组合管理政策精准引导，主动优化资产结构，引导风险资源合理配置。积极倡导组合管理理念，在风险—收益平衡、风险充分分散的基础上，提出重点行业、区域、产品管理政策，有保有压，进退得当。通过严格准入、调整结构、控制投放、产品创新等措施，有效防范集中度风险，资产结构持续优化。第四，持续优化经济资本计量体系，提高经济资本这一综合评估组合风险的量化工具对风险的敏感性。经济资本计量的主要参数是违约概率、违约损失率、违约风险暴露、相关性等，其中相关性参数考虑了信贷组合分散化程度以及客户所处行业间的交互影响，对“一个篮子里的鸡蛋”予以更高的相关性赋值，一定程度上量化了隐性相关关系对风险的影响。经济资本逐步在风险偏好、政策底线、绩效考核等方面发挥核心作用。

精细化管理的社会责任在组合管理方面表现得尤为突出。银行要通过精细化管理满足监管要求，履行社会责任。近年来，随着金融创新不断发展，金融机构间的关联性、风险传染速度及其影响力发生根本变化，系统性风险急速上升，有关集中度风险管理的监管要求日趋严格。2012 年，巴塞尔委员会《有效银行监管核心原则》第 19 条“集中度风险和大额风险暴露限额”强调，要降低银行在面临同一交易对手或关联交易对手突然违约时所造成的最大损失，同时避免全球系统重要性银行之间的风险传染，维护整体金融体系稳定。2013 年，巴塞尔委员会发布了《大额风险暴露的测度与控制监管框架》（征求意见稿），将超过银行合格资本 5% 以上的风险暴露定义为大额风险暴露，旨在识别交易对手、约束集中度风险、控制非预期损失，是对资本充足率监管的重要补充。银监会也陆续出台有关集中度风险监管要求，“腕骨”指标体系包含集中度风险监测指标；在推进《资本管理办法》实施过程中将集中度风险评估作为第二支柱资本充足性评估（ICAAP）的重要内容；《商业银行并表管理和监管指引》特别强调，应在集团并表的基础上加强集中度风险管理。

国内大型银行，尤其是系统重要性银行，应切实履行社会责任，尽快补足短板，一是要“有所为有所不为”，合理安排风险资源，使资产组合摆布合理，风险收益平衡；二是丰富组合限额管理体系，根据经营规模、业务复杂程度和风险特征，将限额体系应用扩大到风险缓释工具、特定资产（特别是衍生产品、结构性产品等）和表外项目等；三是顺应金融创新潮流，研究对集中度风险的主动管理策略，提前制定转让资产、组织银团、资产证券化等对策，分散风险；四是夯实数据基础，整合来自各业务系统、管理系统信息，形成汇总分析各类影响的风险因素清单，对显性和隐性的组合风险予以识别和评估，搭建组合风险管理的数据平台。

附　数据运用能力将成为大型商业银行的核心竞争力

银行发展战略成功的关键是培养自己的核心竞争力。什么是核心竞争力？有人说是IT，有人说是人才，有人说是客户，总而言之，各有各的理解。“核心竞争力”最关键的特点是“不可复制”“不可替代”。一般来说，产品是可以被复制的，客户是经常流动的，这些都难以成为银行的核心竞争力。而大数据能力则不同，由于其特有的性质，正在逐渐成为银行真正的核心竞争力。银行大数据能力是建立在银行自己特有数据基础上，不是数据多少的问题，而是你我的数据不同，在不同数据基础上构建的模型、研发的产品是不可复制的。阿里、腾讯、百度这三个中国互联网的领军企业，有合作有竞争，但是彼此之间都无法复制，一个重要原因就是其数据基础不同，分别在电商交易数据、社交数据、搜索数据方面占据了制高点，由此建立起来的竞争力是不可替代的。而且，在自身数据基础上培养出来的数据分析专家，是在特定数据环境下成长起来的，其他数据环境可能完全不一样，也就很难有相同的用武之地，这也是难以复制的核心竞争力。进一步观察，银行大数据能力表现在多个方面，但数据挖掘能力和大数据思维则是最关键也是最重要的。

一、数据挖掘能力成为商业银行核心竞争力的关键因素，事关银行转型成败

实现大数据价值有一个重要前提，就是能从纷繁芜杂的数据中去伪存真、找出规律，发现有价值的信息，这仅靠专家的经验和智慧是难以完成的，需要借助各种数据挖掘技术。观察大型企业在数据运营策略上的态度，我们不难发现，虽然不同公司有不同的数据运营策略，但有一点是共识，即高度重视数据挖掘能力建设，通过不断、持续、深入的数据挖掘来实现数据价值的最大化。

波特竞争理论表明，企业要在竞争中胜出，必须获取“差异化”的能力。例如，当行业内的许多企业都提供类似的产品，使用类似的技术，在相同的地点服务同一个客户群体时（国内大型银行的竞争基本上是这一格局），高效的业务流程就成了最后实现差异化的关键。许多先前的竞争基础都已不复存在

了，地理优势已不再重要，保护性的规定不断淡出，产品或服务中那些突破性创新看上去也越来越难以实现，而且复杂的产品也会被人迅速复制，这种情况下通过数据深入挖掘形成的“差异化”的市场战略成为银行竞争的关键要素。就商业银行而言，“好银行”的一个共同特点，就是选择一种或几种差异化能力，在此基础上构建其战略。也就是说，“好银行”能够对大量的内外部数据进行深入挖掘分析，以此来形成差异化决策。麦肯锡调查了不同行业中运用大数据的企业在过去10年中增长率的差异：在线零售行业中，大数据领先企业收入增长24%、税前利润增长22%，而其他竞争企业则分别下降1%和15%；信用卡公司中，大数据领先企业收入增长14%，税前利润增长9%，其他竞争企业分别增长9%、下降1%。数据挖掘和应用能力强的企业表现出明显竞争优势。

随着经济增速放缓、跨界竞争加剧、利率市场化推进、客户忠诚度降低，银行业盈利空间被逐步压缩，大型银行面临一系列严峻挑战。首先，客户财富在新的业态环境下呈现分散化趋势，尤其是随着移动技术发展，便利的网银和手机银行可以让客户迅速自如地实现资产转移。其次，优质企业融资的渠道增多，优质客户呈现“脱媒”趋势，致使存量信贷资产质量不断下降，逐步放开的利率市场化导致净利差收窄，银行利润增速放缓。最后，除同业竞争以外，银行也面临来自互联网企业、其他产业资本的跨界竞争，监管机构放宽银行的准入门槛，新兴的民营银行不断涌现。因此，传统银行必须转型，而银行转型成败的关键是寻找新的利润增长点。从发达市场银行发展经验看，通过深入挖掘分析客户真实需求、提供更有针对性的服务，就可以大幅提高盈利水平，这是体现数据挖掘价值最直接的地方。比如花旗银行亚太地区，近年来有25%的利润来自于数据挖掘；汇丰银行通过数据挖掘开展交叉销售，使客户贷款产品响应率提高了5倍；澳洲联邦银行运用大数据分析来提供个性化的交叉销售，成功将交叉销售率从9%提高到60%；VISA把发现信用卡欺诈的时间从1个月缩短到13分钟，极大地降低了信用卡欺诈带来的风险。

数据挖掘在客户挽留、客户细分等领域有非常好的应用效果，相比于传统的跑马圈地、扩张规模的做法，可以起到事半功倍的作用。实际上，在生意比较好做的时候，很多事情银行不愿意做，失去了很多商机。例如，我们有几亿的个人客户，这些客户在购买产品、出差时的消费记录都可以记录下来，例如，如果我们知道一个客户购买了机票或火车票去异地出差，就可以为他推荐目的地的酒店，就像艺龙、携程那样，不仅可以方便客户，还会带来可观的利润。利用大数据技术这是可以做到的。大数据会使银行能够真正介入客户日常生活，成为客户各项活动的“安排者”和伙伴，这会为银行的经营方式带来革命性的改变，就像 BRETT 在《银行 3.0》一书中所说的，银行变为一种行为，渗透到客户的每个日常活动。

再如风险管理问题，传统银行的风险计量更多的是依靠客户财务数据，这不仅滞后，往往还有很严重的数据质量问题，但大数据方法为识别客户风险提供了全新的思路。例如，使用客户交易行为数据、舆情数据甚至企业主的行为数据，可以更加及时、准确地发现企业的潜在风险，比起传统上通过下户调查、分析财务数据的方法更加有效。可以说，银行转型的各个方面都可以从大数据方法中获益，发达市场商业银行经验表明，在很多领域数据挖掘都会产生巨大的价值。

从更宏观的层次来观察，2008 年国际金融危机之后，各国银行都在探索转型路径，寻找未来银行的发展方向。经过多方观察和深入思考，我们发现大部分银行的转型都有一个共同的特点，就是转型的设计方案都是建立在大量数据分析的基础上，数据已成为当前银行最突出的各种矛盾、各种潜力、各种机遇的一个集合点。从数据入手，我们有可能找到大型银行未来转型的一个事半功倍、“给一个支点就能撬动地球”的着力点。通过数据挖掘，可以准确理解市场发展方向、客户需求、风险特征，能够使我们正确配置资源，实施有效创新。一些先进银行的经验已经表明，数据挖掘会创造很可观的效益，尤其是对数据分析基础还比较薄弱的银行，只要稍稍投入就会产生出巨大的效益。进入大数据时代，随着数据处理技术的进步和数据来源的迅速扩展，银行业的一切业务活动都被数字化，商业银行得以在更多领域和更深层次获得并使用更加全面、完整、系统的数据，这些数据涉及客户的方方面面，对这些数据的深入分析可以得到过去不可能获得的知识和无法企及的商机。深入的数据挖掘分析对银行客户营销、产品创新、绩效考核以及风险管理等必将发挥日益重要的作用，数据应用能力将成为银行核心竞争力的重要体现。因此，大数据不是一地一隅的事情，事关银行战略转型全局。

二、数据正成为大型商业银行的重要战略资产，未来银行必将是数据驱动型银行

长期以来，经济学将资本、人力、土地称为企业的生产要素；进入工业时代以后，技术成为独立的生产要素，离开技术的发展，企业已经很难正常经营。在信息时代，数据已成为新的关系到产业兴衰和企业存亡的关键生产要素，其作用就像农耕时代的土地，如果企业拥有完整、全面的数据，将在新的竞争环境中占据重要优势。随着企业管理走向“数据化驱动”，对数据资源的管理和使用将成为企业经营中的核心内容，那些拥有优质数据资源、深度挖掘分析能力的银行，可以借数据优势不断侵蚀同业甚至其他行业的领地。银行价值将与其拥有的数据规模、活性、运用数据的能力成正比，传统上的资金、人力、渠道等要素需要根据数据资源的情况进行重新优化配置。可以说，数据成为资产已是银行业发展的不可逆转的趋势。

举个例子，Facebook 公司上市时其账面资产只有百亿美元，主要是计算机、办公室等，但其估值达到千亿美元，投资者主要看重的就是它所拥有的海量用户数据，据估计，每个活跃用户的价值达到 60 美元。阿里在美国上市当天市值达到 2300 多亿美元，凭什么？数据平台是其重要财富，在估值中占了很大的比例。最近国际上很多机构都在探讨如何量化数据等无形资产的价值，例如美国联邦储备银行一位经济学家估计企业拥有的数据等无形资产的价值超过 8 万亿美元，相当于德国、法国和意大利的 GDP 之和。对于现代化的大型银行而言，资产中有相当重要部分是数据，是尚未被纳入核算系统的财产，这是大银行区别于小银行，也是现代银行区别于传统银行的关键之处，以往这些数据财富往往被忽略了。大型银行必须认识到数据的价值，把数据作为战略性资产加以保护和经营。

现在，客户的每一个行为、每一个决策、每一次交流及资金流转的每一个细节都成为数据，这些数据一旦得到深入分析使用，会深刻改变银行创造价值的模式。与其他资产还不一样，数据的价值在被发掘后还能够不断产生新的价值，其真实价值就像浮在水面上的冰山，我们发现的只是一角，绝大部分都隐藏在表面以下。未来占据先机的银行一定是数据驱动型银行，其特点是一切经营活动数据化、有良好的大数据分析平台、有一支高素质数据挖掘和分析团

队、制定开放性的数据共享制度、有战略性的数据资源储备。银行的经营方式将从过去的以产品为中心、以客户为中心过渡到以数据为中心，数据驱动成为商业银行发展的不可逆转的方向。

数据资产甚至决定了大型银行发展的战略方向，不同的数据资产会产生不同的战略选择和商业模式，并在一定程度上引领着产业的发展方向。将来，拥有独一无二的数据资产的银行，将会获得难以置信的发展速度，发育出令人叹为观止的商业模式。

三、大数据价值的实现，关键在于挖掘分析能力

数据就像矿石一样，价值不仅在于数量多少，更在于如何挖掘。数据资源利用得越深，则价值越大，大数据正成为银行获得新的认知、创造新的价值的源泉。当数据规模大到一定程度时，就会大幅提高我们认识事物的能力，以前我们认为不可能的事情就会成为可能，谷歌能够几近准确地预测流感、FARECAST 能够预测机票价格的波动，都是因为存在供其分析的数以千亿计的数据项，突破了以前数据的局限性。

海量数据是银行的一个金矿而且是富矿，大型银行基本上都建立了庞大的数据仓库，但目前数据挖掘的深度和广度还远远不够，还缺乏一批真正的数据挖掘分析专家，数据价值没有得到充分体现。几乎银行管理的每项工作都可以从数据挖掘中获益。对于经营部门，真正利用好数据挖掘，那么客户需求、产品创新就不再是难事，市场响应速度和竞争能力会大幅提升；风险管理部门的政策制定、监测分析、监控预警等问题也都能通过深入数据挖掘得到实质性解决，风险的精确打击能力也会有较大的提升。例如，通过分析客户信用卡消费习惯，可以为其推荐最有针对性的活动信息；分析一个建筑企业员工的账户行为，可以找到一些“工头”，进而针对其营销大量的代发工资业务；一个大型企业财务状况的变化，会直接影响上游供货企业的资信行为；等等。

我们通常意义上所说的大数据推动银行战略转型、提升运营管理能力、重塑银行企业文化等，其实都是通过数据挖掘之后的广泛、深度应用产生的实际功效。譬如，银行转型的关键在于创新，大数据技术正是商业银行深入挖掘既有数据、找准市场定位、明确资源配置方向、推动业务创新的重要工具。再譬如，借助数据挖掘和分析，银行能够准确地定位内部管理缺陷，制定有针对性

的改进措施，降低管理运营成本；也可能帮助银行确保财务透明度，提高计划和预算的准确性，协调日常运营和长期战略目标，预测市场变化对财务的影响，准确分析利润推动因素，进而降低成本并提高盈利能力。通过数据挖掘，还能帮助银行获得更广阔的业务发展空间、更精准的决策判断能力和更优秀的经营管理能力。

更深入地分析发现，大数据在三个方面深刻影响着银行的企业文化、战略和组织结构。第一，大数据将颠覆传统的价值链，使以前以设计产品、销售为中心的模式，向信息时代以客户为中心的模式转变。第二，数据驱动的产业链合作，使银行与其他行业进行密切协作、网络化运营成为可能。第三，大数据使企业的疆界变得模糊，员工和客户的界限逐渐消弭，使企业的组织结构发生倒置，企业文化和战略应随之调整。

这里我们尤其想强调依托数据挖掘技术促进风险经营的精细化和专业化。已有理论与实践都表明，大数据技术有助于降低信息不对称程度，增强风险控制能力。银行在原来贷款人提供的财务报表等信息之外，可以对其资产价格、账务流水、相关业务活动等更鲜活的数据进行动态和全程的监控分析，从而有效提升客户信息透明度。国外先进银行的经验表明，数据挖掘技术在提高银行风险智能方面具有广阔用途：（1）通过对行内外的海量的数据挖掘分析，打破客户信息孤岛，构建全方位立体的客户信息视图，有效降低银企信息不对称的风险。（2）提高风险计量的精准度，通过利用更加广泛的客户风险数据，提高风险计量模型精度，有效降低风险计量的误差概率，更精确量化客户违约的可能性。（3）提升风险的实时监控能力，对客户实施全方位的复合式动态风险评估和深度的相关关系分析，实现风险管理由历史数据分析向客户实时行为分析的转变，及时发现其潜在的风险及变化趋势。（4）为小微企业风险管理提供了新的思路，通过大数据平台，银行可实时监控社交网站、搜索引擎、物联网和电子商务等客户动态行为数据，建立小微企业信用数据库和信贷风险预警机制，为解决小微企业融资中财务数据缺失、抵押品不足等问题提供了解决思路，能够有效提高小微企业的信贷获得率。（5）创新风险管理模式，将风险管理前置，对与银行有业务往来的客户的日常交易、资金流、订单、周期性变化、成交速度和频率等数据进行跟踪分析，精准地把握客户经营和资金需求的走向，及时发现风险并预警。目前，花旗、富国、UBS 等先进银行已经能够基于大数据，整合客户的资产负债、交易支付、流动性状况、纳税和信用记录等，对客户行为进行360度评价，计算动态违约概率和损失率，提高贷款决策的可靠性。这方面我们与国际先进银行的差距还比较大，尤其是在对客户动态行为数据和外部数据的挖掘方面。例如，如果能够整合客户资金交易过程中的各种备注文本信息（包括资金用途等）、客户所在行业和所在区域的各类外部资讯信息，结合现有数据仓库数据，通过数据挖掘技术研究客户风险行为，识别有风险预警的客户群体，那么将会大大提高现有主要依据事后的财务信息的风险计量模型的有效性。

四、数据挖掘的核心价值是预测，数据挖掘能力建设的关键是行动

社会事物往往都具备有一定规律，是可以预测的，海量数据的挖掘能力使人类第一次看到预测的曙光。全球复杂网络权威巴拉巴西认为，人类行为93%是可以预测的；2010年《科学》上刊登的一篇文章也指出，虽然人们的行为模式有很大不同，但我们大多数人的行为是可以预测的。其实，人们或多或少都具备预测能力。譬如中国古代谚语说“八月十五云遮月，正月十五雪打灯”，说明大自然有许多规律性的东西，估计现在的科学也没有办法解释几乎半年跨度内气象间的相关关系，但是几千年的观察和积累，却发现了它。自然、社会、商业无不服从某些规律，过去囿于技术条件，人们无法记录下造成某件事情发生的先兆数据，无法去计算其中的相关关系，这些规律要么被神秘化，要么被庸俗化。其实，任何行为，皆有前兆，任何事情的发生，都会有蛛丝马迹的前兆表露出来。人们买卖股票之前会先去关注一只股票的行情走势，在购买某件商品之前会先去询问商品的价格，在聚会之前会事先联络沟通，透心凉的大雨之前会有闷热的天气，关于地震前的种种异象，更是被许多书籍、文章大肆渲染。如果能够全面记录各类数据并进行深入挖掘，人们就获得了未卜先知的能力，不仅可以预测自然、天气的变化，还能预测个体未来的行为，甚至预测某些社会事件的发生，使决策不再盲目，让社会更加高效运转。

互联网、移动互联、物联网技术的发展，使数据记录的粒度、频率和范围大幅扩展，基于数据的预测成为现实。利用互联网搜索中的“新订单”等与经济指标有关的单词，结合其他相关经济数据，IBM开发了“经济指标预

测系统”，仅用了6个小时，就计算出了分析师需要花费数日才能得出的预测值，而且预测精度几乎一样。在大数据时代，每个人的每项行为都将被如实记录，将这些记录数据完整地融合到一起，可以发现隐藏在大量细节背后的规律，理论上我们就能够根据个体之前的行为轨迹预测其未来行动的可能性。从这个角度看，数据对银行经营管理影响之深远，将远超以前所有的技术。

预测在银行经营管理领域有着迫切需求，也有基础，当然也有非常多的成功案例。20世纪90年代中期，大通银行采纳了丹·斯坦伯格的数据挖掘技术，借助其研发的系统来评估、处理大量的银行按揭贷款，精确预测按揭申请人未来的还款行为，由此极大降低了信贷风险并增加了盈利。如果大型商业银行能够预测个体资产的风险变化和价值，将形成不可撼动的市场竞争优势。银行客户在日常交易过程中，形成了大量的行为数据，例如刷卡交易行为、转账行为、理财行为、网站浏览行为、电话银行记录等，这些数据为我们预测客户行为提供了基础。阿里巴巴在第三方支付、支付宝、小额信贷等领域之所以取得成功，除了其良好的用户体验外，最重要的就是它们对客户行为数据进行挖掘，能够预测客户的喜好甚至下一步的行为。这是现在银行与互联网公司间最大的差距。

诸如花旗银行、汇丰银行、第一金融资本等公司，已经将数据挖掘当成其市场竞争的基础，长期以来高度关注数据，拥有来自高层主管的支持以及全员的数据应用，取得了良好的效果。详细剖析这些数据挖掘能力较强的银行，可以发现它们有几个共同特征：一是数据挖掘能够支持银行的战略性差异化能力；二是数据挖掘方法及数据管理遍及整个银行，是企业级行为（不是由各个业务部门开展数据挖掘，而是从整个银行的角度管理数据挖掘工作，将数据管理和数据挖掘作为整个银行的活动，数据也必须是企业共享的）；三是高层管理者倡导使用数据挖掘方法进行决策；四是银行重要战略决策都是基于数据挖掘的。但是，要在银行推动数据挖掘和大数据应用，没有一条快捷的坦途，有许多因素要落实，包括挖掘工具、挖掘方法、数据、业务流程、计算方法、激励措施、员工技能、企业文化以及管理层的支持，其中改变业务流程和员工的思维习惯是变革中最困难的。从成功企业的经验来看，数据挖掘能力建设是一个迭代过程，在持续进行一年至两年后，一般就可以有所成效，但关键是要下定决心开始行动，制定数据挖掘能力建设路线图，迅速着手开展工作。数据挖掘能力的关键因素包括组织、人力和挖掘技术，开始时要制定清晰的路径，确定聚焦于哪些数据、如何配置数据挖掘资源、努力实现的目标等，根据挖掘的结果调整优化业务流程，将数据挖掘得到的知识转化为实际行动。

以数据挖掘为基础的行动通常要求分析人员和决策者之间建立一种紧密的、相互信赖的关系。在银行内部，对三类人的数据挖掘技能和数据分析导向要分别考虑。一是管理队伍，特别是管理层，负责确定数据文化的基调，制定最重要的决策，并推动数据挖掘能力建设；二是专业的数据挖掘人员，他们收集分析数据、解释结果，并将结果报告给管理者；三是业务数据挖掘/分析人员，这类人数量很多，涉及面广，他们的主要任务是使用数据挖掘结果来提升工作业绩。数据挖掘能力建设中最重要的是管理层的认识，如果管理层不支持以数据为基础的决策过程，那么很难集中专业数据挖掘人员。管理层需要非常信任数据挖掘分析，在尊重数据的前提下进行决策，如果管理层对数据挖掘工作不是充满激情的，就不可能激发员工改变行为；管理层还应该对数据挖掘工具和方法有所了解，例如知道哪些工具适用于哪些具体的业务问题，以及工具存在的局限性；应该愿意按照数据挖掘结果采取行动，愿意支持建立一个专业的数据分析精英人员队伍。

在确定数据挖掘业务方向时，银行还面临一项选择：是全面发展还是侧重于某个重点。调研发现，汇丰银行、花旗银行、巴克莱银行、UBS 银行、渣打银行等都是基于整体视角，选择重点领域，以使用数据挖掘解决业务问题为目的，直接切入业务价值目标，在较短的时期内，选择数据挖掘能够迅速实现巨大价值的业务领域，获取业务部门支持并减少阻力。例如，汇丰银行将挖掘重点放在客户管理上，通过整理客户数据，对客户行为开展洞察，为产品定价提供支持；花旗银行更关注营销优化和交叉销售，从数据的角度为业务一线提供支持；巴克莱银行从资本管理视角对银行现有的资产组合进行分析，解决流动性和资本充足率问题；UBS 银行和渣打银行则将重点放在合规和内部审计方面。

五、数据资产价值的实现是有条件的，培养大数据思维理念至关重要

除数据规模外，数据资产的价值维度还包括适时、关联和活性。第一，

"适时"是区别于传统数据应用和大数据应用的重要之处。例如，当消费者在商家门口经过时，就能收到所需商品的促销信息，这种服务听起来非常美妙但如果推荐的不是消费者需要的商品，或者等消费者离开了很久才收到提示，就变成了令人烦恼的垃圾信息。第二，"关联"很重要，孤立的数据是没有价值的。大家在网络上浏览网页、购买商品、游戏休闲等，都是互不关联的，尤其是智能手机的普及，使人们的网络行为更趋向于碎片化。这些碎片化数据如果没有关联，是难以进行分析并加以利用的。用户在网络上的碎片化行为，经由社交网络，就能完整地勾勒出一幅生动的网络生活图景，真实地反映用户的偏好、性格、态度等特征，这其中孕育了大量的商业机会。第三，活性越高价值越大。更新的频率越高，数据的活性越大；更新的频率越低，数据的活性越小。一般而言，数据活性更高的数据集，蕴含更丰富的信息。所以，银行如果想在大数据领域有所作为的话，需要不断提高数据的及时性、活性和关联度。

从同业实践来看，提升数据的价值创造力要重点关注以下几个方面：一是创造透明度。仅通过让用户更易及时获得大数据就能创造大量价值。例如，让互相独立的部门更容易获得相关数据，可大大减少搜索和处理时间。二是进行实验，发现需求，展现差异，改善性能。随着机构创造和存储更多的交易数据，它们可以收集到更精确和详细的实时性能数据，借助随机控制技术可以设计流程，建立受控实验，利用实验结果数据来分析性能的差异性，理解差异产生的根本原因，可使领导者更好地管理机构性能。三是客户分群聚类，量体裁衣。机构借助大数据可以创造更细化的人群分类，以使产品和服务与不同的需求相吻合。这在市场营销和风险管理等领域可以有开创性作用，例如对消费者进行实时微观分类，制定相应的促销和广告策略。四是用自动算法代替或支持决策。复杂的分析能大大改善决策，使风险最小化，并发掘所有之前隐藏的有价值的见解。在某些情况下，虽然决策不一定是完全自动化的，但是利用大数据技术分析庞大的完整数据集，取代用电子数据表处理和理解小范围数据的做法，可以在很大限度上提高决策质量。五是创新商业模式、产品和服务。大数据使银行能创造新的产品和服务，增强已有的商品和服务，甚至创造全新的商业模式。例如，实时定位数据的诞生已经创造了全新的定位服务，公司可以根据人们开车的地点和方式等数据提供导航、资产定价和事故保险的各类服务。

在大数据时代，必须用大数据思维去发掘大数据的潜在价值。数据挖掘要能够真正产生业务价值，关键还需要商业敏感性，具备将业务与数据紧密结合起来的大数据思维能力。

大数据思维要求我们在日常经营活动中形成主动分析和使用数据的习惯。大数据首先是一种思维方式，必须融入企业的每一个毛细血管中。只有忠实记录客户的每一项行为数据，才能像巫师的水晶球一样，具备洞察未来的能力。台塑集团的创始人王永庆的故事可以说明大数据思维的重要性。王永庆被全球化工行业奉为经营之神，很多企业家都把他的管理经验当作最实用的教科书。16 岁的王永庆借款 200 旧台币，开始创业经营米店。由于居民一般都有自己常去的店铺，而那些店铺也想尽办法留住老客户，所以刚开始时，王永庆的新店冷冷清清。王永庆在挨家挨户拜访时，发现买米的大多是家庭主妇，于是提出送米上门的服务。他总是认真地帮客户清理米缸，把陈米清理出来，再把新米倒入米缸，这样保证客户不会一直积攒陈米。王永庆边劳动边和主妇聊天，留意米缸的大小、家里的人口、发工资日期等信息，回到店里就会细心地把这些数据记录到小本上，日复一日从不间断。根据这些数据，他测算出客户大约在什么时间需要新购大米，总是在客户购买之前，上门把新米倒入客户的米缸。从此，王永庆的销售额开始大幅增长，从开始一天不足 12 斗的销量，到后来可以每天卖出 100 多斗。10 年的卖米生涯，奠定了他一生事业的基础。由此可见，数据的积累、挖掘、分析、归纳和整理，是一个优秀的商业机构所必须具备的基本素养。

树立大数据管理理念，有助于我们更深刻地理解现代商业银行。从业务本质上看，商业银行是经营风险的企业，这一理念已被广泛接受。但风险的本质是不确定性，而不确定性主要源于信息不对称。现代银行在信息不对称方面已经发生了很大变化：一方面，随着信息网络化、计算机技术的发展和征信体系的日益健全，银行获取内外部信息的能力、掌握信息的广度和深度、处理信息的技术和方法等方面都有了质的提升，原有困扰银行的信息不对称问题得到明显缓解；另一方面，信息化带来的海量数据，为银行更为有效地甄别风险并从中发现市场机会提供了可能。因此，现代银行风险管理的理念和方法也有了新的变化，已经从被动地承担风险向积极主动地经营风险转变，其核心要义不是“控”与“堵”，而是通过对数据信息的定量采集与分析，寻找发展的机会，平衡风险与收益之间的关系，将积极的风险经营与严谨的内部控制相结合。按这种理念，数据信息的收集与分析对银行风险管理来说就显得至关重要，一是可以最大限度地减少信息不对称带来的风险；二是可以在分析基础上开展积极主动的风险识别、风险选择和风险安排，最终实现风险的价值创造；三是银行在选择风险时需要考虑整体的投入产出，后续是否有足够大的市场空间尤为重要，这些选择都是建立在全面的数据分析和科学判断基础之上的，没有数据，就无法量化风险，上面的选择也就无从谈起。

14 “好银行”需要好的资本管理

国际金融危机后，各国银行监管当局开始重新审视资本约束问题，大幅提高资本充足率和资本质量要求，强调宏观审慎和微观审慎并重，并对“系统重要性银行”提出更高的资本监管要求。随着资本监管渐趋严厉，外源性资本筹措的难度和成本增大，资本将成为大型银行发展中面临的最突出的约束条件，资本管理成为银行经营管理的重要课题。

一、银行资本是自身信用和市场信心的基础，资本实力和资本回报水平是竞争力的综合体现

资本作为抵御风险损失的最后屏障，是银行的信用基石，就如同房屋的根基一样，是维持市场信心的基本保证。一旦要动用资本吸收损失，损害了银行信用的根基，市场信心就会立刻动摇，如果不能及时补充资本、恢复信心，就可能面对流动性危机，甚至出现破产的结局。本轮危机中被国有化的北岩银行就上演了这样的一幕。

在国际金融危机后，资本成为银行信用和市场信心的“稳定器”，保证资本充足率水平成为银行的必然选择。如苏格兰皇家银行（RBS）被英国政府注资后[①]，对其核心银行业务进行了重构，经营战略上回归本土信贷业务，降低资产规模，并通过出售股票投资获得现金流和更好的资产充足率。同样，老牌的瑞银集团（UBS）到现在仍在压缩投行业务，并停止了债券和利率衍生产品业务，将主要业务集中在资产管理、财富管理等领域。

为了提升银行经营的安全边界，国际大型银行对其资产负债表进行了各种各样的分拆、重组，尽可能地缩小分母（加权风险资产），使分数的值（资本充足率）增大，通过对风险结构的调整，积极恢复资本充足率水平，重建市

① 英国政府于2008年接管了RBS近58%的股份。

场及投资者信心，满足监管的要求。目前，欧美各国银行的资本充足率水平已经基本恢复，一级资本充足率保持在10.5%以上，总资本充足率在12%以上。

随着资本约束的加强，银行资本实力和资本回报水平成为银行竞争力的综合体现。如瑞银集团（UBS）在危机后进一步关注加权风险资产管理，战略上执行高风险加权资产组合的退出或精简，通过减少风险加权资产及资产负债规模，继续保持业内领先优势。瑞银集团2013年第一季度业绩显示，其进一步减少了风险加权资产，全面采纳的《巴塞尔协议Ⅲ》普通股一级资本充足率上升至10.1%，提前6年实现超过为具有系统重要性的瑞士银行而设的资本充足率门槛①，领先于业界资本实力的集团竞争优势成为其亮眼业绩。

而部分在危机中表现优异并迅速恢复的银行，其中关键是得益于在管理中实现风险与资本的紧密结合。巴克莱银行是公认的业界中计量水平较高的银行，很早就开始采用经济利润作为绩效管理的目标（即在利润中扣减风险成本）。通过整合风险与绩效管理框架，使用先进的经济资本对风险调整关键绩效指标进行计量，并运用IT系统，为银行绩效管理提供了新的视角，推动了风险调整后回报的不断增长。北欧联合银行则关注风险调整后的每股收益，并在衡量每股收益的同时考虑获得收益的资产组合长期承担的风险。

随着国内金融市场、金融监管、金融政策等逐步与国际接轨，中国银行业监督管理委员会自2003年成立以来，就以资本充足率为银行监管的“抓手”，采取了一系列措施，严格资本充足率的监管，商业银行普遍感到了压力。例如，同样是5000亿元资产规模的银行，由于风险水平不同，好的银行（加权风险资产总额小）可能只要100亿元资本就能覆盖风险，差的银行（加权风险资产总额大）可能需要200亿元资本；而如果“好银行”拥有200亿元的资本，在保持风险水平不变的前提下，就可以推动万亿元资产规模；“差银行”如果想要推动更多的资产规模，只能增加资本。资本不足的银行会加快利用资本市场筹集一级资本或通过减少派息比率来保证留存利润，以补充资本。前几年各大商业银行在股改上市前通过国家注资、发行股票上市、发行次级债等方式快速补充资本。我国商业银行资本充足率达到8%的银行数最初只有8家，到2010年我国281家商业银行资本充足率水平全部超过8%。而近5年来，商业银行通过外源性融资方式补充资本高达1.33万亿元。

① 瑞士监管机构要求瑞士银行（UBS）作为系统重要性银行，于2019年底必须达到普通股一级资本充足率10%的最低规定。

但是，随着商业银行的规模扩张，资本充足率的增速远远赶不上资产规模的扩张。中国人民银行原副行长刘士余指出，近5年来，商业银行资产规模年平均增长率达20%，资本消耗年平均增长则高达25.8%。实施后，资本充足率的计算方法更趋严格，比如新增操作风险资本要求、对合格资本工具采用更严格定义、对信用风险权重进行调整、取消市场风险的计算门槛等因素，数据显示商业银行平均资本充足率有所下降。如果不通过外部融资进行资本补充，未来两年内五大行或将面临一定资本缺口。据刘士余测算，在中、农、工、建、交五大行保持现有水平和内源融资比例的前提下，2014年将首次出现资本缺口405亿元，2017年资本缺口累计将达到1.66万亿元；如果利润在现有水平上下降30%，则资本缺口在2014年达3836亿元，在2017年则累计达2082万亿元。

由于资本的昂贵以及其稀缺性，银行想随时、随地、随意地增加资本基本上是不可能实现的任务。据高盛、摩根等投资银行估计，我国国有大型商业银行的股东权益成本正在不断上升，未来新发行的合格其他一级或者二级资本工具由于必须含有减记或转股条款，成本也更加昂贵，资本成本会更高。

在资本的约束下，以往国内银行超越资本承受能力盲目扩张规模的模式难以持续。上述国际活跃银行种种风险资产重组、分拆是快速见效途径，但各家银行不约而同地将强化风险管理与内部评级体系建设列为应对监管新纪元的长效举措。瑞银集团（UBS）明确将加权风险资产的控制列入其战略目标。国内工、农、中、建、交五家大型商业银行也纷纷提出实施资本计量高级方法的申请，将资本管理与风险敏感性紧密结合。资本约束已经成为银行经营的缰绳，迫使银行通过采取实际行动提高风险管理水平，增强核心竞争力，提升盈利能力，更积极主动地对自身经营所面临的风险进行管理。

二、资本量化是资本精细化管理的趋势

随着资本约束的加强，资本的量化成为商业银行资本管理的重中之重，量化资本的基础——量化风险更是监管和银行致力于改进和持续加强的首要方面，准确计量风险并对风险进行资本化要求成为资本管理的趋势。

（一）风险量化是核心

资本能否有效覆盖风险，取决于实际风险计量的准确性。从监管的角度

看，清晰衡量和识别银行的各类风险是基础中的基础。《巴塞尔协议Ⅱ》从构建之初就是为了制定一个大家共同遵循的风险评价标准。随后在风险计量技术水平不断提高的过程中，根据信用风险、市场风险、操作风险、流动性风险等各类风险类别分别制定不同的标准，风险量化更有针对性。中国银监会颁布的《商业银行资本管理办法（试行）》采用17个附件对资本充足率监管的方方面面进行了规范，但附件当中有15个都对风险进行量化提出了明确的标准和要求。

对银行本身而言，银行经营风险，首先是了解风险。只有了解风险在哪里，了解风险是什么，了解风险有多大，才能进一步考虑风险怎么控制、如何防范、如何通过承担风险获得适当的回报。就信用风险而言，《巴塞尔协议Ⅱ》推行的内部评级体系为各国商业银行构建风险量化体系指明了方向。银行采用以内部评级法估算出的违约概率、违约损失率评判信用风险，并计算风险加权资产，从而将资本充足率与银行真正承担的信用风险紧密结合起来。同时，监管部门更是鼓励银行引入先进的内部评级体系。据巴塞尔委员会的估算，使用符合标准的内部评级体系，可以提高银行风险管理能力，总体上可使风险加权资产下降20%～30%。以前，我国商业银行提高资本充足率的基本思维惯性是在提高核心资本或附属资本方面做加法，现在，银行积极推进实施内部评级法，通过提高自己的风险管理水平在风险加权资产方面做减法，更具有主动性。

风险量化不仅是资本管理的核心内容，支撑资本管理的各个方面和环节，其水平更体现了商业银行的核心竞争力。由于不同的客户和业务的风险水平形式各异，对风险进行科学量化，实现统一的风险语言，能更好地控制风险，提高管理效率，实现经营风险的绩效目标。国内大型商业银行在风险量化管理技术方面积极开展探索和实践，部分商业银行将内部评级相关技术工具应用在经营管理中已经取得不错的效果。大型商业银行已经普遍建立了信用评级，作为对客户风险评判相对客观一致的标准，从最初支持商业银行针对不同业务制定发放信贷的最低标准，实现客户准入的管理与控制，提高审批效率，到现在广泛应用于信贷授权、产品定价、风险分类、经济资本管理、绩效考核等重要领域，为经营管理提供科学的决策依据。不仅如此，风险量化基础上的内部评级体系，已经逐渐成为银行目前业务管理和风险管理中不可分割的一部分。各类风险量化工具已经整合到整个风险管理的流程中，更成为风险政策、风险偏好、风险文化理念传导的技术支撑。

（二）降低资本消耗的关键是做好风险管理

我国商业银行经过股改上市的“凤凰涅槃”，量化风险的技术、手段、工具逐步与国际先进实践接轨，量化风险的能力得到实质改变。但随着经济金融环境的迅速发展和改变，影响银行经营安全的风险因素层出不穷，至今余威尚存的国际金融危机带来的教训是资本充足率不能保证银行不破产，强化全面风险管理、提升经营的稳健性成为重点要求。

如美国银行在危机后重要的风险管理策略转变就是将对存量客户的风险管理转为重点对新增客户的风险管理。风险管理人员从以前的主要关注存量贷款风险质量变化，转变为从客户选择、产品设计等前端进行前瞻性风险管理和把控。风险管理的底线、标准、偏好积极渗入客户选择、产品设计、客户管理（包括客户维护、客户需求拓展、交叉销售、拖欠管理）等方面，实现对经营风险的主动选择、动态管理。如针对新发展的零售客户，设定最低的FICO评分为620分，仅允许1%特殊的例外（如存款账户良好、客户关系重要等）；对存量业务每月监控拖欠水平，业务部门根据风险设置的拖欠底线，及时对拖欠进行管理，确保在拖欠限额以下。同时，重检风险管理的策略，根据美国银行全行统一的业务发展战略，追随战略发展目标，及时调整具体的风险管理战略、策略，并围绕明确的经营战略，将风险管理政策进行具体调整，如调高房贷客户抵押率（LTV设为80%）、设置各州的房贷业务风险限额（贷款额不超过15%）等。

从近几年欧美银行的经营情况来看，大部分银行能在风险加权资产零增长的情况下保持盈利，这与其自身强化经营和风险管理能力密不可分。

（三）资本与风险匹配是持续经营的关键

在资本约束不断加强的全球趋势下，资本与风险匹配成为银行经营的关键。据咨询公司埃森哲调查，包括美国银行、德意志银行、桑坦德银行等国际先进银行，纷纷出台强化风险管理、优化资产组合、降低资本消耗的管理措施。如在优化内部风险计量模型、积极实施内部评级法、强化资本定价和测量等方面采取措施，强化加权风险资产的管理。同时，也从改进风险管理、优化押品管理、强化流动性管理等方面提出要求。从危机中生存下来的银行正积极调整资产组合和管理方式，可以说是使尽浑身法宝，使所承担的风险与所拥有的资本匹配，旨在保证银行持续经营。

（四）提升资本的创利能力是未来发展方向

银行资本是用来覆盖风险的，这里所说的风险是指非预期损失。现代商业银行经营已经将预期损失计入成本，通过定价、拨备等手段留足了缓冲。由于非预期损失是超过预期损失的那部分潜在损失，它具有波动性，是一个变动的量，而且不知道它会不会发生，因此无法列入当期成本，只能以资本来覆盖。当非预期损失发生后，只能通过实际冲减资本的方式来弥补、吸收损失，这就决定了资本是抵御或吸收非预期损失的最后屏障。银行关心资本则出于资本覆盖风险的核心理念，需要依靠经营风险获得盈利，实现资本的提供者——股东的价值提升。全球银行经营的发展趋势，正在向以准确计量风险为基础、在资本与风险匹配的前提下提升资本回报水平的方向迈进。

欧美大型银行从增加资本、降低加权风险资产两个方面寻求提升资本创利能力的有效方式。如扩充新的资本筹集渠道，强化资本管理，减少利润和分红，以资本控制规模增长等，提升资本质量的同时强化资本约束。同时，出售部分资产，强化风险加权资产管理，收缩衍生业务去杠杆化，甚至转变业务经营模式，从银行“内在”管理核心出发，采取措施，强化风险管理，降低资本消耗。数据显示，经过种种变革和措施，欧美大型全球银行的税后平均ROE已经从2008年的1.2%提升到2012年末的9.2%。

对银行而言，资本覆盖风险意味着要守好资本这一应对风险的最后“法宝”，时时刻刻绷紧风险与资本匹配的琴弦，既要防范动用资本吸收非预期损失的“亡羊补牢”局面，也要避免陷入风险上升需要补充资本的“水多了加面”的困境，这样才能实现持续经营的目标。

三、资本监管理念的形成与发展

银行监管的天然使命是保护社会公众利益，防止银行破产引发系统性风险。因历史发展阶段不同，围绕这一使命，银行监管在不同历史时期的侧重点有所不同。在银行发展的早期，资本并不是银行监管的主要选择，但随着经济与金融的不断发展，特别是从20世纪末以来，资本已逐渐成为了银行监管的重要核心。

将资本重新放回到银行监管的大历史中进行考察，剖析银行监管与银行实践相互制约、相互促进的互动过程，回顾监管发展历程，有助于我们从更高的层面掌握资本监管的来龙去脉，有助于我们深刻理解资本作为银行监管核心的精神实质。

（一）早期银行监管实践侧重于流动性和分业监管

早在自由经济放任时期，以存款准备金制度为代表的现代意义上的银行监管雏形就出现了。作为世界中央银行鼻祖的英格兰银行最早建立了存款准备金制度，以防止银行将吸收的资金全部用于放款而导致流动性不足，维护公众对银行的信心。随着国家信用货币体系的发展，银行可以自由发行纸币，由于缺乏统一的发行体系，市场混乱无序，银行货币创造功能的负效应开始放大。过度发行信用货币导致了频繁的银行危机，比如1837年和1907年的美国银行业危机，造成了世界经济的持续衰退。

在这种情况下，加强银行监管势在必行。在社会各界的强烈要求下，美国于1863年通过了世界第一部银行监管法（《国民通货法》），成立了货币监理署（OCC），负责银行的注册、监督和检查。1913年，美国通过《联邦储备法》，建立了行使中央银行职能的美国联邦储备体系，统一了货币发行，行使“最后贷款人”职能，为银行提供流动性支持并迫使银行遵从监管。这一时期的银行监管侧重于货币监管和维护银行体系的流动性，但对银行具体的经营业务关注较少，此时银行的经营范围很广，可以从事一系列非银行业务，仍处于“自由银行”时代。

到了20世纪20年代，在机器大工业迅猛发展的推动下，美国经济空前繁荣，证券市场交易活跃、回报丰厚，经历了10年牛市上涨。当时针对证券业、银行业的监管立法尚未出现，缺乏统一的监管机构①，银行能够自由开展证券业务，参与证券包销和买卖业务，在经济和市场高速发展的过程中获得了巨额利润，甚至不惜动用贷款去支持证券投机，道德风险突出。1929年经济危机爆发，证券市场崩溃，银行出现巨额损失，缺乏资金应付客户的提存而出现大面积的倒闭，1929～1933年，美国破产的银行达10500家，占全国银行总数的49%，由此导致金融体系全面瘫痪，引发了实体经济的深度衰退，银行监管改革如箭在弦。

大萧条直接催生了1933年的《格拉斯—斯蒂格尔法案》。该法案的核心

① 为应对1907年的银行危机，美国于1913年组建了美联储，行使中央银行职能，对银行业实行统一调控和监管，但对于商业银行和投资银行并未区别对待，商业银行通过控股公司从事证券业务等并没有严格的限制和约束。FDIC等存款保险机构也是在1933年大萧条之后才建立起来的。

内容是对商业银行和投资银行业务分开监管，任何以吸收存款为主要资金来源的商业银行，除了可以进行投资代理、经营指定的政府债券，使用自有资金有限制地买卖股票、债券外，不能同时开展证券投资等长期性投资业务。同时，从事证券投资的投资银行也不能经营吸收存款等商业银行业务。“分业经营、分业监管”奠定了现代金融制度的基础，是在货币监管基础上的深化发展，也是针对混业经营危害性的纠正措施，此时资本还没有引起监管部门的重视。

（二）Basel Ⅰ开创了银行资本监管实践

1933年以后，全球银行业在“分业经营、分业监管”的框架下运行较为平稳，基本没有出现较大的风险事件，国际社会一度认为分业监管从大的方面已经较好地解决了金融安全性问题，能够维持金融体系的稳定运行。但是，随着第二次世界大战后全球经济的恢复和发展，贸易金融领域的新变化和新问题也不断出现，分业监管也面临新的问题和挑战。布雷顿森林协议确立了以美元为核心的国际货币体系①，促进了各国贸易的恢复和增长，也带动了银行跨国业务的发展。资金跨国流动产生了结算风险，汇率风险也成为一类新的风险形式，跨国银行的经营风险加大，国际金融体系的不稳定性在增加。银行业务与风险出现的这些变化，既是对实体经济需求变化的反映，也是银行进行业务创新、规避分业监管的结果。

20世纪70年代西德赫斯塔特银行和美国富兰克林国民银行的破产，令分业监管制度出现了动摇。结算风险也称为“赫斯塔特”风险，就是因赫斯塔特银行在汇兑交易中未能按时结算陷入破产而得名的。美国富兰克林国民银行曾是金融创新的佼佼者，银行信用卡、汽车银行、储蓄债券（大额存单的前身）等都出于其手，但由于在外汇市场上的巨额损失导致资本不足，引发市场挤兑而于1974年破产。两家国际大型银行的倒闭只是表象，银行破产带来的客户损失、对其他同业的系统性损害和引发实体经济的剧烈波动才是问题的

---

① 布雷顿森林体系规定：由美元来充当国际货币，美元和黄金挂钩，各国政府可以按1盎司黄金相当于35美元的价格向美国兑换黄金，其他国家的货币通过一个固定的比价与美元挂钩，各国政府有义务维持固定的汇率水平，波动范围应该控制在1%以内，否则必须对外汇市场进行干预。布雷顿森林体系对整个世界的金融格局产生了深刻的影响，促成了20世纪50年代和60年代世界经济的繁荣。然而由于朝鲜战争、越南战争导致财政赤字扩大，美国黄金储备不断减少，再加上两次石油危机引发的通货膨胀，美元汇率遭受了巨大的冲击。同时，随着欧洲的复兴和日本的崛起，美国由贸易顺差逐渐转为逆差，造成美国资金大量外流，无法继续维持美元汇率的稳定，尼克松政府于1971年8月15日宣布美元与黄金脱钩，布雷顿森林体系崩溃。

所在。简单的分业监管解决不了银行破产带来的系统性风险问题。

国际社会开始反思“分业经营、分业监管”的有效性。由于银行业务全球化发展但缺乏国际监管，没有机构或组织能够了解这些金融业务与工具的创新，因此，银行高杠杆扩张带来了经营的剧烈波动，严重危及各国存款人的利益，因此，各国监管机构迫切需要一个机制来沟通交流信息，以消除银行跨国经营信息的不对称性和监管的不一致性。欧美十个国家倡导定期就银行监管问题进行沟通，巴塞尔委员会因此产生，它是20世纪70年代国际社会为应对银行国际化发展所做出的监管反应。

一方面，巴塞尔委员会开始制定有关国际监管合作的原则，如1975年制定的《对银行外国机构的监管报告》（即《库克协议》），以进一步加强国际银行的监管协调；另一方面，巴塞尔委员会开始将资本充足率指标引入银行风险评估体系（1978年发布《综合资产负债原则》），约束银行杠杆以防止过度承担风险。此时资本成为衡量银行风险的一个指标，但重要性还未得到充分认识。

在监管实践中，由于各国的监管标准和方法存在较大差异，资本充足率结果既不利于各国进行监管比较，也不利于银行的公平竞争。20世纪80年代初发生的国际债务危机给国际银行业带来巨大损失，加上日本银行业低资本水平对欧美银行造成的不公平竞争①，促使巴塞尔委员会研究讨论更具可行性和操作性的国际通用监管标准。结合监管实践和银行危机的经验教训，巴塞尔委员会经过多轮协商和修订，历经十余年于1988年发布了一套完整的、国际通用的、以加权方式衡量表内与表外风险的资本充足率标准，即《统一资本计量和资本标准的国际协议》（Basel Ⅰ）。

Basel Ⅰ的主导思想是，银行在准确计量风险水平的基础上，通过持有充足的资本来覆盖风险损失，以降低破产带来的系统性影响，银行应按统一规则来计算资本与风险，资本充足水平应高于普遍认可的最低标准。Basel Ⅰ第一次明确提出了资本监管理念，在银行监管史上具有划时代的革命性意义。

一是确定了多层级合格资本的认定标准，不是所有资本都具备损失吸收能力，不同种类资本的损失吸收能力也有差异。根据吸收损失能力的高低，将资

① 20世纪80年代中期，日本银行业在国际银行市场中的份额急剧扩大。资料显示，到1985年，美国商业银行占总体国际银行业务的市场份额下降到23%，而日本的银行上升到26%。此外，1986年和1987年世界排名前十位的银行中，日本的大银行机构占有7家，而法国有2家，美国有1家。

本划分为一级资本、二级资本和三级资本，其中一级资本的充足率水平不低于4%，总资本充足率水平不低于8%。

二是不同资产的风险权重有高低，基于资产的风险特征，按照资产类别分别确定风险权重。Basel Ⅰ将表内外信贷资产分为5档，分别适用0%、10%、20%、50%和100%的风险权重，将风险加权资产乘以8%，就得到银行应持有的最低总资本要求，Basel Ⅰ由此将资本与银行风险水平建立了对应关系。

三是把资本要求变成了银行经营的国际规则和标准，十国集团监管机构在统一的框架下来开展银行监管，银行也需要根据监管规则计量风险加权资产并保持充足的资本，否则将在国际竞争中受到制约和惩罚。

Basel Ⅰ对全球银行业监管产生了深远的影响，引起了国际社会的广泛关注。1992年十国集团国家进入Basel Ⅰ实施阶段后，主要发达国家纷纷参照最低资本要求，调整了其国内金融服务业的市场准入条件。来自非十国集团国家并试图进入发达国家金融服务业市场的大银行都必须满足Basel Ⅰ的资本充足率水平，这些银行的监管部门被迫参照Basel Ⅰ修改国内金融监管规则，资本开始为全球越来越多的国家所重视。

（三）Basel Ⅱ是以资本为纽带的风险计量改进方案

20世纪90年代以后，随着市场竞争和波动的加剧，银行不断发展新的风险计量技术，用于评估客户风险和收益：JP摩根提出的风险价值（VaR）概念和计量方法体系，能够对持有的资产、债券等各类资产的风险损失进行统一衡量；美国的信孚银行和英国的劳埃德银行，引入风险调整后资本收益率（RAROC）指标来精确评估业务的风险价值创造能力。同时，IT技术的进步使银行具备了大规模数据收集、存储和分析的能力，使精确识别影响风险权重变化的风险因子（如违约概率、违约损失率和风险暴露）并进行量化估计成为可能，信用风险内部评级法开始被国际大型银行广泛使用。内部评级法等技术能够综合考虑客户、产品、敞口和期限来确定单笔债权的风险权重，据此计量的资本更加准确，对风险也更敏感。这样，对于同样名义的资产，风险管理能力强的银行，风险加权资产就会较低，反之则高，这有利于激励银行提升风险管理水平。

与此同时，金融全球化的发展和国际竞争的加剧也导致国际活跃银行的风险结构发生了变化，与衍生品交易相关的市场风险逐渐成为影响银行体系安全的一个重要风险因素，Basel Ⅰ框架未能适应这种变化。1995年巴林银行倒闭、1994 年至 1995 年的墨西哥比索危机和 1997 年至 1998 年的东南亚金融危机等一系列危机，对全球经济形成了广泛冲击，这促使巴塞尔委员会对 1988 年的资本协议框架开始进行修订，将市场风险、操作风险等 Basel Ⅰ未覆盖的风险纳入资本监管框架。同时，将信用风险内部评级法、市场风险内部模型法和操作风险高级计量法等最新的银行风险计量技术成果引入风险加权资产计算体系，以通过资本优惠来激励银行采用更精确的风险计量方法，改进风险管理水平。由此，Basel Ⅱ第一支柱三大风险计量体系基本成形。

不仅如此，风险覆盖是否全面，是否充分考虑极端情况，内部开发的模型是否科学，设计的参数是否合理，也需要相应的监督评估机制来保障。监管机构必须确保银行使用的内部风险参数能够准确捕捉银行风险特征，这样计算的资本才能充分有效地抵御潜在的风险损失。监管的基本思路是，要求银行建立一套内部资本充足评估程序（ICAAP），通过全面评估面临的主要风险，对资本覆盖风险的充足性①进行判断并根据结果制订融资计划或调整资产结构，从而将银行风险控制在资本可承受的范围内，监管机构对此则进行定期审查，这就构成了 Basel Ⅱ第二支柱的主要内容。

即使如此，仍然存在监管机构和银行之间相互博弈与“串谋”的可能性，银行的风险还有可能被低估，必须让社会公众清楚地了解和评估。因此，巴塞尔委员会提出了一个新的要求，即银行必须披露相关信息，包括风险参数计算方法、资本计算规则等，通过信息的透明化产生市场约束力，淘汰高风险银行，从而维护金融体系的稳定性，这就是 Basel Ⅱ第三支柱的基本要求。

Basel Ⅱ吸取了银行业更为精细的风险计量技术成果，形成了一套完整的风险计量体系，建立了资本与风险的动态平衡机制。对于管理基础好、风险计量水平高的银行，经监管允许，可以基于自己的数据，采用内部评级法等高级方法计算风险参数，可以根据自己的风险参数来计算监管资本，从而将资本水平与风险状况进行更为精确的匹配，有助于提升资本效率和对风险覆盖的有效性。Basel Ⅱ强化了资本的纽带作用，实现了维护金融体系稳定的外部监管目标与银行内部风险管理改进目标的激励相容，进一步凸显出资本的重要性。因为具有这些显著的特点，Basel Ⅱ的实施范围已不仅仅局限于欧美十国集团银行，而是扩展到巴塞尔委员会全部成员国的国际活跃性银行，逐步成为国际银

① 既包括第一支柱未充分覆盖的风险，如集中度风险、银行账户利率风险、流动性风险、战略风险等，也包括未来因业务发展和压力情景下可能出现的资本缺口。

行业经营和监管的通行规则。

（四）Basel Ⅲ是以资本为核心的制度改革框架

1933 年的《格拉斯—斯蒂格尔法案》使美国商业银行利润下滑，非银行机构纷纷侵入商业银行的业务领域。商业银行也通过创新的方式开始向投资银行渗透，并且强烈呼吁废除分业监管法案。1991 年布什政府推出了监管改革绿皮书（Green Book）；1998 年花旗银行和旅行者集团合并标志着分业监管法案已经名存实亡；1999 年克林顿政府提请国会审议通过《金融服务现代化法案》（*Financial Services Modernization Act*），结束了长达66 年之久的美国“分业经营、分业监管”的历史。

混业经营促进了美国金融业的迅速发展，金融资产在 GDP 中的比重很快从4% 上升到20%，最多时达到了40%，金融业一度成为美国经济发展的重要支撑。银行业、金融业赢得了空前的发展，金融创新不断，银行并购扩张随处可见，大量脱离实体经济的金融衍生产品不断涌现，经济“虚拟化”、产业“空心化”、金融“泡沫化”的趋势逐渐抬头。美国银行业通过金融模型将次贷业务进行结构化处理，发行证券出售给证券市场投资者。这些业务在给银行带来高额利润的同时，也制造出巨大的金融泡沫。当房地产市场上涨无以为继而转头向下之时，次级贷款大量违约，引发了银行的连锁倒闭，市场流动性迅速枯竭，2008 年银行危机全面爆发并扩散到实体经济，其危害性直追 1933 年的大萧条。

危机爆发之初，欧洲曾认为自己银行的体系健全、制度完备，而且已经实施了 Basel Ⅱ，能够经受考验，但最后结果却令人“大跌眼镜”，欧洲银行反而陷入债务危机的泥潭而不能自拔。究竟是什么原因导致 Basel Ⅱ没有经受住危机的考验，国际社会对此进行了深刻的反思和检讨。

一是 Basel Ⅱ是以单个银行监管为核心的监管框架，对于银行之间或整个银行业的系统性风险缺乏约束力。通过证券化等高相关性的交易，银行经营“一荣俱荣、一损俱损”的共振效应得到强化，Basel Ⅱ对此类系统性风险的约束不足。

二是资本工具形态各异，风险损失吸收能力低下。可赎回次级债、累积性优先股、短期次级债等由银行创造的资本工具形式各异且数量丰富，表面上看起来很好，但在实际损失发生时却不能真正核销冲减损失，反而会遭遇投资者要求偿还或赎回的情况，迫使银行损失进一步扩大。

三是银行业流动性管理弱化，缺乏统一标准，经营脆弱性凸显。银行业过度依赖证券市场融资，“短借长贷”期限错配现象突出，市场流动性的变化极易影响银行的清偿力。

四是 Basel Ⅱ第一支柱的风险覆盖范围不全面。一是没有考虑交易对手信用风险诱发的市场风险，交易对手违约或信用降级也可能会给交易账户带来巨大损失；二是没有充分考虑极端情况下的市场风险，危机期间，按 Basel Ⅱ规则测算的市场风险 VaR 值远低于实际损失，导致资本不能有效覆盖实际损失。

五是 Basel Ⅱ对银行业的亲周期效应缺乏约束。银行业作为市场个体，其趋利避害的特性容易导致经济繁荣期过度放贷，催生经济泡沫，而在经济下行期因出现损失而收缩信贷，造成经济衰退的进一步加重。

六是 Basel Ⅱ的实施并未得到有效推进，监管效果难以体现。Basel Ⅱ从制定到实施前后达 8 年之久，2006 年底正式在国际活跃银行实施时，金融危机已现端倪。作为危机“震源”的美国，实施态度消极，仍执行的是 Basel Ⅰ的监管框架，这在客观上进一步削弱了 Basel Ⅱ的实际效果。

国际金融危机对全球经济和社会稳定带来的严重冲击，让全球的政府首脑们深刻认识到，做实资本监管的基础、加强系统性风险管理是维持金融体系稳健运行的长久之计。2009 年，G20 匹兹堡峰会上明确提出全球监管改革的相关议题。此后，国际金融稳定理事会与巴塞尔委员会密切合作，详细分析了国际金融危机所暴露出来的金融制度性缺陷，提出了宏观审慎和微观审慎相结合的全球统一资本监管制度，即通常所说的 Basel Ⅲ。2010 年 12 月，G20 首尔峰会正式审定通过 Basel Ⅲ，要求成员国制定实施时间表，全面落实有关监管框架要求。

就框架而言，Basel Ⅲ由一套监管文件构成，不再仅仅是一个资本充足率的概念。2010 年公布的文件修订强化了资本充足率最低要求，后续出台的监管文件涉及银行公司治理、交易对手信用风险、金融基础设施（FMI）和恢复处置安排等机制、体制改革，力图巩固和夯实资本监管的基础。Basel Ⅲ不是一份简单的由专家主导的技术标准，而是建立在全球共识基础上的革命性制度改进。

就实施范围来讲，Basel Ⅰ当时仅限于十国集团的银行，可以说是发达国家的监管规则和标准；Basel Ⅱ将范围扩展到全部国际活跃银行，但基本上仍是以发达国家的银行为主，各国自觉实施，约束力不强；Basel Ⅲ则将范围扩展到全球主要经济体，既包括欧美等发达国家，也包括中印等发展中国家，且由 G20 峰会直接推动并由各成员国承诺实施，成为全球各国和银行的共同行动标准，约束力远远超过 Basel Ⅰ和 Basel Ⅱ。至此，资本已经演变成为全球银行监管的核心，既是银行经营的准则框架，也是监管部门加强监管的参照标准。

（五）Basel Ⅲ 是建立在全球共识基础上的金融政治协议

与 Basel Ⅰ和 Basel Ⅱ不同，Basel Ⅲ是全球各界，尤其是政经首脑对国际金融危机全面反思的快速反应。席卷全球的国际金融危机，对全球经济和社会的稳定带来严重的冲击，这让全球的政府首脑们不安。人们认为，市场失灵必须通过严格的监管制度来弥补，而制度的完善必须依靠政府的强力推进。从 2009 年提出监管改革到 2010 年发布 Basel Ⅲ，前后不到两年时间，不难发现，这与 G20 峰会的高度关注与强力推动密不可分，Basel Ⅲ是建立在全球共识基础上的金融政治协议。

Basel Ⅲ给出的监管规则，既涉及银行产品和内部管理方面，也涉及外部市场环境和消费者保护等领域，将会对未来银行业的发展产生深刻影响。Basel Ⅲ也对各国监管机构形成约束。巴塞尔委员会将对各国 Basel Ⅲ实施一致性进行评估并在全球公布评估报告，其结果将会影响国际社会对一国银行监管能力和银行体系风险水平的总体判断。此外，国际货币基金组织（IMF）和世界银行联合开展的金融部门评估规划（FSAP），就以 Basel Ⅲ中的相关要求作为评估一国金融体系稳健性的部分依据。

需要说明的是，Basel Ⅲ不是国际法，并不具备法律强制约束力，允许各成员国因地制宜地实施，这与加入世贸组织（WTO）不同。WTO 成员国必须要遵守相关贸易协定，否则将会面临贸易或经济制裁。Basel Ⅲ只是巴塞尔委员会成员国的共识，是对未来银行监管改革的指导性原则，并不具有法律效力，实施与否、能否按期达标并不会对各成员国产生实质性的限制约束。事实上，Basel Ⅲ允许甚至鼓励各国根据自身法律、会计和金融制度的特点，制定具体、细致且适用于本国银行业的实施规则，只要能与 Basel Ⅲ所倡导的监管准则相一致，都是允许的，不存在所谓的银行监管主权问题。

虽然 Basel Ⅲ不具备法律约束力，但却是银行参与国际竞争必须遵守的共同准则。Basel Ⅲ是国际领先银行风险管理最佳做法的总结，达标则意味着银行风险管理水平较高，经营的规范性和透明度较有保障，实施 Basel Ⅲ已成为银行参与国际竞争的入门证。近期中国银行业在海外的发展布局中，当地监管机构都对 Basel Ⅱ/III 的实施达标情况提出了要求，这充分反映了未来国际竞争的基本要求。

（六）中国实施 Basel Ⅲ并非也不能简单照搬

第一，我国积极参与了 Basel Ⅲ监管框架的设计和修订工作，并承诺积极实施。国际金融危机后，我国参加了国际金融准则的新一轮修订，广泛参与了 Basel Ⅲ资本监管框架的设计修订工作，组织中国银行业参加了巴塞尔委员会的定量测算，在 Basel Ⅲ的监管规则中反映了中国市场的实际情况。在 2011 年 G20 戛纳峰会上，我国领导人承诺将积极实施 Basel Ⅲ，加快推进金融监管改革，促进银行业的稳健发展。

第二，我国吸收利用了 Basel Ⅲ中合理的规则要求并率先应用于监管实践。早在 2007 年，中国银监会就发布了实施 Basel Ⅱ的指导意见，2008 年至 2010 年陆续发布了 14 个 Basel Ⅱ监管指引，对银行应具备的公司治理、政策流程、计量模型和数据 IT 条件进行了全面规定，积极推动大型银行通过实施 Basel Ⅱ提升风险管理水平。在 Basel Ⅲ正式发布之前，中国银监会就已经设计了针对大型银行的“腕骨”指标体系，涵盖了 Basel Ⅲ全部指标要求，并于 2010 年率先在全球用于监管实践。从实践结果来看，我国大型银行基本都能够满足相关的指标要求，实施 Basel Ⅲ并非无本之木。

第三，对于 Basel Ⅲ的国内实施规则，我国结合实际情况进行了调整改进，并非简单套用。在《商业银行资本管理办法（试行）》（以下简称《资本办法》）制定的过程中，监管机构组织了多轮定量测算和研究分析，各项指标标准都有定量依据。《资本办法》也充分吸收了国内银行业和社会公众的意见，比如，操作风险基本指标法比例原定为 18%，最后征求各方意见后下调为 15%，达标过渡期由原先的两年放宽至 6 年等；《资本办法》也有对中国国情的深入思考，比如，下调小微企业、住房抵押贷款风险权重，引导银行发展民生相关业务，服务实体经济等。此外，拨备率指标要求，过渡期允许银行将超过贷款拨备 100% 的部分计入二级资本以及资本工具创新指导和资本充足率达标过渡期安排等措施，都是我国考虑国情做出的调整改进。

第四，我国大型银行积极实施 Basel Ⅱ/Ⅲ，基本打造了完整的实施基础。早在 Basel Ⅰ出台时期，我国大型银行就已经开始关注国际监管规则变化情况；2000 年前后，国内大型银行开始着手推进数据集中、模型研制等基础性工作；2007 年以来，国内大型银行全面启动了 Basel Ⅱ的实施工作，建立健全了政策制度、计量模型、流程管理、数据管控和 IT 系统，将经济资本、风险调整后资本回报率（RAROC）等风险计量工具应用于经营管理，实施 Basel Ⅱ的框架体系已经基本成形，管理基础和风险计量能力得到了较好的提升。2009 年至 2012 年银监会对工商银行、农业银行、中国银行、建设银行、交通银行、招商银行 6 家银行进行了三轮验收评估，对中国银行业实施 Basel Ⅱ的情况进行了摸底，Basel Ⅲ的实施达标具备实际基础。

第五，《资本办法》是经国务院批准实施的法律规范，具有强制性。Basel Ⅲ是国际社会达成的共识，但《资本办法》是经国务院正式审批的法律规章制度，于 2013 年 1 月 1 日正式实施，全部商业银行机构必须遵守执行。如果在规定时间内未能达到资本充足率等各项要求，将面临严厉的监管惩罚，比如限制业务发展、停止设立机构、接管或重组机构等，Basel Ⅲ的相关要求已成为我国银行业的现实约束。

从我国目前的情况来看，如果简单达到 Basel Ⅲ的资本充足率要求，难度不大。囊括 Basel Ⅲ要求的“腕骨”指标体系，大型银行基本都能满足。但是，资本充足率达标不代表银行是安全的、不出问题的，事实上，雷曼兄弟在倒闭时资本充足率还在 8% 以上。因此，实施 Basel Ⅲ不只是资本充足率的简单达标，关键在于风险计量和管理能力。Basel Ⅲ中资本计量的实质是风险的计量管理，这方面正是我国银行业与国际领先银行的差距所在，从而在长期上产生实施压力。

第一，资本经营理念还未深入人心，对资本、风险和收益平衡发展重视不够。以信贷业务为例，显然的趋势是净息差（NIM）还要进一步收窄，过去那种“以量补价”的老办法行不通了。银行必须要有资本消耗的概念，既要考虑一项业务可能带来的风险和收益，同时也要考虑资本消耗的因素，真正将资本管理和业务经营、风险安排有机结合起来，做到资本集约化运用，例如，选好客户，增强债项风险缓释措施；多做些个人住房按揭等资本消耗较低的业务；加快退出低效、无效资本占用的客户和业务，在同样资产规模和收益目标下，尽可能少占用资本。

第二，资本配置对业务发展、战略目标实现引导力度不够。近年来，国内各大银行都在积极推进战略转型，大力拓展零售信贷业务、小企业信贷业务。但是，基于目前的市场环境、不同银行的管理现状，传统公司信贷业务和零售信贷业务、小企业信贷业务保持什么样的比例比较合理？这个问题多年来并没有形成共识。国内大型银行在进行研究决策的过程中，主要还是靠专家的经验判断，而国际先进银行则能够借助经济资本计量工具来进行量化决策，精确引导业务发展并达成战略目标。比如，贷款新增资源按照 RAROC 指标从高到低的顺序配置到每个大中型企业、小企业、零售客户（客户群）。高 RAROC 的客户优先获得信贷资源，实现新增贷款资源 RAROC 的最大化；同时，确保每笔新增贷款的 RAROC 都高于经济资本回报要求（如 11%）。

第三，风险计量工具和方法仍需要完善丰富，对精细化管理支持不够。以零售信用风险评分卡为例，国外领先银行的评分卡数量往往有数百个（如美国银行达到 696 个），而即使在国内大型银行，评分卡的数量也只有几十个。评分卡数量少，反映了评分模型分类较粗，对区域、客户类型、风险缓释水平等方面的差别化因素考虑得不够。如个人住房贷款评分卡，虽然国内大型银行已经基本建立了个人住房贷款申请评分卡和行为评分卡，但每个评分卡往往只有 1～2 个模型，没有根据一手房、二手房，一套房、多套房以及房屋类型等贷款组合进行细分，也未考虑地区经济环境等对各地域客户群体进行细分建模。

第四，经营中的资本无效占用较多，集约化经营的发展空间很大。现在国内很多银行仍然主要盯着“财务利润”，但在实际业务经营中，存在不少表面上看“有利可图”但事实上不产生经济利润甚至经济利润为负的业务。比方说，国内很多银行的分支机构喜欢做保函业务，觉得一分钱的资金都不占用，出几张纸盖个章就能赚到钱，而且是“真金白银”的中间业务收入。实际上，按照监管规定的风险转换系数，保函业务风险敞口占用大量的资本。因此，即便不考虑垫款损失风险，仅仅计算保函所占用资本的成本，那么有很多保函业务实际上都是不赚钱的。①

第五，风险计量工具的应用仍有待深化。目前国内大型银行，通过实施 Basel Ⅱ，基本建成了满足监管要求的内部评级体系，但现在的问题已经不是简单满足监管资本计算，而是怎么能够把这些风险计量工具应用于经营并提升

---

① 按照目前监管规定的风险转换系数（保函为 100%）和最低资本充足率底线（最低 8%，对于大型银行要求在 11% 以上）进行简单测算，1 亿元的保函要占用 800 万～1100 万元的监管资本。如果资本回报率按 10%（国外先进银行以及国内大型银行的资本回报要求通常都超过 10%）粗略测算，那么相应资本成本是 80 万～110 万元左右，而国内银行很多分支机构的保函收费远低于这个水平（特别是非融资性保函，基本上是象征性地收取一些费用）。

管理能力。比如，内部评级工具，很多银行还仅满足于确定一个评级符号，但实际上评级工具、评级模型对于客户选择，对于风险评估和预警，都可以进行广泛的应用；再比如绩效考核，多数银行仍然以基数法、增长率、完成率、占比等为主，而反映风险、收益和资本关系的指标和工具还没有广泛使用。只有加大风险计量工具的应用，才能真实考核经营绩效，真正使银行经营管理由艺术走向科学、从粗放走向精细。

第六，对于集团层面的风险评估管理仍显薄弱。近年来，我国银行业加快了综合化经营布局，持有银行、证券、保险、信托、基金、租赁等金融行业全牌照的银行集团陆续增加，集团机构不断扩张，但与之相伴的集团风险管理则相对滞后。目前国内大型银行的风险管理多停留在单笔资产、单项业务的层面，用于识别评估集团层面客户、产品和机构风险的工具和方法相对较少，在集团内部机构之间的风险传染识别与隔离管理上也欠缺经验。如何实现有效的集团风险识别评估和风险预警，确保综合化、国际化的战略稳步推进；如何建立集团内部的风险隔离机制，制订适当的恢复计划来提升集团稳健经营的能力，都将是未来国内大型银行在实施 Basel Ⅲ过程中绕不开的问题和挑战。

因此，稳步推进 Basel Ⅲ在国内的实施，并以《资本办法》的实施为基础，进一步完善银行全面风险管理体系，积极强化风险计量的基础建设，大力推进计量成果在经营管理中的广泛应用，这对于不断完善银行监管手段、持续提高银行风险管理水平、积极促进银行发展转型具有重要的理论与实践意义。

15 怎样降低“坏银行”的系统性风险[①]

本源意义上的“坏银行”不是大家目前熟悉的“坏账银行”，即经营银行坏账的资产管理公司，而是指有问题银行。一家银行一旦变成有问题银行，破产概率就会陡然增加。由于银行具有很突出的外部性特点，破产的外部负效应明显大于普通工商企业，尤其是大型银行破产会带来金融系统的连锁反应，进而波及经济社会各个领域，引发系统性风险甚至经济危机。经济学上的逻辑推理与经济发展史上的大量案例，都可以佐证上述判断。

从实践上来看，当银行面临技术层面或经济意义上的破产风险时，政府（主要是财政部门、中央银行）往往会不惜成本采取注资、再贷款、信用担保、购买资产等救助手段，不会动辄实施破产清算。同时，政府救助预期形成的银行“大而不能倒”的道德风险，以及纳税人为商业银行过度风险行为负责也广受诟病。为有效平衡银行破产的风险和成本，应着眼于提升银行体系整体竞争力和金融市场运行效率，着眼于守住不发生系统性风险的底线，通过完善银行破产立法、实施前瞻性的宏观审慎监管、改进“坏银行”救助手段和措施、优化银行微观层面治理，多策并举，建立防范银行破产风险的多道防线，对银行破产风险进行层层拦截和有效缓释，将残余风险控制在可承受范围内。现代金融市场高度关联，对单一银行破产风险的早期识别和处置，可以最大限度减小金融系统中其他机构、进而发生系统性风险的概率。从国际实践看，国际金融危机之后一套以预警和前瞻性管理为核心的“坏银行”预防、化解和有序退出的银行破产风险治理框架已初现雏形。完善银行破产风险治理和金融风险基础实施，既是当下中国金融改革的题中应有之义，也是下一步推进金融市场化改革的“压舱石”。

---

① 原文以“问题银行的判断与破产早期干预机制”为题，刊发于《金融研究》2015年第7期。

一、银行的特殊性决定了其对于破产制度的特别要求

允许银行破产退出市场是各国的通例，在健全的市场体制下，存在严重问题的银行破产退出市场是正常现象，允许银行破产也是各国通行做法。但由于银行经济关系复杂，杠杆高，倍数效应强，在市场经济体系中居于核心地位，且其经营成败攸关经济稳定甚至可能诱发经济危机，以至于“大而不能倒”。正是因为银行业存在特殊性，银行破产时所适用的法律以及具体的破产规则都不同于一般企业。为此，一方面，要建立“坏银行”的早期识别和早期干预制度安排，降低银行破产风险；另一方面，如果出现银行必须退出市场的情况时，应该采用特别的退出机制，避免发生系统性风险。

道理也很简单。银行在经济体系中居于核心地位，破产外部效应大。银行经济关系复杂，经营杠杆高，一旦大型银行面临经营困境乃至破产，其外部影响会大大超出普通企业，存在银行“大而不能倒”的说法。一是银行是最重要的信用中介，居于维护基础市场信用的经济地位，银行通过投融资服务、支付结算等功能，将货币、信用在时间和空间上进行转移、组合和分配，也成为市场流通和财富转移的主要中介。如果大型银行或大量商业银行突然退出市场，势必造成货币市场和信用领域的连锁影响。二是因为银行吸收社会风险的功能无可替代。现代社会是风险社会，银行扮演着风险承受和化解的角色，通过间接融资的方式将社会风险进行沉淀和过滤，并且逐步将自己改造成为一个风险吸收器的角色和经济运行的中枢。银行如果破产，就必须充分考虑由此造成的角色缺位，并在制度设计中做出专门安排，尤其是要解决已经吸收的大量风险怎样有序转移和释放问题。三是在虚拟经济日益明显的经济环境中，经济的脆弱性和风险的系统性都空前放大，银行破产的敏感程度和处理难度大大增加。同时，银行具有内生的脆弱性。银行是高负债经营的行业，本身具有容易经营失败和走向破产的特点。原因在于：一是银行的传统主营业务是存贷款，但在信息不对称的条件下，借款人容易受到不正当激励，引发道德风险；存款人也可能因为信息受阻而丧失对银行的信心，引发挤兑。二是市场的非理性行为可能导致价格非正常波动，并引发货币市场、资本市场危机，而银行是首当其冲的受害者。三是近年来的实践证明，金融过度的自由化会使银行的功能过度膨胀，金融危机出现概率加大。

因此，从银行的特殊性出发，设立专门的银行破产制度是国际普遍做法。几乎所有主要国家都有完备的银行破产制度。美国的《联邦存款保险法》及《联邦存款保险改进法案》等对银行破产做了详尽的规定。英国在《2009 年银行法》及《破产法》基础上，制定了专门的《银行破产规则》。总体上，银行破产制度安排在坚持金融安全的前提下，综合考虑存款人利益保护、市场出清、消除金融风险等因素，设定一套技术指标和程序安排，是一项十分复杂的立法技术。

——关于银行破产处置的目标。对于普通企业而言，破产的目标无外乎拯救企业、公平清偿和市场退出，但银行破产的目标显然不同。国际货币基金组织（IMF）认为银行破产的目标除了拯救银行、保护公司资产以及债权人之间合理分配财产之外，还应该兼顾社会整体利益，避免“系统性风险”。国际金融危机之后，IMF 修正了其对银行破产目标的陈述，认为银行破产的目标就是为了维护金融体系稳定。许多国家受到 IMF 观点的影响，逐步修正了银行破产制度的基本目标。如英国 2009 年《银行法》规定：“银行破产主要为了加强金融体系稳定、保护公共信心、保护存款人和公共资金”，虽然在法律条文中这些目标不分优先次序，但显然金融体系的稳定成为了首要目标，保护债权人或债务人的利益这一目标的重要性明显降低。英国的这种立法体制很好地平衡了破产制度与银行业特殊性的关系，已经成为当前银行破产制度的导向，各国监管部门在起草法律和处理银行破产事务时，几乎都将保持金融安全和维系市场信心作为首要的目标。

——关于银行破产的法律标准。综观各国立法例，银行破产的法律标准主要有以下几种：一是资产负债比率标准。多数国家都将银行的资产负债比率作为判断是否应该破产的标准之一，如美国《联邦存款保险改进法案》第 38 条规定：“对于‘资本根本性不足’机构，即净资产等于或小于总资产 2% 的银行机构应：（1）限制业务活动；（2）禁止偿还次级债；（3）任命财产看护人、接管人或采取其他措施。”二是流动性标准。如英国《银行法》第 96 条规定，申请银行破产清算的理由是：（1）银行不能清偿其债务或有丧失清偿能力之虞；（2）对银行进行破产清算有利于公共利益；（3）对银行进行清算符合公平原则。三是监管性标准。由监管机构根据银行业稳健发展和审慎经营的要求，为银行设定破产标准，并对银行破产具有决定权。上述标准各有优劣，但将主观判断与客观量化的指标相结合，以此来决定一家银行是否符合破产条件，是大的趋势。

——关于银行破产的处置流程。以美国处置银行倒闭为例，一般分为三个步骤：一是决定是否救助。在银行破产之前，联邦存款保险公司可能会对困难银行提供财务支持。二是认定银行是否需要关闭。关闭银行的决定由该银行的首要监管机构做出，股东无权获得任何给予关闭的事先通知。三是确定怎样清算。联邦存款保险公司一般采用“风险最低”（Risk Minimizer）的方式解决倒闭银行的问题，即在所有可能采取的方案中选择对联邦存款保险资金而言成本最小的方案。为防止银行股东逃脱，同时明确了“交叉保证”原则和“力量之源”原则。如果数家存款机构受同一家控股公司控制，在立法上，它们被视同于同一家银行的分支机构。处于健康运营状态的存款机构，其资产可以被联邦存款保险公司用于抵消为清算另一家倒闭的子公司所支付的成本。“力量之源”原则要求银行控股公司对陷入困境的银行子公司提供注资来维持银行子公司的清偿能力。

二、银行破产风险可以早期识别和预警

现代金融市场高度关联，对单一银行破产风险的早期识别和处置，可以最大限度减小金融系统中其他机构风险，进而发生系统性风险的概率。随着全球金融创新的日新月异，金融监管日趋成熟，对银行破产前风险管理的理念和工具有了许多全新的内涵。

银行在经营过程中必然面临各种风险，必然会形成一定的风险损失。其中，预期损失通过拨备和净利润覆盖，而且二者此增彼减；非预期损失只能由资本来覆盖，资本水平超过非预期损失，表明有业务扩张空间；如果已经计提拨备与净利润不足以覆盖预期损失，就只能消耗资本。一家银行一旦出现被迫用资本来核销风险损失的时候，就意味着面临较大的破产风险，而一旦资本消耗殆尽，在技术上就已经破产。因此，按照监管要求量化的银行风险总量，对于某一银行到底产生多大的破产压力，是可以用预期损失与银行资本之间的距离来衡量的，而这个距离是由已经计提的拨备和净利润决定的。距离越远压力越小，距离越近压力越大，如果距离为负值，则表明银行资本受到侵蚀，一旦资本消耗完毕，则表明银行处于技术破产状态。这是我们观察、分析银行破产压力大小、是否能够承受的业务逻辑，应在此基础上建立相应的早期预警系统

(EWS)。

从国际实践看，美国等金融监管机构使用的早期预警系统模型可分为现场模型（On - site Models）和非现场模型（Off - site Analysis）两大类。现场模型包括各种不同版本的CAMELS分析方法和工具，非现场分析则主要借助于统计分析工具对银行的财务信息进行加工和处理。CAMELS方法通过对银行的资产质量、资本充足率、风险管理等六大方面进行现场综合评级，基于评级结果决定是否需要监管介入及介入的程度。尽管该方法在世界范围内广为应用，因其结论基于现场评估，无法及时反映银行经营动态和市场变化，不能及时有效识别银行破产风险。为弥补CAMELS模型的不足，美国联邦储备银行使用预计检查评级体系（System of Estimate Examination Ratings，SEER）进行周期性、持续性的评级监测。SEER对银行非现场数据使用有限依赖回归技术进行加工分析，预测银行财务报表一系列主要变量的历史关系，前瞻性地对银行的偿付能力和破产风险进行预判。除了对银行破产风险的预测模型外，还有一些模型用来对银行破产的时间窗口进行预测，这些预测信息无论是对银行管理层还是对监管机构来说都非常重要。如美国货币监理署（Office of the Comptroller of the Currency，OCC）研发的Canary模型，不仅可以预测银行破产的可能性，还可以预测两年后银行生存下来的概率。

三、“恢复与处置计划”是监管机构采取的前瞻性破产管理

“恢复与处置计划”因“大而不倒”（Too Big To Fail）而来，以“好而不倒”（Too Good To Fail）为变革的方向，能对外部环境和银行自身都能够带来价值。金融危机的教训之一就是那些看起来十分正常的银行，会因为小概率事件的发生而突然陷入破产境地，此后，各国监管机构认为银行应当对破产危机提前做出准备，对届时需要实施的资产重组提前进行安排，“生前遗嘱计划”由此产生，并且逐渐成为世界通行的监管措施。

“生前遗嘱计划”又叫“恢复与处置计划”，包括“恢复计划”和“处置计划”两个部分，“恢复与处置计划”要求系统重要性金融机构拥有相应的机制和措施，使其能够从一系列压力情景中得以恢复，以及在必要时能够使业务有序停止，不致匆忙应对，对经济和区域金融环境造成大的影响。其目标包括：通过提前计划和准备措施，降低单个金融机构因无法继续经营而倒闭所产

生的系统性风险，维系机构在危机期间的关键性服务功能，把对消费者的不利影响降到最低，并为政府的有效处置创造有利条件，同时消除金融机构“大而不能倒”的道德风险，让银行股东、相关债权人承担更多的责任和损失等。

从制订计划的主体和过程看，恢复计划由金融机构按相关要求制定，应包括降低机构风险、保全和改善资本、剥离某些业务、债务重组、提高融资能力等内容。恢复计划应当建立在银行资本计划和流动性计划基础之上，并应指明，在压力程度高于假设水平和/或在假设的压力情景下，银行将如何维持充足的资本和流动性水平。

处置计划由监管机构负责指导制订，由金融机构按相关要求准备和提供支持，在监管机构和金融机构的互动过程中完成。处置计划的具体内容主要包括触发实施干预计划的条件、干预措施、处置行动、维系运营稳定性的行动、保持必要透明度的行动、跨境协调行动、处置的准备工作等。

英国、美国两国监管当局自 2009 年起，就开始以系统重要性程度较高的大型银行作为试点，要求其制订“生前遗嘱计划”。2009 年 4 月，英国金融服务局要求苏格兰皇家银行、汇丰银行、巴克莱银行、劳埃德银行、渣打银行等 6 家大型银行制订“恢复与处置计划”；2012 年 10 月，美联储公布了花旗银行、摩根大通银行、美国银行、摩根士丹利、德意志银行、瑞士信贷等 11 家大型金融机构向监管当局提交的“恢复计划”。我国主要商业银行也在陆续制订和出台“恢复与处置计划”。

纵览国际监管实践，实施“恢复与处置计划”具备若干成功要素：一是对整体资产组合数据的深度分析。在制订“恢复与处置计划”时，首先需要完成数据收集分析工作。数据收集工作重点支持了关键业务的分析，为恢复策略和处置策略奠定基础。在进行数据收集工作时，以及进行关键业务分析和压力测试框架制定过程中，需要各部门，尤其是各事业部及资金、财务、运营相关部门的鼎力配合。各事业部提供分析所需的业务及管理信息。财务相关部门提供财务信息，信科部门提供系统、数据、报告等相关信息。二是压力测试。选择危机场景，分别对流动性不足、利率剧烈波动、重点客户群体违约或部分资产组合价值贬损等情景进行压力测试，并以此为基础，进行资本充足率压力测试。压力测试现状评估和数据分析为恢复计划触发机制奠定基础。三是项目管理。银行应该成立以高级管理层为成员的项目领导委员会，积极支持项目的推进，与监管部门进行充分的沟通。高级管理层成员至少包括各条线和部门的分管领导，及时安排访谈、收集信息和数据、组织交付成果反馈与确认、安排定期项目汇报，以便确保能够按照项目时间表实现各阶段目标。四是恢复计划。资本应急预案、流动性应急预案和业务连续性计划等应基于单一风险压力测试和整合压力测试结果，并设置不同频度的监测指标，与银行中长期发展战略和年度经营计划相融合。五是处置计划。邀请监管机构参加项目主要分析结果的讨论，听取项目的主要成果汇报。银行需要与监管部门积极沟通，就处置策略的选择、处置工具的可行性分析等与监管部门达成共识。这些工作需要银行法律部门的积极参与。

总损失吸收能力有可能成为“恢复与处置计划”的新量化标准。全球系统重要性银行（G－SIBs）进入处置阶段后能否成功自救，主要取决于银行可用于自救的资源是否充分。在现实监管中，对于吸收损失能力达成统一的监管要求十分困难。主要监管机构对吸收损失能力做出的不同界定和要求，包括初始吸收损失能力（Primary Loss Absorbing Capacity，PLAC，英国术语，已经废止）、清算条件下的吸损能力（Gone－concern Loss Absorbing Capacity，GLAC，金融稳定委员会原用术语）、总损失吸收能力（Total Loss－Absorbing Capacity，TLAC，金融稳定委员会现用术语，有关具体标准正在制定过程中，适用于全球系统重要性银行）、对自有资金与合格债务的最低要求（Minimum Requirement for Own Funds and Eligible Liabilities，MREL，欧洲银行恢复与处置框架使用术语，已经被批准，于2016年生效，适用于所有信用金融机构和投资公司）。虽然各监管机构使用的术语各有不同，但都以吸收损失的能力为核心，从以下四个方面提出要求：一是合格性，在不会引发进一步系统性问题的前提下，可以有效吸收的负债都可以计入；二是债务和股本，对持有可用于自救的债务做出了特殊要求，对多余的股本是否足够提出了判断标准；三是数额与计量，吸损量可以根据风险加权资产或者基于杠杆比率计算，处置后的银行应保持适当规模，需要进行与其相匹配的资本重组；四是在集团中的实施位置，回答吸收损失工具应由谁发行，以及如何实现这些工具在集团内部以及跨国范围内的分配等问题。金融稳定委员会（FSB）于2014年11月发布了《全球系统重要性银行在处置中的吸损能力充足性政策（征求意见稿）》，内容包括全球系统重要性银行在处置中吸收损失和资本重组能力的原则以及总损失吸收能力（TLAC）的具体要求，预计将于2019年1月1日开始实施。从监管要求来看，“恢复与处置计划”更强调银行应对危机的机制和能力，即能不能及时处置、剥离资产以维持关键经济职能（如存款支付等）的运转，维护金融体系稳定；而总损失吸收能力（TLAC）和自有资金与合格债务的最低要求（MREL）则关注银行处置时可充分吸收损失的资本和债务工具的数量和水平，即能不能有效减少利益相关者的损失，更强调对社会利益的保障，是对银行可处置性的一项具体量化监管要求。

四、问题银行破产之前的早期处置机制更重要

进入破产程序是最坏的情况，从金融安全的角度看，许多问题银行在满足破产标准之前就已经得到了有效处置。事实上，广泛意义上的银行破产制度包括银行在进入破产程序之前的那些处置机制，甚至可以延伸到银行风险管理审慎环节。美国联邦存款保险公司（FDIC）数据显示，全美加入联邦存款保险体系的银行机构数量由 2008 年初的 8533 家降至 2014 年末的 6509 家。国际金融危机期间，一大批中小型银行因并购、整合或倒闭而退出，但因倒闭而清算退出的银行仅占 17% 左右，可见重组仍然是处理问题银行的主要手段。

（一）行政重组

行政重组是使用行政化的手段对银行的股权结构或资产状况进行优化的拯救方法。当然，行政重组的手段不只限于针对问题银行，对于正常经营的银行而言，出于市场竞争优势、提高效率、降低交易费用、实现特定监管目的等方面的考虑，也可以进行行政重组。

问题银行的行政重组前提条件通常包括：一是银行经营出现困难，如不救助就可能濒临破产境地；二是由监管部门主动介入，并采用行政化的手段进行资源整合。

主要手法可分为三类：一是对银行的股权进行重组，即通过股权转让、引入新股东、增发等手段，使银行的股权结构和控股权发生变化，同时注入流动性。二是对银行的资产进行重组，即通过资产剥离、置换等手段优化银行的资产负债表。三是由监管部门发起对银行实施分立合并。

（二）及时干预制度

及时干预制度是当银行的资本弱化到一定程度时，监管部门有权对其施加比日常监管更为严厉的干预，从而保护存款人利益的一种问题银行处置制度。

及时干预制度以美国为典型代表。《联邦存款保险公司改进法》规定，监管机构将银行归纳为五类：资本状况良好、资本充足、资本不足、资本严重不足和资本极端不足。如果发现银行处于“不安全或不稳健状态”，或进行了“不安全或不稳健的活动”，还可以重新分类。对于“资本不足”以下的三类银行应当实行干预性措施。这些措施包括：银行不得进行资本分配或支付高管薪酬，要求银行在45日内制订可接受的“资本恢复方案”等。对于资本严重不足的银行，监管机构可以通过出售股权进行增资、限制与关联企业的交易、限制资产扩张、限制利率、开除银行高层、限制高级职员的奖金和工资、要求对银行可能产生风险的附属企业或母公司进行剥离等。对于“资本极端不足”的银行，监管机构除了上述手段之外，还必须在90日内为银行任命接管人或管理人。

（三）接管

接管是指当银行信用已经或可能出现危机，对存款人的利益构成严重影响时，由监管部门对该问题银行实施接管的救治手段。银行接管制度在世界各国都比较通行。

美国《联邦存款保险公司改进法》规定，银行监管机构可以任命美国联邦存款保险公司为问题银行的管理人或接管人，美国联邦存款保险公司也可以自我任命为问题银行的唯一接管人或管理人。银行被接管的法定情形包括：银行由于违背法律或者进行不安全或不稳健的行为可能会给银行的资产或收益带来实质性稀释、损失、违法和资本不足等。而且，一家银行是否存在这些情形，由监管机构或者美国联邦存款保险公司判断。

我国《商业银行法》第七章规定了问题银行接管制度，并且明确接管的目的在于保护存款人利益和恢复被接管银行的正常经营能力。接管由银行业监管部门实施，是否采取接管措施也由监管部门决定。

（四）撤销

撤销是采用行政手段强制注销一家银行法律主体资格的行为，也是对问题银行的一种处置手段。我国《金融机构撤销条例》规定：如果银行经营出现严重问题，监管部门有权强行终止该银行的经营活动，并予以解散和清算。但是，撤销作为一种过度行政化的手段，目前已较少使用。

五、“好银行”与“坏银行”处置模式可以降低银行破产系统性风险

“好银行”与“坏银行”作为一种问题银行的处置模式具有久远的历史。20 世纪末，欧洲一些国家在银行业危机中，通过不良资产剥离设立“好银行”和“坏银行”，美国存款保险公司则设立重组信托公司（Resolution Trust Corporation，RTC）专门负责管理、处置经营失败的储贷机构及其资产和负债等。

美国的实践具有代表性。为了化解问题银行的破产风险，1989 年，美国颁布了《金融机构改革、恢复和加强法》（FIRREA），成立了专门的 RTC，专司管理、处置经营失败的储贷机构。经过 6 年零 4 个月的运作，RTC 共处理资产的账面价值达到了 4030 亿美元，占移交资产总额的 98%，及时化解了储贷机构的不良资产危机，美国 RTC 也成为“好银行”与“坏银行”模式的成功范例。参照美国 RTC 的模式，日本于 1999 年由政府出资设立了“不良债权清理回收机构”，对化解银行破产风险起到了一定的作用。同期，瑞典政府也采取“好银行”与“坏银行”的策略化解银行不良资产，专门成立了多家资产管理公司，也就是“坏银行”，并将不良资产剥离至“坏银行”。借助这种手段，瑞典银行业在 1993 年下半年停止了进一步滑坡，逐渐走出低谷，资产管理公司也按比预期更快的速度卖掉了所接管的资产，且其所有成本也均得到了补偿，1996 年 7 月，瑞典政府取消了对银行业的担保，预定目标圆满实现。

为解决国有商业银行“技术上已经破产”的问题，我国从 20 世纪末开始借鉴“好银行”和“坏银行”的模式。通过政府设立金融资产管理公司，使四大国有商业银行不良资产大规模剥离，资产质量得以改善，资本充足率得以提高。在国有银行改制上市期间，再次采用“好银行”与“坏银行”的方法提升银行资产质量和竞争力，为中国国有银行向现代银行转型奠定了坚实的基础。中国人民银行行长周小川还主编《重建与再生——化解银行不良资产的国际经验》一书，对此种模式予以总结。即使在当前形势下，“好银行”与“坏银行”的模式也仍然没有过时，与简单地打包出售或核销等手段相比，更有助于实现增值效益，因而依旧是有效应对银行破产风险的一种行之有效的处置策略。

除了外部的“好银行”与“坏银行”模式以外，在一家银行内部也可以

尝试采取“好银行”与“坏银行”模式处理“有毒资产”。其中，美国和日本银行业的一些做法值得我们认真研究和积极借鉴。

许多美国银行设置了专门资产处置部门进行问题资产处置。问题资产处置部门常被称为特殊资产管理部门（Special Assets Group，SAG）。SAG 在问题资产管理和处置中充分体现了以客户为中心的经营理念，问题贷款处置工作除服务于改善资产质量的要求外，还关注业务发展、市场拓展和客户营销工作。它们认为服务存量客户、挖掘产品营销潜力是减少销售成本、实现良好效益的最佳方法，即使对于存在问题的客户，它们也认为存在着业务合作的机会。SAG 的一项基本工作要求是尽可能修复并保留问题资产客户，并将问题贷款修复数、推荐给其他正常业务部门的客户数作为重要的考核指标。在处置工作中，资产处置人员会根据客户状况确定工作目标，尽可能保留有价值的客户并向相关正常业务部门推荐。SAG 对管理的问题客户逐户制定了风险敞口管理策略，并根据客户的情况及银行的经营策略进行动态的调整，针对客户的不同的风险敞口管理策略，采取差别化的处置措施。SAG 对员工的专业素质要求比较高，通常要求有 10 年以上银行信贷工作经历，商业地产团队员工要求具有房地产评估、建设、融资、销售等工作经验。虽然 SAG 人员数量随着美国经济状况的恢复及银行资产质量状况的变化呈减少趋势，但处置专家队伍及其管理层成员始终保持稳定。SAG 管理团队成员在美国银行及其前身平均任职超过 20 年，在不良资产处置领域有多年的工作经历，属于该领域的专家。

美国银行业的坏账核销也独具特色，具体表现在：一是银行对核销具有完全的自主权；二是一笔贷款可以进行部分核销，也可以多次核销；三是核销不是处置不良资产的手段，而是对贷款损失即时撇账的方法；四是损失贷款不是作为不良贷款在管理，而是银行核销的账面损失；五是损失核销一般不进行责任追究；六是核销不需要对外保密，而是要通知客户并向信用当局报告。根据资产的不同情况，具体核销条件和要求如下：对于有抵押品的风险分类在 1 ~ 7 级（正常）的贷款，每两年请外部机构对抵押品进行一次评估，对于 8 级、9 级、10 级的贷款，每年对抵押品进行一次评估。银行根据抵押品的价值确定公允价值，有公允价值保障的贷款分类在 9 级，对押品价值不能覆盖的本金部分，直接进入 11 级核销，11 级风险认定的程序即是核销审批程序。如果押品公允价值再次降低，对押品价值不能覆盖的本金部分再次进行核销。如果押品价值不变，不能进行二次核销，只能等时间进行处置。如果押品升值，也不会进行冲回核销处理。对于无抵押品的风险分类为8级、9级、10级的企业贷款，一年一次对企业价值进行评估以确定损失。企业价值评估一般采取两种评估方式：一是企业价值评估，基于借款人目前的业务及对未来的盈利，得出一个可以偿还的比例；二是债务的市值法，按上市和非上市公司市场上的报价进行分析判断。银行根据企业的价值评估确定公允价值，有公允价值保障的贷款分类在9级，对不能覆盖的本金部分，直接进入11级核销。对于小额无抵（质）押小企业和小型商户贷款，本金或利息逾期120天后，就可以认损进行核销处理。对于打包出售的债权，先对项目进行估值，根据折现判断设定一个底价，根据底价对损失部分先进行核销预审，在接受买售人报价的时点按此时的损失进行核销账务处理，如果风险敞口没有扩大，不需重新申报核销金额。

日本瑞穗实业银行处置不良资产的做法也值得我们重视。2002年9月末，瑞穗实业银行不良资产比率为7.3%，经过三年多的努力，截至2006年3月，该行的不良资产比率下降至1.1%，为日本国内各大银行最低水平，并偿还了用于处置不良资产的政府借款。其间，该行主要采取了成立专门机构对不良资产分类进行股本运作和债权运作的做法。一是设置专业子公司专门处理不良资产。2002年10月，该行宣布了一揽子综合再生改革计划，包括成立独立的企业重建和不良资产处置的专业子公司，以高效、快速处置其不良资产（包括所有分类在特别关注类以下的贷款），成立了相关专业子公司共三家。2003年，该行通过增资扩股筹集1万亿日元，相当部分拨给了企业重建专业子公司做资本金。两家全资子公司分别为：瑞穗项目有限公司（Mizuho Project，LTD），主要承接和处置日本国内的客户和贷款；瑞穗国际有限公司（Mizuho International，LTD），主要承接和处置日本以外客户以及跨国经营的日本客户。两家子公司基本上承接了瑞穗实业银行原有的问题贷款管理部门的职能和人员。每家企业下设6个部，分别有员工200多人。此外，还有一家合资控股子公司——瑞穗咨询股份有限公司（Mizuho Advisory，INC），其中瑞穗金融集团占股60%、日本发展银行占股10%、德意志证券及摩根士丹利日本等6家外国公司占股30%。咨询公司充分整合瑞穗自身的专业资源、外部智力和资本资源，专司向问题贷款处置公司提供集中式、一揽子的针对贷款客户的重组、并购以及金融服务等方面的建议。二是分类处置不良资产。该行的问题信贷资产（大约46万亿日元的贷款等资产，涉及约1000多个客户）被集中剥离到专业子公司进行分类处理：将上市企业或有可能上市企业的债权转化为银行对客户公司的股权，通过积极主动参与企业重建，实现债权回收；对重建可能性低的客户企业的债权及时出售，以规避债权价格进一步下跌的风险。三是用债转股支持企业重建。对于上市企业或有可能上市企业的债权，该行通过帮助客户企业实施业务重组，实现企业业务结构的优化和企业价值的提升，实现债权资产的顺利回收。第一，对客户企业进行业务重组。区分客户企业的核心业务和非核心业务，对客户公司实施业务重组和部分债务的免除。对于公司资产部分，剥离非核心业务，专注经营核心业务。对于公司负债部分，对应于剥离的资产，银行相应免除公司部分债务。第二，以银行为中心对信贷资产实施债转股。将信贷资产转化为银行对客户企业的优先股，即客户企业重建后的新资本。以银行为中心的债转股，确保了客户企业财务的稳定性，一定程度上消减了社会对企业的信用不安。重建后的企业实现良性运转，企业价值增大，由此带来的资本收益弥补了在第一步中银行免除债务的损失。最终，银行通过转让所持有的优先股收回风险资金，实现银企双赢。四是引入信托方式处置不良债权。对重建可能性低的客户企业的债权，银行通过信托方式将债权市场化，实现债权资产的有效清偿。第一，该行将贷款债权及其产生的经济利益整体置换为信托资产，由同属于瑞穗金融集团的瑞穗信托银行应用精算技术对贷款债权进行加工，设计出满足债权市场投资者需求的债权商品组合。第二，瑞穗信托银行针对日本贷款债权市场投资者倾向安全投资或倾向高风险、高回报投资的不同需求，将贷款债权加工成“优先受益权”“次级受益权”等债权商品组合。同时，引入外部资信评级机构，对债权商品组合进行信用评估，引导投资者根据需要购买债权。将贷款债权转化为信托资产进行处置，是该行的创新做法。瑞穗实业银行采用信托方式处置贷款债权，并没有改变该行与客户企业的债权债务关系，在一定程度上避免了因债权出售可能导致的客户企业因信用恐慌而被迫破产的风险。同时，瑞穗实业银行导入折现现金流量法计提充足的坏账准备。在将贷款债权转化为信托资产并实现清偿后，获偿价值总额与清偿前扣除坏账准备的不良资产总额相比，实现了盈余，开启了坏账准备回收利润的案例。

六、中国必须前瞻性研究怎样避免银行破产引发系统性风险

银行是经营风险的，银行出问题也不可避免，关键是未雨绸缪，完善应对

机制，做到有备无患。从国际实践看，国际金融危机之后，一套针对“坏银行”的预防、化解和有序退出的银行破产风险治理框架已初现雏形，核心是关口前移，构建前瞻性、递进式的破产风险管理基础设施。完善银行破产风险治理框架，既是当下中国金融改革的题中应有之义，也是进一步推进金融市场化改革的“压舱石”，应予以优先考虑。

（一）在守住不发生系统性风险的底线前提下，应该坚持市场出清原则，对“坏银行”实施有序破产

国际经济金融理论研究和实践探索证明，金融市场运行需要优胜劣汰，没有出清机制、没有风险压力，金融市场价格信号进而社会的资金配置就会被扭曲，进而降低金融市场运行效率。一方面，金融机构的优胜劣汰是市场规律作用的必然结果，尽早让陷入经营困境的高风险银行破产退出，可以及时锁定经营损失、遏制危机扩散、阻断风险传染，增强抵御金融风险的能力。另一方面，当经济增速放缓后，也要有市场的优胜劣汰机制来加以调整，让那些缺乏效率、经营困难的金融机构退出市场，既有利于提高银行业整体竞争能力，也便于充分释放经济和资金资源，优化金融资源配置，提高金融市场效率。

从全球范围看，对银行破产已不再谈虎色变。20 世纪美国实行利率市场化的七八十年代，每年都有几百家银行破产；从 2007 年到 2015 年 4 月底，美国也有 516 家银行破产重组。通过让没有竞争力的银行破产，实现市场出清，优化了金融资源配置，提升了美国银行业整体的全球竞争力。日本金融机构尽管在 20 世纪 80 年代末问题重重，但鲜有破产案件发生，截至 2008 年，破产的银行也只有 20 家。日本政府主要从最大限度降低金融机构破产对金融体系和经济活动的冲击出发，力图通过救助性措施纾困陷入破产危机的金融机构。日本在银行破产上的举棋不定和踌躇不决，反而降低了日本金融机构的全球竞争能力，一定程度上拖累了日本经济复苏的步伐。

（二）中国的银行破产制度选择与先期处置机制完善

不断探索银行破产标准、完善立法是全球各国的共同趋势，中国也不例外。我国 2006 年出台的《企业破产法》第一百三十四条规定：“商业银行等金融机构有本法第二条规定情形的，国务院金融监督管理机构可以向人民法院提出对该金融机构进行重整或者破产清算的申请。”《商业银行法》第七十一条的规定与此类似。2015 年 2 月，国务院颁布了《存款保险条例》，进一步丰富了银行破产法律体系。从上述立法沿革过程可以看出，我国银行破产制度在

完善法律体系的同时，其内在制度机制也发生了调整，从最初只允许使用行政化的手段来解决银行退出市场的问题，到逐步吸收市场化机制，并且最终必将步入彻底市场化的轨道，这个路径十分清晰。

总体上看，我国银行的市场退出机制建设不但落后于发达国家立法实践，也落后于中国整体经济体制改革的进程，不利于防范和有效处置系统性金融风险。在适用银行业金融机构破产的特殊法规缺失的情况下，主要采取行政手段按照一事一策的方法进行处置，随意性较大，在风险处置上未能充分体现出风险和损失分担原则以及市场化原则。由于缺乏明确的法律规范，市场退出的操作程序、救助措施及其标准不明确，风险预警机制和快速反应机制也不完善，容易导致延误时机，使风险处置工作陷入被动。就问题银行的解决方案而言，破产只是最后的手段，早期处置不仅是市场化机制的内在要求，也是最能体现金融安全目标的手段，而且还应当是银行救助与退出制度的主体部分。

第一，应当吸纳各国成功做法，将处置手段丰富化，最终建立一个层层递进的问题银行干预处置制度。我国现行法律只规定了三种银行退出制度，即接管、撤销和破产，其他手段虽然在实践中也在运用，但并无明确的法律依据，制度化程度不够。因此，应当从法律上明确问题银行的干预制度，这也是一种较低级别的处置手段；同时，借助修改《商业银行法》的机遇，完善问题银行的接管制度，这是中等级别的处置手段；尽快出台“银行破产实施细则”，以最终完善银行破产制度体系，使银行破产真正有法可依、有规可用，及早进入操作阶段，这也是问题银行的最后处置手段。除此之外，还应将“生前遗嘱”等辅助手段纳入法律调控范围，全面丰富处置方案体系。

第二，应当根据处置手段的不同，设置多层次的问题银行处置标准，主要包括及时干预、接管和破产三级措施的触发标准及介入流程。

——对于干预制度。应当参照美国的做法，将干预权授予银行业监管部门，根据银行的资本状况，对银行进行明确分级，一旦发现问题银行处于“不安全或不稳健状态”，或进行了“不安全或不稳健的活动”，监管部门就有权进行及时干预，对目标银行做出人事调整及经营资格的限制，以促使其尽快恢复正常状态。

——对于接管制度。应当对现有法律规定的标准进行完善，扩大接管方的权力，贯彻监管机构自主的原则，进一步优化机制，以提升制度效率。

——对于破产标准。应当借鉴各国成功的立法先例，将银行的资本充足状况，也即预期损失与银行现有资本之间的距离作为重要标准，引入破产法律条文。一旦银行的资本充足率或杠杆率低于一定比例（如资本充足率降到2%），监管部门即应启动破产法适用条件的评价工作，用破产退出的手段和思路来对待银行。

总之，简单地执行“不能清偿到期债务”或其他过于单一、流于传统的标准来处置问题银行，都已经不能适应金融危机后的市场环境，也不符合我国金融深化的改革导向。必须同时完善多层级的处置手段，并为每种手段都制定详细的适用标准，这才是正确的方向。

（三）构建并激发“好银行”与“坏银行”的制度功能，已经成为国际经验

借鉴各国银行的实践经验来看，我国“好银行”与“坏银行”模式可以有两种选择：一种选择是设立银行集团内部隔离风险的、全资拥有的专业化“坏银行”子公司，由问题银行向其剥离转移不良资产。不良资产剥离到表外后，原来的问题银行转变为“好银行”，恢复正常经营状态。“坏银行”子公司变成不良资产池，再通过精耕细作的经营和处置，可以实现不良资产处置收益的最大化，而且“坏银行”的利润还可以反哺银行母公司。另一种选择是在内部设立特殊资产部门，由其集中负责处置不良资产或其他危机因素。这种模式能实现问题资产的分类处理：对于能修复的贷款，可以重新设定贷款条款予以修复，待贷款形态恢复正常后返还给正常业务部门；对于需要处置的贷款，应当采用法律或其他手段尽快予以处置。通过分类处理，使问题和潜在损失及时显性化，有利于及早消除隐患，远离破产界限。

基于当前资产质量压力，我国银行业应该前瞻性地构建银行内部问题资产恢复与处置机制，而不是简单地核销与打包转让不良贷款。第一，提升不良资产专业化处置能力。根据国外银行经验，在内部设立特殊资产部门，由其负责集中处置不良资产，对于能修复的贷款，尽快通过重新设定贷款条款予以修复，待贷款形态恢复正常并稳定一段时间后将贷款返还给正常业务部门。对于需处置的贷款，尽快予以处置。通过修复和处置，使损失及时显性化，从而形成抑制银行盲目扩张、防范破产风险的第一道防线。第二，设立银行集团内部隔离风险的全资拥有的专业化“坏银行”子公司，由银行及时向其尽可能多地剥离不良资产。通过将不良资产剥离到表外，“好银行”得以轻装上阵，资产规模随权益缩减得以收缩，有利于银行稳健经营。“坏银行”子公司形成不

良资产池，通过精耕细作的经营和处置，可以实现不良资产处置收益的最大化，子公司形成的利润则反哺银行母公司。第三，借鉴国外经验，根据自身经营情况及市场形势变化及时加大核销力度。一是使银行对核销具有完全的自主权。二是一笔贷款可以进行部分核销，也可以多次核销。三是不将核销作为处置不良资产的手段，而是作为对贷款损失即时撇账的方法。四是损失贷款不是作为不良贷款管理，而是作为银行核销的账面损失。将核销后的资产交自身的特殊资产部门或委托自身的“坏银行”子公司进行处置，以相应的激励约束机制促使其努力实现这些资产的回收最大化。扣除费用后的回收收益则作为营业外收入计入银行损益表。

除此之外，还建议将“好银行”与“坏银行”处置作为一种法定的手段来对待，以有效激发其制度功能。为此，需要制定明确的甚至量化的法律标准，比如当银行的资本充足率降到一定程度（如5%），或者不良率上升到一定数值（如5%）时，就视为达到了法律标准，此时必须引入“好银行”与“坏银行”的手段进行处置。如果能够出台类似的法律，则“好银行”与“坏银行”的机制对于问题银行而言，已是法定的义务，如此则必将有利于激发其制度功效，并使这种被实践证明行之有效的处置手段继续大放光彩。

（四）“恢复与处置计划”对于中国大型银行有着重要的现实意义

国内银行特别是大型银行应该大力推进“恢复与处置计划”制订工作，这不仅仅是为满足监管要求，对银行自身也具有积极意义。

一是有利于完善公司治理和内部管理。通过制订书面的处置计划，金融机构可对其遍布全球的业务条线及法律实体进行信息收集和分析，重新审视其全球范围内法律实体的设置是否合理以及有无优化的可能。

二是有助于提高银行的危机应对能力。在制订“恢复与处置计划”过程中，银行和监管当局可以针对事先假想的极端情况，提前考虑危机管理的方式，为危机期间自我恢复和有序处置提供指引，提高危机应对能力。

三是有利于提升银行的资产组合管理能力。运行“恢复与处置计划”的监测指标就是银行整体组合风险的监测指标。这些监测指标包括资本充足率指标、流动性指标和宏观经济指标等，按照不同触发层级，银行可以通过减少风险敞口、减少交易限额等降低监测指标预警程度，或触发恢复计划，即采取适当恢复措施，例如推迟分红、出售低流动性资产等；更有甚者，则触发处置计划，即采取适当处置措施，例如业务剥离、出售子公司等。

16 中国银行业如何走向成熟

经过改革开放以来的持续探索和发展，中国的银行业发生了翻天覆地的变化。中国银行业资产规模从改革开放初期的3000多亿元人民币增加到2016年末的232万亿元，不良贷款率已从高峰时的30%左右下降到2016年底的1.74%。2017年初以来各种媒体分析显示，中国金融业增加值占GDP的比重由2005年的不足5%，提高到2016年底的8.4%，已超过美国、英国、德国、日本等主要发达国家（美国和日本这一比值的历史高位分别为7.7%和8.5%）。从微观角度来看，中国金融行业的上市公司利润占全部上市公司总利润的比重达到57%（其中银行业上市公司利润占全部上市公司总利润的比重达46%），而在金融市场更发达的美国，这一比重为45%。作为银行经济学家，笔者看见中国银行业不断"长大"，当然是很高兴的，但也同时感受到，"长大"并不等于"成熟"，中国银行业如何走向成熟是银行家们面临的更大挑战。

一、中国银行业"长大"的过程充满着曲折

回顾历史我们不难发现，中国银行业规模扩张的主要驱动力来自中国改革开放和经济持续高速增长产生的金融需求。始于1978年的改革开放，为中国银行业带来了第一次发展机遇。根据对外经济开放、对内经济搞活的政策，中央政府开始对银行系统进行恢复和重建。1979年10月，邓小平提出"要把银行作为发展经济、革新技术的杠杆，要把银行办成真正的银行"[①] 之后，国有银行改革开始起步。工商银行、农业银行、中国银行、建设银行四家银行相继恢复（分立）和成立。1979年，为加强对农村经济的支持，中国农业银行恢复；为适应对外开放和国际金融业务需要，中国银行从中国人民银行中分设出

① 《关于经济工作的几点意见（1979年10月4日）》，见《邓小平文选（第二卷）》。

来；中国人民建设银行[①]也从财政部分离出来，成为一家独立的银行，后来由中央批准为管理基本建设投资的国家专业银行；1984 年，中国工商银行从中国人民银行分离出来，中国人民银行专门行使中央银行职能，过去承担的工商信贷和储蓄业务由中国工商银行经营。这就形成了中央银行加四大国有专业银行的银行业格局。

在银行业不断分设的同时，非银行金融机构也开始进行恢复建立，积极探索并发挥自身在经济建设中的作用。1979 年，国务院正式批准成立中国国际信托投资公司；1980 年，国务院批准中国人民保险公司逐步恢复停办了 20 年的国内保险业务；此外，一些地区还出现了少量的城市信用社，国内金融机构多样化局面初步形成。

随着改革开放范围的扩大和步伐的加快，金融体制改革也受到了高度重视。1984 年，党的十二届三中全会通过的《中共中央关于经济体制改革的决定》要求，“在价格改革的同时，还要进一步完善税收制度，改革财政体制和金融体制”。1986 年 1 月 7 日，国务院颁布《银行管理暂行条例》，对包括中央银行在内的各类金融机构的职能分别做了规定，自此，我国银行业迎来了快速发展的第一个黄金时期。1987 年，交通银行重新恢复，招商银行、深圳发展银行和中信实业银行等一批新型股份制银行相继设立，一些外国银行被允许在指定经济区设立分支机构。上述举措给银行业引入了市场竞争机制，推动了我国银行业市场经营能力的提高。但此时的银行业还未摸索出一套能够适应市场要求的约束机制和管理制度，国有银行还没有完全摆脱计划经济体制的思想束缚，行政化色彩浓厚。为此，对国有专业银行进行企业化改革的探索开始启动。

经过几年实践，简单的“企业化”改革思路不仅使银行业难以满足经济发展的需要，也导致银行业自身问题丛生。于是，1993 年《国务院关于金融体制改革的决定》明确提出建立政策性银行，实现政策性金融和商业性金融分离，并将国家专业银行办成真正的国有商业银行。为分离专业银行所承担的政策性业务，1994 年，国家设立了国家开发银行、中国进出口银行、中国农业发展银行三大政策性银行。1995 年，《商业银行法》颁布，这是新中国成立以来所颁布的第一部金融法律，是我国金融体制改革过程中的一座重要里程

① 1996 年 3 月 26 日，中国人民建设银行更名为中国建设银行。

碑。《商业银行法》的实施，为国有银行从过去的专业银行向商业银行转变确立了法律框架，为国有银行向“自主经营、自担风险、自负盈亏、自我约束”的商业化模式转变奠定了基础。

亚洲金融危机促使我们主动思考一系列银行改革的深层次问题。1997 年，东南亚金融危机爆发。虽然中国并未受到此次危机直接冲击，但金融危机的深刻影响促使决策层下决心尽快从根本上解决中国银行体系存在的巨大潜在风险。当时，由于外部监管缺失和银行信贷约束软化、市场财务纪律松弛、违规拆借资金难以回收，加上计划经济遗留下来一定数量的不良贷款，国有商业银行的资产质量日趋恶化。与此同时，银行业在改革发展过程中对“银行企业化或商业化”的理解出现了偏差，大量自办实体经营混乱，导致国有商业银行历史包袱沉重，虚盈实亏，按照国际会计准则衡量，四大国有银行都濒临“技术破产”。中国银行家最先感受到问题的严重性，“一心一意办银行”[①]的口号正是在那个时候首次被响亮提出的。1997 年，时任中国建设银行行长王岐山曾就建设银行改革与发展问题以“五论”的形式撰写了系列文章，依次为《为什么要“死里逃生”》《怎样提出的“双大”战略》《关于集中与分散的关系》《辨析个性，推进改革》和《一心一意办银行》，主要针对当时国内金融环境因多种因素出现了恶性竞争、高息揽储、违规经营、不良大增的恶劣情形，提出“两个在所不惜”“死里逃生”等重要战略思想。

1997 年 11 月 17 日至 19 日，第一次全国金融工作会议召开，会议提出：用三年左右的时间解决中国金融业的风险问题。自 1998 年开始，通过成立 4 家金融资产管理公司、给国有商业银行注资 2700 亿元、剥离 1.4 万亿元不良资产等手段，对银行进行了“外科手术式”的改革，之后 4 家国有商业银行不良贷款率下降近 10 个百分点。

外科手术式的资产重组还必须与内在体制机制重组相结合，这使银行改革发展逐渐找到了方向。简单地将银行的不良资产划转给“坏银行”（金融资产管理公司），并不能保证“好银行”就能够诞生。事实上，传统银行剥离了不良资产后并不能自然转变为“好银行”，新的不良资产又迅速产生。因此，怎样打造“好银行”就成为一个紧迫而深远的战略问题。2002 年，第二次全国金融工作会议召开，做出推进国有商业银行改革的决定，拉开了新一轮商业银

① 参见《一心一意办银行——关于建设银行改革与发展问题的思考五》，作者为时任建设银行行长王岐山，发表于 1997 年 8 月 20 日《建设银行报》（第 299 期）。

行改革的帷幕。2003 年底，国家通过中央汇金投资有限公司向中国银行和建设银行注资 450 亿美元，随后人民银行、银监会发布《关于中国银行、中国建设银行公司治理改革与监管指引》，国有独资商业银行股份制改革试点正式启动。改革试点的总体目标是按照“产权清晰、权责明确、政企分开、管理科学”的要求建立现代企业制度。按照“一行一策”的原则，2005 ~ 2006 年，我国商业银行股份制改革取得突破性进展。2005 年 10 月 27 日，建设银行在港交所正式挂牌上市；2006 年 6 月 1 日，中国银行 H 股在港交所挂牌交易；2006 年 10 月 27 日，工商银行以“A + H”的模式在上交所和港交所公开上市。在 2007 年初召开的第三次全国金融工作会议上，则进一步明确了农业银行改革的总体思路，2010 年 7 月 15 日和 16 日，农业银行正式在上海和香港两地上市。可以说，通过重组改制、引进战略投资者、公开上市，以及配套的内部体制机制改革，国有商业银行经受住了境外资本市场的严格检验，并由此发生了脱胎换骨式的巨变和飞跃，实现了质的提升。

二、对于中国银行业国际地位提高应该正确认识

2008 年，美国次贷危机引发了国际金融危机，不仅重创了全球金融市场，也给全球经济带来了灾难性的影响。在这次国际金融危机中，我国银行业基本上是有惊无险，而且实现了“弯道超车”，在全球金融版图中的地位进一步提升。根据英国《银行家》发布的 2016 年全球 1000 家大银行榜单，共有 119 家中资银行入围，其中 17 家中资银行跻身前 100 名，前 10 名中共有 4 家中资银行，工商银行、建设银行、中国银行和农业银行分列第 1、第 2、第 4 和第 5 名。随着中国银行业排名的上升，有些人开始盲目乐观和自信起来，认为中国银行业已达到国际先进银行的水平——我们认为这是不切实际的，也是很危险的。也有人主张利用这个时机去海外并购，快速做大做强，抓住现在难得的“抄底”机会，加快建成真正国际化的大银行。对于这个问题到底应该怎么看？

国际金融危机后，中国银行业国际地位快速提高的原因是多方面的。改革开放以来，国民经济快速发展，市场体系不断完善，为中国银行业的持续发展奠定了坚实的基础，银行业自身的改革、转型也是我国银行业国际地位提升的重要原因。但是，我们更应该看到，本次国际金融危机对国际金融机构造成了

剧烈的冲击，客观上相对抬升了我国银行业的国际地位。当时，华尔街大型投资银行几乎全军覆没，花旗银行、汇丰银行、苏格兰皇家银行等国际大型银行损失惨重，股价剧烈下跌，市值严重缩水。与此同时，由于我国银行业国际化程度有限，加之中央政府为应对危机实施的四万亿元经济刺激计划，使得银行业资产规模迅速扩张，这一反一正，使得国际金融版图发生巨变，在金融危机之后的几年，工商银行和建设银行一直稳居全球银行市值排行榜前两名。

我国大型商业银行地位提升是一件好事，迈向国际化大银行既是发展的必然趋势，也满足了客户的需求。国际金融危机之后，大型银行服务的很多国内大型优质企业正在实施“走出去”战略，业务扩展到全球各地，相应地，大型银行的服务就需要跟进。应该说，世界经济格局变化和中国银行业实力提升，的确是大型银行国际化的一个很好时机。但是，我们不能为了“国际化”而国际化，更不能持“抄底”的心态去并购、去买“便宜货”，尤其是银行家，更不能有投机的心态。况且交易价格只是并购交易中的一个环节，对于大部分交易而言，最具挑战的部分是在整合环节，整合工作的顺利与否，决定着整个交易的成败。笔者认为现阶段我国大型商业银行的国际化战略，还是要立足于以客户为中心。简单地说，就是客户走到哪里，银行的金融服务就跟到哪里，“跑马圈地”抢市场不应成为大型商业银行国际化战略选择。

银行核心竞争力的形成必须基于自身独特的战略定位。银行在确定自身发展战略时，应重新审视经营活动的价值链，分析自身在哪些领域、哪些环节具有比较优势，能够创造出更大价值，对这些环节要加以强化。对于那些对价值创造贡献不大，甚至侵蚀价值创造的领域和环节，必须“壮士断腕”，集中有限资源用于创造价值、具备比较优势的领域。例如，美国银行在发现自身的海外业务不具备比较优势时，逐渐将发展战略重点回归本土。虽然多数海外业务都有较好的当期盈利能力，但美国银行果断地将这些业务出售或者收缩，集中资源做好本土业务。因此，一个银行的战略必须建立在自身禀赋、资源、能力以及内外部环境相匹配的基础上，要走适合自身发展的道路，不盲目跟风，只有这样才能摆脱低层次的同质化竞争，实现内涵式可持续发展。

还应该看到，指标领先不必然等于银行成熟，中国大型银行面临的挑战难以回避。虽然近年来中国大型商业银行各项财务指标都已看齐甚至优于国外同业，但国际一流银行的标准不仅仅体现在财务指标上，更多还体现在经营管理的方方面面。如果认真对照分析，特别是对照国际先进银行的经营管理实践以及《巴塞尔协议Ⅱ》等相关标准和要求，目前国内大型银行还存在不小差距。

首先，战略趋同导致银行个体缺乏核心竞争力，银行业体系系统性风险放大。战略趋同不仅影响银行核心竞争力的形成，也不利于整个银行业全方位金融服务功能的发挥。国际金融危机过后，全球银行业面临着前所未有的困境，如何制定发展战略，采取何种商业模式，培养哪些关键能力来保持增长成为各机构最为关注的问题。面对危机后的新局面，国际先进银行纷纷根据自身情况调整战略，制订转型方案，推动业务全面转型和商业模式变革。如花旗银行在危机后及时调整战略，改变原有的全覆盖战略，集中资源在优势业务领域，聚焦在全球交易、投资银行和消费银行等核心业务，果断削减并逐渐退出资产管理等非核心领域业务，同时积极巩固富裕客户群体，拓展新兴市场份额；摩根大通银行则制定了业务协同战略，通过商业银行、公司和投资银行、资产管理以及个人和社区银行业务板块协调发展，注重内部协调和交叉销售，同时着力发展轻资本业务，提升综合定价能力，推动转型增长，效果显著；富国银行立足本土，聚焦社区银行服务，树立严格的风险管理与谨慎的管理理念，对国际化和综合化道路保持谨慎，走出了一条独具特色的发展道路；荷兰 ING 银行则聚焦数字化战略，通过建设一体化的数字化平台和直销银行业务，打造全渠道服务，改善客户体验，满足客户的金融需求，成效显著。而目前中国许多银行在发展目标选择上普遍缺乏缜密的研究，忽视对自身禀赋、能力以及内外部环境的分析和论证，随大流、全面开花，缺乏自身特色，难以形成独特的竞争优势。银行间业务雷同，没有自己的特色，用通俗的话说就是“你有我有全都有”。业务结构趋同，导致金融服务“过剩与短缺”并存，同业间低层次的恶性竞争愈演愈烈。

银行业战略趋同，导致一些金融服务的薄弱环节长期难以改变，甚至在一些局部因“抽水机效应”还有所恶化。例如，对农村、县域的金融支持，对小微企业的金融服务等，迟迟难以扭转金融产品和服务严重不足的局面，甚至现在一些农村金融机构改制成银行以后，也追随大银行的战略，抢着在城里布点拓展中高端客户群体，客观上进一步加剧了金融资源配置不均衡的矛盾。

更值得关注的是，银行战略趋同容易导致银行体系系统性风险叠加放大。如前几年银行业在房地产、地方政府融资平台和大宗商品贸易等领域集体激进经营所带来的集中风险暴露，近年来银行业的表外业务、同业业务、影子银行业务的近似同步的大幅上升，使得银行体系内的关联度迅速增加，很容易集聚成巨大的系统性风险。

其次，基础管理仍较薄弱，精细化、专业化程度不高。近年来，国内商业银行在基础管理方面虽然进步很大，但与国际先进银行相比还存在较大差距，比如政策制度“一刀切”，很多政策制度没有充分考虑市场的变化和地区差异。再譬如技术工具相对落后。对于现代商业银行来说，技术工具是衡量其管理水平最直观的标尺，其中量化管理技术工具是最主要的标志。长期以来，中国银行业使用的管理工具以定性为主，在不少业务与管理领域主要依赖个人的经验判断，粗放经营的结局不可避免。与此相应的是信息数据基础薄弱问题。现代银行的经营、管理和决策在很大限度上依赖于数据支持。例如，在营销环节，西方很多先进银行通过强大的数据库和数据挖掘技术，采取数据库营销方式，对客户生命周期进行数据化管理，提升交叉销售能力，成效非常明显。美国第一资本金融公司（Capital One）在创设之初就提出要通过金融信息的分析处理来开发适合客户的金融产品，并率先制定信息驱动的数字化战略，借助丰富的客户数据积累和强大的数据分析能力，完成产品制定、客户选择和风险控制等工作，将数据思维融入企业文化中，打造自身核心竞争力，迅速跻身全美前十大银行。过去国内大型银行对于信息数据缺乏足够的重视，导致数据分散、缺失、标准不统一、利用不充分等问题比较普遍。近年来，国内银行特别是大型银行在信息数据管理方面有了很大进步，不少银行正在探索建立个人客户数据多维分析平台，对个人客户进行分层和细分，加大对关键事件的建模分析，逐步实现分层服务、分类管理和精准营销，但是，对数据的挖掘利用程度还有待提高，信息资源的优势还未能全面发挥出来。银行业需要打造全面的数据生态系统，以客户数据为基础进行科学决策，培养数字化的营销能力，构建数字化流程，精简成本，提高效率。

再次，对经济周期等系统性风险不敏感。宏观经济和金融运行的波动性是导致银行系统性风险的主要原因。从国际金融发展历史来看，在每一次经济剧烈波动或发生经济危机时，银行往往都是首当其冲。中国大型银行不良贷款大幅增加背后均有经济波动的原因，与经济周期性波动的轨迹十分吻合。其传导模式都是固定资产投资扩大—货币信贷快速增长—货币供应量增加—价格上涨—生产能力过剩—产品滞销—企业资金链断裂—形成不良贷款。商业银行信贷投放“经济衰退阶段收缩、经济复苏阶段犹豫、经济过热阶段扩张”的亲周期性特征表现非常突出。①

国际金融危机后，国外先进银行纷纷加大投入，研究压力测试工具，提升风险预警管理能力。虽然“黑天鹅”事件频繁发生，带来的影响和范围也有所增加，但已经有国外先进银行对此进行了深入研究，针对各类风险设计出一系列压力测试，模拟“黑天鹅”事件等极端情况预估对银行的影响，并提前做出部署安排和应急措施。目前，国内商业银行还缺乏对经济周期和系统性风险的敏感性研究，总体来看重视程度还不够，更多的还是停留在对具体客户和项目的风险管控上，还未形成应对经济周期的分析能力，缺乏必要的经验积累，也未建立应对经济周期性变动的响应机制。特别是对经济周期波动与产业结构调整可能引发的系统性风险、经济波动情况下银行资产组合风险的相关性、恶劣条件下的压力测试等，银行还缺少前瞻性研究，缺乏相应的风险识别、评估工具，缺少分散、缓释、转移等主动应对管理的手段。

最后，我们还注意到，无论是出资人还是监管者，对大型商业银行还缺乏一套科学统一的业绩评价标准。对于大型商业银行的考核，我们过去侧重于存贷款业务增长、账面利润增长等，后来逐渐完善，更加重视贷款质量、资本充足率、拨备后盈利等。应该说，依据上述指标都可以从某个侧面评价银行的经营业绩，但难以真实、全面评价银行整体的经营业绩，尤其是当这些指标普遍存在滞后性时。

评价标准实际上也是一个“指挥棒”。缺乏科学统一的评价标准，不仅容易产生监管套利（Regulatory Arbitrage），诱发逆向选择等问题，而且更重要的是影响到我国货币信贷政策、金融监管政策的有效传导。银行是经营风险的企业，收入必须覆盖相应的风险敞口。同样是赚 1 亿元的钱，承担 1 亿元的风险敞口与承担 10 亿元的风险敞口，其业绩是有天壤之别的。因此，仅仅看账面的数据是不充分的，甚至还容易误导判断，要将账面数据背后银行所承担的风险敞口真实反映出来，这样才能有一个科学、客观的共同基点，否则根本没有可比性。

① 海曼·明斯基对金融风险“周期性”现象进行过深入研究，提出了一个所谓“代际遗忘”的规律，即今天的银行（贷款人）往往忘记了过去的痛苦经历，上次的金融灾难过去了一段时间后，人们的贪欲又战胜了恐惧，因此又开始重复过去的错误。

三、国外金融机构的教训更值得我们认真吸取

在业界，一些人对于国际金融危机甚至一些银行倒闭事件，抱着隔岸观火甚至幸灾乐祸的态度，这对于银行业走向成熟是极其不利的。银行就是银行，有其共同的基本特征与基本规律，只有善于从金融危机和别人的失败中吸取经验教训，才能真正把握银行规律，才能最终不断走向成熟。

银行业具有鲜明的脆弱性特征，自身杠杆率较高，且时刻面临着信用层面、市场层面、操作层面以及政策层面等多方面风险的冲击，而且伴随金融的全球化、综合化、网络化，银行业天生的脆弱性将会越来越突出。另外，银行业的外部性特征显著。商业银行承担着整个社会的信用中介、支付中介等职能，涉及广泛的利益相关者。银行自身经营成功，可以有力提升社会资源配置效率，支持和促进实体经济发展；银行一旦经营失败乃至倒闭，则会直接或间接地对储户、交易对手以及其他错综复杂的利益相关方带来损害，具有很大的传染和辐射效应，非常容易形成“多米诺骨牌”效应，造成危机蔓延，对整个金融体系以及实体经济产生巨大冲击。

经济持续高速增长的良好环境，容易掩盖银行内在的结构性缺陷。日本就是典型的例子。日本在第二次世界大战后几十年间经济实现腾飞，日本银行也迅速地赶超英美。1986 年《银行家》排出的世界 1000 家资产规模最大的银行中，日本大型银行在前 10 名中就占了 7 席（而且囊括了前 5 名）；同时，日本银行在海外大规模并购扩张。在享受经济发展红利的同时，日本银行在不同限度上忽视了自身存在的包括公司治理、风险管控等方面的缺陷，错过了改革的最佳时机。等到经济形势出现逆转，银行体系风险迅速暴露时，不仅银行自身大伤元气，长时间一蹶不振，而且一定限度上也拖累了日本经济。殷鉴不远，日本银行的教训值得我们认真研究和吸取。当然，更值得认真吸取的是 2008 年国际金融危机带给世界主要银行的教训。

1. 银行业发展不能脱离实体经济基础。从这次国际金融危机中首先需要吸取的一个深刻教训，就是虚拟经济不能脱离实体经济，金融发展要回归本源。例如国际金融危机发生时，仅 CDS 的市场规模就超过 60 万亿美元，达到美国 GDP 的 4 ~5 倍，这显然是非理性的。近年来，我国银行业不断改革，金融不断深化，在提升服务实体经济的能力方面取得了一定成效，促进了银行业

和实体经济的平稳发展和良性循环。但同时需要看到，部分机构在盈利冲动下，通过资金层层嵌套、期限错配和不合理的加杠杆行为赚取超额利差，导致资金空转，一定程度上出现了“脱实向虚”的倾向。

2. 金融杠杆不能超越自身可承受范围。高杠杆比率是金融机构的固有特点，也是风险管控的重点和难点。提高杠杆比率意味着以同样的资本做更多业务、承担更大的风险敞口，这是一把“双刃剑”。从这次美国次贷危机来看，投资银行之所以首当其冲，一个重要原因就是高杠杆带来的风险失控，超过了自身管理能力和资本可承受限度①。目前，国内很多银行在一些领域也存在过度放大杠杆、快速扩张的倾向。例如，部分银行在息差收窄的背景下，追求资产规模扩张，通过同业业务、表外业务加杠杆，高风险经营，追逐利润。以同业存单发行为例，2015 年发行量为 5. 3 万亿元，2016 年则达到 13 万亿元；截至 2017 年 4 月，同业存单的托管量达到 8 万亿元。

3. 创新不能游离于风险管控之外。不少人将金融衍生产品创新视为这次金融危机的“罪魁祸首”之一。实际上，问题并不在于这些衍生产品本身，而在于管理者认识偏差和风险管控缺失。从国际金融危机的情况来看，很多金融机构对于 CDO、CDS 等金融衍生产品的内在风险缺乏深刻理解和必要重视，有的则将其视同普通交易业务交由市场部门自行管理；有的虽然意识到这些业务可能存在较大风险，但并没有投入必要的资源进行独立、尽职的风险识别、计量、评估，而是简单地沿用外部评级机构的信用评级和风险评估报告。从国内的情况来看，也存在类似的苗头。

4. 关注信用风险、市场风险和流动性风险之间的相互伴生、耦合和转化。这次国际金融危机的最初根源是美国房地产泡沫破灭引发的次级按揭贷款大面积违约，属于信用风险范畴，但由此引起了大面积市场震荡，迅速引爆市场风险，二者互相耦合放大。信用风险和市场风险共同作用，引起整个市场的流动性危机，直接导致美国第五大投行贝尔斯登破产，随后危机进一步蔓延和放大。长期以来，国内商业银行对各类风险的管理虽然都有一定的研究和管理手段，但对各个风险类型之间的伴生、耦合和转化还缺乏必要的关注和研究，这

① 自 2003 年至 2007 年，华尔街五大投行的杠杆率就从 20 倍左右上升到 30 多倍，如果算上 SIV 等结构性投资工具，事实上杠杆比率还要更高。雷曼兄弟就是典型的例子。由于利益驱动，雷曼兄弟在危机前大量介入高杠杆自营业务，特别是与次级按揭相关的业务。在 2002 ~ 2007 年充裕的流动性推动美国房地产市场节节攀升的背景下，雷曼兄弟由此获得巨额收益，盈利水平远远超越同行，但是在 2007 年以后，随着市场环境急剧变化，高杠杆也逐渐转化为高损失。

是一个重大缺陷。

5. 关注表外风险和表内风险的相互转化。在国际金融危机中，一些金融机构原先通过 SIV、VIE 等转移到表外的风险又重新回到表内。美国五大投资银行 2007 年底的表外负债总额达到 17.8 万亿美元，表外杠杆率达到 88.8 倍。长期以来，银行业主要关注表内风险（而且主要集中于贷款风险），对于表外风险重视不够，管控非常薄弱。近年来，我国商业银行表外业务迅猛发展，一些表外产品创新（包括一些信托型理财产品）非常活跃。以银行理财产品为例，2016 年 6 月，我国银行理财产品资金余额达到 26.68 万亿元，大量理财资金进行了委外管理，非银机构利用委外资金进一步加杠杆、加久期，大量的资金涌向债券市场和权益市场。这些银行表外业务因杠杆率较高，对利率较为敏感，一旦遇到市场剧烈波动，将面临较大风险，会导致表外业务风险向表内转化，潜在隐患很大。

6. 正确认识现代计量技术和模型在风险管理中的作用。现代金融离不开先进的计量技术和模型，但是一味依赖或迷信计量技术和模型也是很危险的。从国际金融危机来看，基于精细的数理模型设计出来的金融衍生产品，其科学性最终没有经受住市场突变的考验。因此，要借助模型但不要迷信模型，要充分了解模型的适用条件及其局限性，做到专家经验和计量模型的有机统一。

观察中国银行业的变化，很多专家喜欢用是否达到国际先进银行标准来衡量，并用“形似”和“神似”两个词来判断。“形似”相对要容易一些，比如某些指标达到国际领先水平，资产规模、业务结构或收入结构向对标银行看齐；但是做到“神似”却不容易，需要深刻理解、艰苦努力和一个较长的过程。笔者以为，“神似”的核心主要集中在那些“看得见摸不着”的银行经营“灵魂”上，具体体现在银行经营理念、意识和文化方面。对于国有大型商业银行而言，我们期待其在经营意识和文化理念方面发生深刻的变化。

17　大型银行应当承担起系统重要性责任

商业银行是经营风险和创造信用的特殊企业，而大型银行经营活动涉及众多而广泛的利益相关者，包含着复杂的契约关系，存在着广泛的信息不对称，客观上具有系统重要性和显著的外部性，必须担当起更大的社会责任。

一、国际金融危机反思驱动系统重要性金融机构的监管改革

在2007年的次贷危机中，雷曼兄弟、美林银行、AIG保险、花旗集团等大型金融机构的轰然崩塌及其对市场的巨大冲击，让美国监管机构措手不及，面临前所未有的艰难抉择。然而无论是救或不救，最终都未能遏制住国际金融危机的爆发。之后，国际监管机构以及各国监管机构都在进行深刻反思，并相继出台了一系列的监管新政策。其中，一项重要的监管政策就是加强对这些在国际金融危机中饱受诟病的“大而不能倒”的金融机构的监管，提出了识别全球系统重要性金融机构（GSIFIs），并对这些机构加强监管，降低大型金融机构倒闭的可能性及其倒闭带来的不利影响。

随着金融全球化的加快和市场竞争的日益激烈，金融综合化趋势越来越明显，金融集团的业务类别日趋复杂，不同金融机构之间交易频繁，同业资产占比越来越高，整个金融体系就像一张蜘蛛网，错综复杂。单个机构破产，会通过复杂的业务网络像病毒一样迅速传染形成“多米诺骨牌效应”，累及所有金融机构，造成全局性震荡，最终导致整个金融体系的崩溃。由于金融体系的核心就是信用，GSIFIs出现危机，首先带来的是对市场信心的破坏，引起市场恐慌；交易违约引发对其他金融机构的压力，将风险传导到相关金融机构，进而影响整个金融体系；金融机构为解决危机而抛售资产，造成市场价格的剧烈波动，从而加剧市场恐慌情绪；政府救助GSIFIs的成本巨大，引发严重的道德风险，同时，由于这种政府的“隐性担保”，使得GSIFIs在经营风险时无所顾

忌，加剧其陷入危机的可能性。正是由于系统重要性金融机构在整个金融体系中的特殊地位和重要影响，2009 年 9 月，二十国集团（G20）要求金融稳定理事会（FSB）和巴塞尔银行监管委员会（BCBS）等国际监管机构加强对系统重要性金融机构监管政策的研究，并陆续出台了一系列监管指引。

一是确定谁是系统重要性金融机构。按照 FSB 的定义，“系统重要性金融机构是指由于规模、复杂度与系统相关度，其无序破产将对更广范围内金融体系与经济活动造成严重干扰的公司”。也就是说，识别系统重要性金融机构关注的是一家机构倒闭后对金融体系的影响，而不是倒闭的可能性。针对全球系统重要性银行（GSIBs），2013 年 7 月，FSB 和 BCBS 发布了《全球系统重要性银行的最新评估方法及额外损失吸收能力要求》，确定了按照跨境活动、规模、关联度、可替代性和复杂性 5 个维度、12 个指标来评估银行的全球系统重要性的方法论，并要求参加评估的银行披露 12 个指标数据。

二是提高附加资本要求，提出总损失吸收能力要求。第一，为了降低倒闭的可能性，针对 GSIBs 提出了 1% ~3.5% 的附加资本要求，提高 GSIBs 在正常经营（going - concern）状态下的损失吸收能力。这在一定程度上限制了资产和其他业务的盲目扩张，促使商业银行合理调整业务结构，增强自身风险管理能力，客观上可以抑制银行的负外部效应和对社会造成损失的可能性。第二，为确保 GSIBs 在正常经营和非持续经营（gone - concern）状态下均有充足的损失吸收能力，避免在处置 GSIBs 时由公共资金承担损失，FSB 又在 2015 年 11 月提出了一项新的政策工具——总损失吸收能力（TLAC）。总损失吸收能力是指商业银行在出现损失时以其持有的资本或特定形式的债务承担损失的能力。也就是说，当一家 GSIB 进入处置程序时，除了资本之外，还可以通过将部分或全部商业银行债务转换为普通股或实施减记，使相关债权人通过“自救”承担银行倒闭带来的损失，以避免政府救助。TLAC 最基本的要求是 16% ~18%，如果再加上 2.5% 储备资本要求、最高 3.5% 的 GSIBs 附加资本要求和最高 2.5% 的逆周期资本要求，最高将达到 24.5% ~26.5%。

三是制订恢复与处置计划，加强跨境监管协作。恢复与处置计划包括恢复计划和处置计划（也被称为生前遗嘱）两部分。恢复计划是解决银行在严重压力情景下恢复资本和流动性水平的问题，而事先做出的一系列经营、资本补充、流动性补充的具体安排；处置计划是解决在恢复计划没能挽救银行，或重大灾难性事故导致银行无法持续经营的情况下，为最大限度降低银行破产对社会经济的影响，避免纳税人承担损失，而事先对银行处置（解体）做出的整体安排。制订恢复与处置计划这项监管要求，其实就是敦促 GSIBs 和监管部门提前摸清整个金融集团的业务状况和风险状况，对银行恢复资本流动性水平或有序退出市场事先做出安排，以防止风险外溢，保护银行承担的关键功能的连续性，避免政府被动介入救助。同时，还要求成立危机管理工作组并签订跨境处置合作协议，确保发生危机时母国和东道国监管机构能够有效合作，在全球范围内有序处置 GSIBs。

四是加强内部风险数据整合能力，确保在危机时的快速决策能力。在危机时，大型金融集团由于机构众多、业务复杂、信息技术和数据治理结构等原因，无法在集团层面、业务条线以及实体间，快速且准确地汇总风险暴露和识别风险集中度，使得管理层和监管部门无法快速准确地把握整个风险全貌，从而造成了对风险的误判或者错过了营救的最佳时机。为此，BCBS 公布了《有效风险数据加总及风险报告原则》，旨在确保持续加强银行风险数据加总能力和改善风险报告做法，涉及数据治理和基础设施，数据的准确性、完整性、及时性、灵活性等要求。

五是解决 GSIBs 的数据缺口，减少信息不对称。为能够实时监控 GSIBs 之间的关联情况和风险集中度情况，FSB 设计了一套模板，用于定时收集全球 30 家 GSIBs 的数据情况，其主要关注的就是金融机构间的业务关联依赖性，以及银行对整个金融体系的风险暴露程度，从而能够清晰地掌握 GSIBs 之间的这张关联网络，判断出风险传导路径。

国际金融危机后，美国政府、监管、银行三方协力，针对大型本土银行，形成了从静态到动态，易于实施，对战略实施过程中涉及的各类风险进行识别、计量和监控的体系，即美联储推出的全面资本评估与评审（CCAR）监管改革计划。CCAR 的核心是要求银行制定明确的战略，能够清晰、动态地报告清楚战略实施对每条业务线、每个机构、每个客户群所产生的影响，分析清楚业务收入、风险损失与资本占用的变化。CCAR 主要基于压力测试手段，算清楚未来九个季度每一类资产的业务收入、风险损失与资本占用变化情况；弄清楚当系统性风险发生时，银行各个方面的具体情况，为采取措施做好准备。

国际金融危机后，英国将原来的金融服务局（FSA）一分为二，成立审慎监管局（Prudential Regulation Authority，PRA）和金融行为监管局（Financial Conduct Authority，FCA）。FCA 主要对所有在英国的金融机构的行为风险进行监管，目前负责约 2.6 万家金融机构的行为监管和 PRA 监管范围外的约 2.3 万家金融机构的审慎监管。FCA 出台详尽的监管指引，明确金融机构在消费者权益保护中的职责，并详细规定金融机构处理消费者投诉的具体操作流程。要求金融机构按指定格式定期上报消费者投诉案件的数量和处理结果，并向公众发布各家金融机构遭受投诉情况等相关信息，通过舆论监督的方式督促金融机构公正对待消费者，改善金融产品和服务。

二、自觉接受和服从监管是中国大型银行必须担当的社会责任

中国政府一直高度关注美国次贷危机之后国际监管改革动向，并要求“一行三会”加强对系统重要性金融机构监管，始终将守住不发生系统性风险的底线，作为维护金融安全和经济金融发展的战略任务。由于历史原因和现实需求，中国大型商业银行曾经在相当长的时间内处于绝对垄断地位，近年来在中国金融改革中虽然市场份额有所下降，但仍然扮演着重要角色，有着国家经济基石之称。与国外许多大型商业银行相比，中国大型银行是更加特殊、更加重要的风险经营者和信用创造者，其经营活动涉及更加众多而广泛的利益相关者，包含着复杂的隐性契约关系，存在着广泛的信息不对称、内生系统重要性和显著的外部性。

在现实经济生活中，我国金融机构之间的传导性、交叉性、关联性大增，显著推高了单点风险引发系统性风险的概率。随着金融混业经营改革的深化，银行、信托、证券、基金、保险业务相互交叉；商业银行表外业务、影子银行、互联网金融平台和各类型资产交易平台纷纷涌现；货币市场、信贷市场、债券市场、股票市场之间的风险传递增加；交易主体不断增多，交易链条不断加长，杠杆不断升高，风险之间的交叉性与传染性不断增大；交易行为趋同化特征日趋明显，金融体系顺周期特征不断强化；信用风险、市场风险、流动性风险和操作风险相互叠加，风险传播渠道更为复杂，金融风险跨市场、跨领域、系统性的特点日益突出。尤其是分业监管体制面临重大挑战，监管空缺导致的市场监管套利行为、金融欺诈风险上升、消费者权益保护不力甚至洗钱等违法金融活动已经成为社会关注热点。一旦个别具有系统重要性金融机构的经营活动出现重大失误，市场将对与该机构有业务关联的一系列机构产生负面预期，导致信用紧缩和市场“踩踏”。美国次贷危机已经对这一路径和机制做了

生动演示。因此，大型银行要深刻认识到自身的系统重要性，顾大局，行大道，树大家风范，勇于担当起系统重要性责任，这也是大型银行应该承担的最基本的社会责任。

——大型银行应该合理把握发展边界，有效控制风险承担水平，确保自身不破产。与一般企业不同，银行是经营风险的机构，其资本是用于承担风险的。正是由于资本功能的特殊、稀缺与昂贵，从根本上构成了银行规模扩张的客观技术边界。国际金融危机后，各国不断加强对资本的监管。储备资本要求、逆周期资本要求、TLAC 的出台等，都是在强调资本在危机出现时的重要性。因此，大型银行应加强资本管理，使经营发展与资本规模相适应，确保银行不破产。只要大型银行都成为“资本充足、内控严密、运营安全、效益良好”的微观个体，防范系统性金融风险就有了坚固的基础。

需要强调的是，确保自身不破产仅靠资本充足还是不够的，流动性问题通常是银行“猝死”的重要诱发因素。尤其是大型银行，一旦出现流动性危机，即使资本充足、可变现资产丰富，但市场可能因容量有限而无法承受，在极端情况下会形成负面预期恐慌。

——大型银行应该成为抑制金融泡沫，坚持服务实体的主力军。实体经济既是经济社会繁荣的根基，也是金融发展的根基。金融因应实体经济需要而产生，其效能也应体现在对实体经济发展的贡献上，其收益归根结底来源于实体经济新增产出的部分让渡。正因如此，金融服务必须立足于实体经济的真实需求，金融的发展应与实体经济的发展相适应，金融服务的供给规模也应与实体经济的金融需求相匹配。如果金融创新或金融服务脱离了实体经济的实际需要，金融发展与实体经济的发展不再协调，金融发展极易成为海市蜃楼般的虚假繁荣，这也是金融泡沫产生的根本原因。这种虚拟经济与实体经济的本末倒置，不仅会导致资源配置扭曲，影响实体经济发展，最后还常会因泡沫破裂引发系统性风险。这也正是美国次贷危机爆发的深刻根源。实际上，1997 年亚洲金融风暴、2008 年国际金融危机等，都是金融脱离实体经济自我循环、自我膨胀的结果。

我国银行业是金融业主体，也是实体经济融资的主渠道。更好地服务于民生改善和社会和谐稳定，更好地促进经济结构调整和发展方式转变，是中国银行业肩负的主要社会责任，大型银行更应率先垂范，躬体力行。值得警惕的是，近年来金融市场套利投机大行其道，一些金融机构乐此不疲，荒废了主业，推高了系统性金融风险。就银行体系而言，对非金融机构和其他居民部门债权，是反映经营偏好“虚与实”的“试金石”。2010 年 6 月底，大型银行、中型银行和小型银行对非金融机构和其他居民部门债权占其总资产比重依次为 51.1%、59.4%和 55.6%；2016 年 6 月底，这个比值依次为 56.1%、49.5%和 44.5%。

——大型商业银行要做维护市场秩序、降低市场风险的定海神针。市场波动不可避免，在市场波动中趋利避害是商业银行的天性。然而，考虑到其经营规模和对市场的重大影响，大型银行在应对市场波动尤其是巨幅波动时，必须体现战略思维和责任担当，坚持正确的交易原则和投资策略，做到有所为有所不为。一方面，要提升市场趋势的分析预判能力，坚守价值投资理念和逆向投资策略，不做市场波动风险的放大器，而在发挥逆向调节市场波动风险的同时，实现银行的价值投资目标。另一方面，做市场秩序的坚定维护者，不做市场的非法套利者，坚守长期发展、合规经营的理念，在促进金融市场稳定有效运行前提下实现商业利益。总之，在主动应对市场波动风险中，大型银行不仅要考虑自身的商业利益，更要考虑作为市场引领者的社会责任，主动维护宏观金融体系稳定和金融安全。此外，银行业作为信用中介，推进信用文化建设，提升金融道德水准，是改善市场基础生态和防范金融风险的重要内容。所有的银行都不能置身事外，大型银行尤其要发挥榜样作用。国际金融危机以来，一些“金融家”的社会形象并不让人乐观，变成了唯利是图的“资本家”和“庞氏骗局”的发明家。联合国副秘书长诺林·海泽曾指出，金融危机的核心是市场信心的崩溃，而要重获公众的信心，企业必须将焦点从短期的盈利考虑转移到企业责任和道德建设上，以构建长远的、永续发展的价值观。大型商业银行要引领正确的金融价值理念，秉持“以义取利，义利并举，利济天下”的商业文化精髓，扶正祛邪、弘扬正气，带头维护市场秩序。

——大型银行还应承担起发展普惠金融业务的社会责任。与中小商业银行服务一域、一类或几类细分市场不同，为各类客户提供全方位、全球化金融服务是大型商业银行不可推卸的社会责任。在这中间，商业银行不可避免会碰到陌生的市场、陌生的领域和一些风险回报尚不平衡的客户群，有不少风险与挑战需要客观面对，需要大型银行在实践中做出探索和改革。一方面，作为国有控股大型银行，将信贷目光聚焦到普惠金融，大力开展小微企业和“三农”服务，努力服务中国大型企业“走出去”，这是积极履行其社会责任的体现。

另一方面，大银行凭借全球化服务网络优势，借助大数据、云计算等新技术、新工具大幅提升风险管控效能，可以迅速降低经营成本，不断提升风险回报水平，将这些传统金融服务的难点领域开辟成风险可控、盈利可期、空间广阔的新兴领域。

国外领先实践证明，大银行不但非常重视小企业业务，而且小企业也主要依靠大型银行，小企业业务在大银行收入中占据重要的地位。根据资料，2011年底，摩根大通、美国银行、花旗银行、富国银行四大行的总资产占美国7000多家银行总资产的45%，其小企业贷款余额占全美银行的37%。西班牙桑坦德银行的小企业贷款占全部贷款的24%，利息收入占比为33%，手续费占比为41%。

——大型银行还应主动担当金融消费者保护的领航者。金融消费者是金融市场的重要参与者，也是金融业持续健康发展的推动者。加强金融消费者权益保护工作，是防范和化解金融风险的重要内容。大型银行应健全金融消费者权益保护机制，将保护金融消费者合法权益纳入公司治理、企业文化建设和经营发展战略中统筹规划，落实人员配备和经费预算，完善金融消费者权益保护工作机制；建立金融消费者适当性制度，应当对金融产品和服务的风险及专业复杂程度进行评估并实施分级动态管理，完善金融消费者风险偏好、风险认知和风险承受能力测评制度，将合适的金融产品和服务提供给适当的金融消费者；充分尊重并自觉保障金融消费者的财产安全权、知情权、自主选择权、公平交易权、依法求偿权、受教育权、受尊重权、信息安全权等基本权利，提升金融消费者信心、维护金融安全与稳定、促进社会公平正义和社会和谐。

最后，笔者还想强调，中国的大型银行必须深刻理解“消费者保护”的监管要求。国际金融危机之后，美国对系统重要性银行履行消费者保护职责的监管更加严格，经常开出天价罚单，正是吸取了当年危机教训的表现。据媒体披露，在美国次贷危机演变成国际金融危机10年后，金融机构已在美国累计支付了超过1500亿美元相关的罚款。追究那个时代银行犯下的不当行为，就是为了避免重蹈覆辙，防止大型银行倒闭破产导致金融危机再次重演。由此可见，大型银行在守牢合规经营底线、切实履行保护消费者职责方面承担着更大的社会责任。

三、强化绿色金融理念，也是中国大型银行履行社会责任的重要内涵，具体操作路径可以从实施赤道原则入手[①]

树立绿色信贷理念，促进经济增长方式转变和结构调整，推动中国经济转型升级，实现创新、协调、绿色、开放、共享发展，是中国大型银行转型发展和履行社会责任的重要内涵。应该说，中国大型银行绿色信贷意识很早就有。在笔者的记忆中，20 世纪 80 年代建设银行作为世界银行贷款的国内转贷行，学习和引进了世界银行的项目贷款评估办法，于 1986 年发布并开始执行《建设银行工业项目评估试行办法》，要求工业项目在贷款前就要有可行的环保方案，项目采用的工艺、技术、设备注意节约能源和原材料，从而率先将环保节能的要求引入到银行的信贷准入标准中，要求建设项目进行环境评价并制订环境保护方案，将环保部门对项目的审查意见作为信贷审批决策依据，在环境保护方面与国际标准接轨。其后这套办法在银行信贷实践中得到不断发展和完善，形成了延续至今的独具特色的银行固定资产贷款项目评估制度。这套制度明确规定，对于项目贷款要预先分析评价建设、生产过程对社会生态环境可能造成的影响（包括废水、废气、废渣、生态平衡、拆迁等），提出环境保护的治理方案，要求项目贷款审批前必须取得环境行政管理部门的环保审批，对于环境影响评价报告和环境管理方案未得到环保部门审批的项目，一律不得提供信贷支持。

进入 21 世纪以来，国际社会高度关注绿色金融实践。国际金融公司在 2003 年 6 月发布了用以确定、评估和管理项目融资过程中涉及社会和环境风险的金融行业标准，称为赤道原则。2006 年 7 月，国际金融公司推出新版的赤道原则，新版赤道原则将项目融资规模 5000 万美元降低到 1000 万美元，适用范围进一步扩展到包括项目的财务顾问服务。

赤道原则不同于国际监管准则，它实际上需要由国际大型商业银行主导发起，并承诺自愿执行国际金融行业通用的社会和环境政策、程序和标准。赤道原则的主要内容包括 10 条原则，分别是“审查和分类、环境和社会评估、适

① 参见《经济日报》2016 年 9 月 7 日 G20 杭州峰会特刊：《中国建设银行首席经济学家黄志凌：借鉴“赤道原则”促进“绿色金融”》；《金融时报》2017 年 8 月 26 日《强化绿色金融理念可从实施“赤道原则”入手》。

用的环境和社会标准、环境和社会管理系统以及赤道原则行动计划、利益相关者的参与、投诉机制、独立审查、承诺性条款、独立监测和报告、报告和透明度”等，要求银行对一定规模的项目融资活动进行审查和分类，评估该项目对环境和社会的影响；要求项目融资方制订环境和社会管理行动方案，与受项目影响的利益相关方开展沟通与磋商，披露环境影响报告，设立投诉机制，接受公众投诉意见并加以改进；要求聘请独立的环境和社会专家进行项目审查，协助银行评估是否符合赤道原则确定的标准，并持续监测和报告，以缓解大型基础设施项目对环境和社会产生的负面影响，确保所融资和提供咨询服务的项目按照对社会负责的方式发展，并体现健全的环境管理实践。赤道原则的10条原则虽然内容不多，但管理体系却很健全，管理要求既针对融资项目方也针对项目融资者，既有管理流程规范也有管理标准规范，既有内部行为准则也有外部约束机制，是一套标准化和规范化的绿色信贷体系，核心是通过金融机构的活动促进贷款企业和项目业主履行社会和环境责任，是银行业信贷价值观进步的体现。

中国大型银行在培育绿色信贷文化过程中一直积极关注赤道原则，开展实施赤道原则专题研究，并与国际金融公司等国际同业进行了深入的沟通和讨论。研究表明，实施赤道原则，在项目融资领域不仅要遵循国家关于环保和社会方面的法律法规，还要达到《国际金融公司社会和环境可持续性绩效标准》等基准性要求，以及《行业特定环境、健康和安全指引》等定量的环境指导方针，需要制定更高的信贷标准和要求；银行在开展项目融资业务时，在内部政策和程序上应遵循与赤道原则一致的标准和要求，在形式和实质上履行对项目融资中环境和社会问题的审慎性审核及调查义务，还将面临更高的信息披露要求。通过实施赤道原则，可以强化绿色信贷理念，既使银行在价值链活动中承担环境和社会责任，又使银行及时把握社会共享价值领域的市场机会。银行现行信贷政策和流程在很多方面已经和赤道原则的精神相一致，也具备借鉴赤道原则规范实施绿色信贷的基础。通过严格的社会与环境风险评估和管理工作，有利于把信贷资源从高耗能、高污染的行业的客户中退出来，有效规避信贷资产的环境风险。借鉴赤道原则规范实施绿色信贷，在项目融资领域按照国际标准关注社会和环境责任，有利于提升银行声誉和社会影响。

因此，我们应主动加强与国际金融公司的沟通，全面了解赤道原则，掌握其环境指南的行业标准要求，有针对性地分析国内的行业环保标准及其差距，明白我们在实施前将承诺什么，以便在信贷政策、程序、标准、方法、理念上做好实施准备。还应积极研究借鉴国际活跃银行实施赤道原则的先进实践。比如，花旗银行实施赤道原则过程中建立的多方环境事务管理机制，对员工和业务伙伴进行能力建设培训等经验。再比如，瑞穗实业银行在实施过程中的项目筛选方法、将可持续发展融入业务流程的方式、机构设置和人员配备方式等也值得我们借鉴和学习。进一步增进与国际活跃银行的交流与合作，利用它们的成熟工具和方法，有利于我们加快实施进程。

在实施赤道原则之前，还应大力开展宣传、营销绿色金融产品概念，争取客户的理解和支持，使他们真正理解赤道原则，认识到做好环保和社会环境的评估是社会和经济发展的大势所趋，及早采取行动不仅有利于其因承担企业社会责任而构建良好声誉，也会帮助企业规避声誉风险和环境风险。同时，在项目建设方面采纳国际标准，还有利于企业未来进军国际市场。

18 经济学家眼中的“银行家梦”（代结语）

这几年在基层分行调研中，常听到一些有思想的年轻行长的困惑：什么是好银行？什么是好银行家？的确，想起来还真的令人困惑：中国的银行业法人机构已经达到4262家①，不同的银行各有千秋，哪一家好而哪一家不好？本来，受人尊重就是一件很难的事情，成为受人尊重的银行家岂不更难？让自己所在的银行成为“好银行”、让自己成为受人尊重的银行家，可能是很多人的“银行家梦”。

笔者曾从经济学家角度提出了这样的看法：好银行首先是在当地成为最受人尊重的银行，好的银行家也必须是受人尊重的银行家；优秀的银行家应该深刻理解市场，并成为市场领袖。

如果一家银行虽然很赚钱，但是不受人尊重，那不是一个银行家要追求的理想目标。其实，受人尊重与承担社会责任、经营责任是分不开的。银行的社会责任不光是捐款，必须承担的社会责任至少还有这样几条：一是不出系统性风险。如果一家银行因为风险暴露或严重违规，引起了区域性的金融危机，甚至一个国家的金融危机、国际金融危机，这个银行家肯定不是受人尊敬的，而是金融业所不齿的。不出现系统性金融风险，就需要管好自己，把资产质量、操作风险、市场风险这些方面都管好。不引发系统性金融风险是银行家最起码的社会责任。二是想客户之所想。一天到晚老惦记着赚别人的钱而不替客户着想，老惦记着设计一个更复杂的产品而不让别人知道其中的真正风险，是做不成“好银行”的，更不可能得到人们尊重。真正受人尊重必须从别人角度着想，然后做出一个平衡兼顾多方利益、实现多方共赢的金融服务方案。把一个看似不可能的事情做成，把看似不可能兼顾的利益各方面都给安排好，让方方面面都满意，实现双赢或多赢，这才叫本事，这就是成功。从别人的角度考虑

① 《中国银行业监督管理委员会2015年报》。

问题，一方面要了解他想什么、他需要什么、他最痛苦的是什么、我能不能帮他实现梦想；另一方面要清楚自己的能力，做到自己的风险可控、收入可期，实现市场发展。因此，从别人的角度考虑问题，绝对不是一个简单的让利，更不能是违法的利益输送。也就是说，真正受人尊重的银行家就是急人之所急，在理解别人、帮助别人的过程中发展自己，把各方不可能平衡的利益关系都平衡好。三是做事精致、专业，让人佩服。“三百六十行，行行出状元。”这实际上是指受人尊重的专家。受人尊重的银行家，一个重要的表现就是专业性。以前，我们曾经讨论过如何打造百年老店，其实这个百年老店都具有专业化的特征，无论是欧洲的百年老店还是老北京的百年老店，都是把一个事情做到精致，是很受人尊重的。

在一个开放竞争的市场环境下，银行家要有市场领袖的意识。笔者认为，真正的一家“好银行”，不能老跟在别人屁股后面，追随战略不是好的战略，正确的选择应该是有市场领袖的意识。比如说定价，在香港市场上，汇丰银行说了算，那叫市场领袖。没有听说香港汇丰银行每天都看小银行是怎么定价的。有的同事说同业竞争太激烈，被别人追得难受。笔者认为被别人追得紧是好事，有别人追随你，那就说明你的地位重要。市场领袖就是要在核心指标方面居于领先水平，在定价方面有话语权，在技术方面有明显优势，在服务标准方面成为行业标杆。

优秀的银行家还必须能够深刻理解市场。譬如公司客户可以分为高评级公司客户和中小企业客户。近年来高评级公司客户对银行的金融需求正在发生变化，他们的金融服务需求开始由贷款需求转向市场融资安排需求，对资金配置、运营效率会有更高的要求，并产生大量的风险对冲需求。很多大型公司客户走向国际市场，还需要银行给予一定的增信支持。对于中小企业而言，天生弱点是自身的资信能力不高，抵押不足，财力有限，对商业银行有着天然的依赖，也是商业银行天然的客户基础。由于我国经济过去金融深化程度很低，大型客户成为商业银行的基础客户。随着市场化改革进程加快，大型企业开始面向市场直接融资，中小企业越来越成为商业银行的基础客户。然而，过去我们是用维护大型客户的方式去维护中小企业客户，没有把握中小企业自身的特点，结果走了弯路，交了昂贵的学费。要想做好中小企业，我们必须在理念上理解中小企业自身的特点，通过“大数据”、技术创新，解决风险控制和单位成本问题。

个人客户也在变化。对于个人客户经营策略，我们过去采用的是“二八原则”，重点维护数量20%并占有金融资源80%的个人客户，即高端客户、私人银行客户。然而，即使是高端客户的金融需求也正在向欧洲“管家式”的金融服务需求转变，一些银行开始用跨界意识去服务高端客户。客户要求银行像“大管家”一样提供贴心支持，光靠高收益理财服务已经远远不够了。这是已经变化了的20%客户，剩下80%的客户怎么样？过去很多商业银行对这些“尾部”的80%客户采取放弃策略，认为是鸡肋。现在情况正在变化。如果说当年人均GDP在1000美元甚至几百美元的时候，这些80%的客户价值贡献不大，但现在人均GDP超过8000美元，情况就截然不同了，他们变得非常有价值。我们还会发现，“尾部客户”绝大部分可能是和银行没有往来的客户，但是这些人的金融需求十分庞大，而且他们善于使用各种各样的金融产品，是未来银行收入的最重要贡献者。当然，对于这个“尾部客户”的市场挖掘，不能再简单依靠柜面、客户经理等传统方式，而是要靠“大数据”和互联网的方式，其中移动金融是最好的工具。我们必须深刻理解市场需求，必须用新的方法来开拓市场。这是对银行家的最大考验。

在一个经济增长方式和经济结构快速变化的经济环境下，优秀的银行家还必须能够准确把握经济趋势。比如，对于2012年以来的经济形势，既要看到下行压力大，也要看到阶段性特征，还要看到结构性变化。第一，区分经济周期不同的阶段。中国经济进入21世纪以后，有几个完全不同的阶段：2000～2007年，尽管有波动，但是呈一个上行的趋势；国际金融危机开始以后，是一个剧烈波动的走势；从2012年开始进入一个横向运行通道，也就是在6.5%～8.5%的一个区间运行（虽然总体上稍微有点向下，但是基本上在这个区间里）。第二，看经济不能总是从GDP增速的角度。要看到GDP是由什么贡献的，GDP组成的结构有没有发生变化，GDP变化的结构是不是我们期待的。从这个角度看，2000～2007年，中国GDP增长在相当一段时间是出口与投资双重拉动的；2008年国际金融危机之后出口是负贡献，GDP增长变成了单一的投资拉动，政府投资与民间投资增长都很快，4万亿元经济刺激计划中，民间投资也是相当的活跃，买房子、买地、买矿，产能过剩很大部分都是那个时候形成的，民间资本在其中扮演了很重要的角色。到了2012年以后，投资强度逐渐衰落，消费开始扮演重要角色，经济增长已经由投资拉动变成了消费驱动，消费占GDP的比重已经超过了60%。这是一个很重要的变化。应该看到，经济增长模式从外向转到内需，再从投资转到消费，很多人还不适应。人们更多的是观察出口下降，投资率下降，经济形势严峻，没有看到消费的贡献。经济体系越成熟，消费越重要。如果今天中国经济仍然靠出口拉动，靠投资拉动，就说明中国经济的层次比较低。如果说我们已经进入一个消费驱动经济的时代，说明中国经济在成熟，说明中国经济已经由过去的中低收入水平进入到中等收入、中高收入这样一个较为成熟的水平。

当然，还应进一步观察经济结构是由什么组成的。从工业结构上看，过去绝大部分是低端制造业，高污染、高耗能、拼资源，那时的出口也属于劳动密集型。2012 年以来经济结构变化很快，高端装备制造业、高科技行业，以及和民生消费相关的行业（包括医疗、教育、体育、卫生、养老等）增长速度都超过 GDP 增速，有些甚至在一倍以上。低于 GDP 增速甚至是负增长的行业，主要集中在劳动密集型、高污染、高耗能、低端装备制造这些领域。这种变化是好事，如果这些行业仍然是红红火火的话，对于中国经济才是真正的灾难。浙江银行业不良贷款的样本非常多，大部分都是低端制造业、劳动密集型的企业。真正的高科技、高端装备制造业以及和现代消费相关的行业，增长速度都很快，银行贷款不良率也很低，印证了这种趋势判断（规规矩矩做实业的、有技术含量的客户，很少出现违约，违约概率也非常低；出现违约的都是一些低端制造业，还有一些投机取巧的客户）。其实，这种变化是很积极的，一些银行倒霉在没有把握住行业趋势。大银行要有战略思维和前瞻性的判断，就是这个道理。过去说这些的时候，心里没底，觉得只是一个逻辑推理。通过这次中国经济困境检验，以及浙江地区银行业风险暴露的差异性分析，印证了我们对大银行与小银行、“好银行”与“坏银行”的战略意识判断。大银行必须重视行业与市场研究，要有前瞻性判断。

这里，我们还要讨论一个问题——经济形势在变，将来还会回到从前吗？我觉得不太可能了。比如大家询问如何判断制糖业前景，其实只要回顾一下糖在什么时候是最重要了，为什么现在又突然不重要了，就可以判断将来会怎么样。糖是经济不发达或者困难时候的重要物质。第一次世界大战、第二次世界大战的时候，糖是非常重要的战略物资，因为它能迅速增加热量，军队需要，居民也需要。当前怎么变了呢？也可能是供给过剩，但是从需求角度分析不难发现一个问题，现代战争中士兵可能不一定要带糖了，一些重要的食品里面各种营养都有了，对糖的依赖在下降；过去经济不发达，人们贫穷的时候会产生贫穷类的疾病，糖是很有用的，但现在情况变了，很多贫穷类的疾病消失了，即使像肝炎，过去的肝炎主要是营养不良造成的，需要用糖来辅助治疗，但现在的肝炎是酒精、化学污染导致的，跟糖是没有关系的。因此，由于营养不良产生的对糖的需求在减少。从趋势上看，这种状况在未来不会逆转，如果未来再次出现世界性营养不良，只能是发生了全球性的灾难。其实，目前很多事情都在变，而且不可能再回到过去，这是一个对趋势性把握的深刻理解。有些东西是绝对过剩，有些是需求在变化，糖是这样的，钢铁也是这种情况。现在钢铁既有产能过剩的原因，也有替代物品太多的因素，即使是经济重新步入上行轨道，钢铁也不可能重现过去的辉煌。很多人一直在说铁路货运量下降的原因是经济下行所致，但即使经济恢复了，铁路货运也不可能再像从前一样了。以前的运煤需求被高压输电线路所替代，粗铁矿石运输变成了精粉运输。铁路货运萎缩与经济结构和增长方式变化有关。高铁、高速公路、民航等都对传统铁路运输产生了巨大的替代效应。中国经济结构正在发生变化，很多商品的运送方式也都发生了变化，比如高科技行业的很多原材料和产成品主要依靠航空运输。

总之，要成为“受人尊重的银行家”，就必须具有银行家的素质，这应该成为每一位银行从业人员的终生追求。